新时代中国教育战略研究丛书

中国中小学教师队伍发展指标概览（2020）

钱冬明　夏　彧等◎著

华东师范大学出版社
·上海·

图书在版编目(CIP)数据

中国中小学教师队伍发展指标概览. 2020/钱冬明等著. —上海:华东师范大学出版社,2021
(新时代中国教育战略研究)
ISBN 978-7-5760-2217-9

Ⅰ.①中… Ⅱ.①钱… Ⅲ.①中小学-师资队伍建设-中国-2020 Ⅳ.①G635.12

中国版本图书馆 CIP 数据核字(2021)第 217019 号

新时代中国教育战略研究丛书
中国中小学教师队伍发展指标概览(2020)

著　　者　钱冬明　夏彧 等
策划编辑　彭呈军
责任编辑　孙　娟
特约审读　程云琦
责任校对　陈梦雅　时东明
装帧设计　卢晓红

出版发行　华东师范大学出版社
社　　址　上海市中山北路 3663 号　邮编 200062
网　　址　www.ecnupress.com.cn
电　　话　021-60821666　行政传真 021-62572105
客服电话　021-62865537　门市(邮购)电话 021-62869887
地　　址　上海市中山北路 3663 号华东师范大学校内先锋路口
网　　店　http://hdsdcbs.tmall.com

印 刷 者　常熟文化印刷有限公司
开　　本　787×1092　16 开
印　　张　10
字　　数　153 千字
版　　次　2022 年 6 月第 1 版
印　　次　2022 年 6 月第 1 次
书　　号　ISBN 978-7-5760-2217-9
定　　价　36.00 元

出 版 人　王　焰

新时代中国教育战略研究丛书
序

习近平总书记指出，"'两个一百年'奋斗目标的实现、中华民族伟大复兴中国梦的实现，归根到底靠人才、靠教育"。改革开放四十年特别是党的十八大以来，党中央一直十分重视教育事业的发展，先后提出并实施了科教兴国战略、人才强国战略和创新驱动发展战略，把教育放在优先发展的战略位置上，全面深化教育改革，大力推进教育事业发展，建成了世界上最大规模的教育体系，使我国教育迈进世界中上行列，为我国社会主义现代化建设事业提供了坚实的人才支撑和智力保障，促进了我国由人口大国向人才资源大国的转变，为加快教育现代化和建设教育强国奠定了坚实的基础。但是，目前我国教育还明显存在发展不平衡不充分的问题，教育质量特别是人才培养质量相对滞后于教育规模的扩张，教育体系和人才培养体系还不完善，教育结构不能完全适应经济社会的发展需要，一些不利于教育发展的体制机制障碍明显存在，教育对外开放与合作办学的水平有待提高，优质教育资源不足，区域、城乡、校际、不同群体之间的教育差距还比较明显，高水平教师队伍建设相对滞后，等等。总体上看，我国教育还不能完全满足人民群众对教育的需求和建设社会主义现代化强国的需要。尽管我国与世界教育强国的差距在不断缩小，但大而不强是我国教育的现状。习近平总书记在党的十九大报告中指出，"优先发展教育事业。建设教育强国是中华民族伟大复兴的基础工程，必须把教育事业放在优先位置，加快教育现代化，办好人民满意的教育"。办好人民满意的教育，是深入贯彻以人民为中心的发展思想的具体体现，只有办好人民满意的教育，才能为实现中华民族伟大复兴的中国梦提供源源不断的智慧支持。"教育兴则国家兴，教育强则国家强。"党的十九大作出了在全面建成小康社会的基础上到 2035 年基本实现社会主义现代化，到 21 世纪中叶把我国建成富强民主文明和谐美丽的社会主义现代化强国的战略安排，为新时代中国特色社会主义发展和中华民族伟大复兴，展现了光明前景，指明了前进方向。"时代越是向前，知识和人才的重要性就愈发突出，教育的地位和作用就愈发凸显。我国正处于历史上发展最好的时期，但要实现'两个一百年'奋斗目标、实现中华民族伟大复兴的中国梦，必须更加重视教育，努力培养出更多更好能够满足党、国家、人民、时代需要的人才。"建设社会主义现代化强国、实现中华民族伟大复兴中国梦，对新时代我国教育提出了新的使命和要求，迫切需要"对加快推进教育现代化、建设教育强国作出总体部署和战略设计"。

华东师范大学国家教育宏观政策研究院（又名教育经济宏观政策研究院，以下简称宏观院）以提高教育决策科学化、民主化水平，促进中国教育治理体系和治理能力现代化为目标；以促进国家现代化进程，完善中国特色社会主义现代化教育体系，促进教育公平，提高教育质量，办好人民满意的教育和建设人力资源强国为价值追求；以国家宏观政策和教育发展战略研究为重点；以教育整体规划与综合改革为突破口；以战略问题和教育政策为主要研究对象；以服务党和政府科学、民主、依法决策为宗旨，结合国家改革与发展中的重大理论及现实问题，多年来一直致力于发展高质量的咨政建言、理论创新、舆论引导、社会服务、公共外交和集贤育人等教育智库功能，着力打造服务国家宏观决策的思想高地和有世界影响力的中国智库品牌。

宏观院"教育智库建设成果"书系遵循"直面问题、贴近实践、服务政策、深度透析"的基本原则，把我国当前教育改革与发展中的关键问题作为研究的中心；以政策分析的视野集中审视中国教育改革与发展中所呈现的新现象与新问题。"新时代中国教育战略研究丛书"是宏观院"教育智库建设成果"书系第二辑，由《新时代区域教育现代化发展研究》、《上海教育 2035 战略规划研究》等八本书构成。宏观院组织教育领域专家，就十九大报告中提出的部分重要教育命题开展系统论述和科学解读，并在此基础上编写本套丛书，丛书旨在引导全社会更好地学习十九大关于教育的论述，为政府教育决策提供可选择的观点与建议，为推进教育政策研究提供参考。"新时代中国教育战略研究丛书"的编写原则为：体现学习十九大报告的成果，以新时代中国特色社会主义思想和基本方略为理论指导；重点关注宏观性和战略性教育议题，关注影响教育改革与发展的重要现实问题；注重解决问题的观点与建议的阐述。

本套丛书立足国情，主动服务党和国家工作大局，紧紧围绕党和政府决策急需解决的重大问题，开展了一系列具有前瞻性、针对性、储备性的政策研究，提出了专业化、建设性、切实管用的政策建议。宏观院将始终站在国家宏观战略的高度，以国家重大需要为导向，从经济、产业、区域、社会等多角度全方位地对教育问题开展系统研究、跟踪研究、长期研究、深入研究，不断拓宽研究的广度和深度，全面对接国家和经济社会对教育发展的需求，为国家宏观和全局教育决策提供支持，为国家教育决策科学化和治理现代化提供专业支撑。

序言

教师是教育事业发展的基础，是提高教育质量、办好人民满意教育的关键。党中央、国务院历来高度重视教师队伍建设。“十三五”期间，教师队伍建设以习近平总书记关于教育的重要论述特别是关于教师工作的重要指示精神为指引，以新中国成立以来党中央出台的第一个专门面向教师队伍建设的重要政策文件——《关于全面深化新时代教师队伍建设改革的意见》为统领，规模不断扩大，结构不断优化，队伍素质不断提升，教师队伍建设打开了新局面。

面向“十四五”，教育的内部条件和外部形势发生了很大变化。加强教师队伍建设，必须以高质量发展为主线，找准教师队伍建设的突破口和着力点，以全面深化教师队伍建设改革激发新发展活力，破除教师发展方面的深层次体制机制障碍，推动教师队伍从专项管理向现代治理转变。

《中国中小学教师队伍发展指标概览(2020)》(以下简称“报告”)是华东师范大学国家教育宏观政策研究院积极响应国家中小学教师队伍建设发展需要，组织专业团队精心打造的重要智库成果。报告的基本内容包括：通过梳理国内外相关材料，结合我国中小学教师队伍发展过程中产生的各类宏观数据，构建中国省域中小学教师队伍发展评价指标体系，具体包括教师队伍规模适配度、教师队伍结构稳定性、教师队伍质量、教师职业吸引力这 4 个一级指标以及 19 个二级指标、34 个三级指标，基本反映了我国中小学教师队伍基本状况。通过对指标数据进行可视化处理，从时间、空间等不同维度观察我国省域师资配置的现状以及动态趋势，从而对我国中小学教师队伍进行全面、客观的描述性分析。

大数据时代为教师队伍研究带来了新视角和新机遇。大数据的收集便利性使得数据收集和分析的时间周期大大缩短，数据分析结果对政策的反馈速度和分析精读大幅提升。本报告的独特价值体现在“用数据说话”。首先，本报告的数据基础扎实，通过收集分析国家经济社会发展统计数据、教育部教育统计数据、国家教育宏观政策研究院教育决策数据库和全国教师管理信息系统等多种数据系统等，构建了基本覆盖我国 1200 多万中小学教师，100 多亿条数据信息的基础数据库系统。其次，在分析 OECD 教育指标体系、《教育现代化进程监测评价指标体系》和《中国教育监测与评价统计指标体系》等的基础上，以人力资本理论为基础，在 CIPP 决策导向评价模型基础上，构建了中国省域中小学教师队伍发展评价指标体系。最后，通过 100 多张详细的数据图表，全方位展示了中国省域中小学教师队伍发展现状，并对相关数据进行了一定的分析说明。

报告客观分析、评价和监测各地区教师队伍的发展变化，系统地研判省域中小学专任教师队伍发展趋势和规律，初步揭示了教师队伍建设特点和突出问题，为提升决策的科学性、针对性和前瞻性提供了有力支撑。

衷心希望国家教育宏观政策研究院科研团队把《中国中小学教师队伍发展指标概览》的工作矢志不渝地持续做下去，越做越好。

是为序。

中国教育学会名誉会长、北京师范大学资深教授 顾明远

2022 年 2 月

目录

图目录

前言

实现中华民族的伟大复兴，关键在人才，基础在教育，根本在教师。教师是教育发展的第一资源。习近平总书记多次强调，“让教师真正成为最受社会尊重和令人羡慕的职业”，“各级党委和政府要满腔热情关心教师，让广大教师安心从教、热心从教、舒心从教、静心从教，让广大教师在岗位上有幸福感、事业上有成就感、社会上有荣誉感，让教师成为让人羡慕的职业”。

教师队伍建设对于推进教育事业发展、提升教育质量具有重要的价值和意义。《中华人民共和国义务教育法》和《中华人民共和国教师法》的颁布，确立了教师的专业地位，推动教师队伍建设走上了法治化和规范化轨道。2018年1月，中共中央、国务院发布《关于全面深化新时代教师队伍建设改革的意见》（中发〔2018〕4号），提出“要提高教师队伍整体素质，提高教师工资和社会地位，真正让教师成为全社会羡慕的职业，构建健康和谐的教育生态”，标志着教师队伍建设进入新的阶段。教育部相继颁布了师德师风、教师培养、任职资格、教师专业发展、岗位管理、教师待遇保障、师资均衡配置等方面的教师政策，细化、落实教师队伍建设的内涵和工作。《2019年对省级人民政府履行教育职责评价的指标体系》中进一步明确了省级人民政府加强教师队伍建设的职责。

理想中的教师指标概览是一套多维度、可比性高、监测与评价导向的指标系列，以我国教育政策文本为理论基础，以辅助教师队伍的中长期发展为目的，基于教师全量数据，应用大数据技术，可用于分析我国各地区教师队伍发展现状、比较区域和地区间差异、监测评价教师结构和质量、洞察教师队伍未来发展趋势，对教育决策者精准把握教师队伍建设情况、及时作出政策设计和调整，具有独特的价值和现实意义。

为此，国家教育宏观政策研究院研究团队参照目前国内外常见的教师队伍发展评价指标，依据国家对新时代中小学教师队伍发展的各种具体要求，结合国家经济社会发展统计数据、教育部教育统计数据、国家教育宏观政策研究院教育决策数据库和全国教师管理信息系统等多种数据系统，建构了中国中小学教师队伍发展评价指标体系，对我国各地区中小学教师队伍发展情况进行量化分析，开展实证研究，并在此基础上写成了《中国中小学教师队伍发展指标概览（2020）》一书。

第一章
中国中小学教师队伍发展评价指标体系

目前主流的教师评价指标体系主要针对教师个体考核评价，而集体性教师队伍评价指标体系研究还处于起步阶段。本章在梳理各类综合教育评价报告和教师专题研究报告中的教师队伍评价指标的基础上，剖析教师相关政策，探索各类教师系统数据，聚焦我国中小学教师队伍（以下若无特别说明，本书中的教师队伍均指中小学教师队伍），尝试建构我国中小学教师队伍发展评价指标体系，服务宏观决策需要。在指标体系的设计上力图体现可量化、系统性、政策敏感性和国际可比性。

一、国内外主要教师队伍发展评价指标体系

（一）教师队伍评价指标的定义

按照评价对象的类型，可以将教师相关的评价指标体系区分为个体的教师评价指标和集体性的教师队伍评价指标。个体的教师评价指标体系和评价标准服务于学校管理中的教师评价工作，对教师的成长和发展具有引导指向与绩效评价的功能。[1]个体的教师评价依据教师评价和教师效能理论，从绩效评价或胜任力的评价角度设计指标体系，侧重与教师个人专业发展和课程教学相关的指标设计。[2][3][4]

作为教育评价的重要组成部分，教师队伍评价指标是指在正确的教育价值指导下，以宏观教育政策的短期、中期和长期发展目标为准绳，对教师队伍区域发展水平和关键结构特征进行客观描述和判断，为教师队伍管理工作与教师队伍建设提供有决策支持依据的集体性评价指标体系。因此，教师队伍的集体性、区域性

评价不同于个体教师评价指标得分的统计汇总。

现有的集体性教师队伍评价指标有两类应用：一是在空间维度上，进行国家间、地区间整体教育发展水平的综合评价，作为一个独立模块或测量指标群，例如OECD(经合组织)、UNESCO(联合国教科文组织)、世界银行等国际组织和各国教育主管部门组织的年度教育监测和综合评价中的教师相关模块；二是从时间维度上，描述特定国家或地区内部一定时期内的教师发展趋势或某个特定时点的阶段性发展特征，例如年度教师发展报告或专题性的教师队伍研究。

地区教育监测和教育统计等综合性教育指标中涉及教师队伍的指标，主要包含各级各类学校教师规模、教师学历、教师职称、教师变动(数量增减)、教师政治面貌和教师工资等客观、描述性的统计汇总指标；教师队伍专题研究报告在上述基础指标之外，通常根据报告所涉及的研究主题和概念框架，在教师供给、教师质量、教师培养、教师专业发展、教师管理等方面有所拓展和细化。表1.1整理了目前国内外主要的集体性教师队伍评价指标和指标体系。

（二）综合教育评价中的教师队伍指标

目前多个国际组织在其发布的教育报告中都包含教师指标或模块，用于评估不同国家或地区的教师整体发展状况。

UNESCO发布的年度《全球教育监测报告》从教育供给角度选取教师队伍评价指标。发展导向的UNESCO教育指标体系围绕全民教育目标，关注教育要素的“输入—过程—输出”环节的关键指标。这一指标体系将教师队伍视作支持教育规模扩张的要素，重点监测增量教育规划中不可或缺的基础指标：合格教师规模、受训教师规模、生师比、学生/合格教师比、学生/受训教师比、教师流失率等。[5]

OECD教育指标体系以监测诊断为导向，其评价目标是考察国家教育体系的总体绩效。在以人力资本理论为基础的CIPP评价模式(背景—投入—过程—结果)中，教师队伍相关指标构成了“学习环境和学校组织”模块的主体。[6] OECD教师指标围绕四个问题：教师供给能否满足学生需求、教师质量如何、谁来做老师以及教师负担如何。在历年OECD发布的《教育概览》①中，曾涉及教师队伍的供需

① 在国际组织的教育诊断和监测指标体系中，由于对教师在教育体系中作用的理解不断发生变化，教师指标群和具体指标定义、教师相关指标在评价体系中的位置以及衡量教师资源配置均衡性的测量维度均发生了变化(UNESCO《全球教育监测报告》，2000—2019；OECD《教育概览》，1991—2019)。

变化、生师比、队伍结构（年龄、教龄、性别结构）、职前培养要求、任职资格、专业发展、工作和教学时间、班级规模、教师工资、使用ICT（信息通信技术）情况、教师评价、教师态度与信念以及教师流动等主题的指标。[7]近几年教师相关指标渐趋稳定。在最新的《教育概览（2019）》的“学习环境和学校组织”板块中，包含了生师比、教师工资和教师相对工资、教师工作时间、教师年龄和性别结构等指标及分学段分类型的描述性统计结果。

国家教育主管部门也是教师队伍指标的常见发布主体。美国国家教育统计中心（NCES）采用主客观指标，通过多渠道收集、汇总、追踪教师群体数据，建立了监测教师队伍供需变化、教师专业发展、教师工作条件等指标群，用于反映个人、学校、区域和国家多尺度的结构特征与发展趋势。

在教育部印发的《中国教育监测与评价统计指标体系（2020年版）》（教发〔2020〕6号）中，教师相关指标归属于学校办学条件模块，指标涉及生师比、班师比、学历合格专任教师比例、高于规定学历专任教师比例、高级专业技术职务专任教师比例、专任教师接受培训的比例、教师交流轮岗比例等，应用于宏观教育事业发展统计数据，指导各级教育行政部门和学校科学开展教育事业发展监测与评价工作。

（三）教师专题研究报告中的教师队伍指标

以国际组织和国家教育主管部门确立的教师队伍关键指标进行国家间或地区间的比较，有助于明确教师队伍发展的阶段性特征，合理定位和设定本地区教师队伍建设的发展目标。然而，在综合评价中的教师模块或教师指标群，其包含的信息相对单一，而且往往缺乏系统性。近年来，在一些教师专题研究和教师年度发展报告中，研究者开始尝试探索更为全面系统、以教师为中心的指标体系。

曾晓东等（2012）在《中国中小学教师发展报告》中以教师规模、质量、结构以及教师工作负担4个一级指标来描述教师队伍变化。[8]其中，教师规模包含3个二级指标，分别是投入中小学教育的教师劳动力规模及变动状况，分学段、分城乡投入中小学教育的教师规模，以及分省区的教师占各自劳动力队伍的比例；教师队伍质量包含5个二级指标，分别是中小学专任教师学历合格率和较高学历比例、中小学专任教师平均受教育年限、分城乡中小学专任教师学历合格率和较高学历比例以及分城乡中小学专任教师平均受教育年限，通过国际比较评价中小学教师的相对质量；教师队伍结构包含4个二级指标，分别是教师性别结构、分城乡专任教师队伍、教师年龄结构和分城乡专任教师队伍年龄结构；教师工作负担包含生师比、班师比、班额3个二级指标。该报告所用的数据基于《中国统计年鉴》和国家教育事业发展统计数据，在教师工作时间和教师工资等指标上，局部使用了抽样调查数据。[9]

单志艳等(2013)在"中国教师发展水平测评指标体系"中将基础教育教师指数和高等教育教师指数作为一级指标，二级指标衡量教师队伍的配置、结构、专业和待遇4个维度。[10][11]其中，配置指数以每千名学生专任教师数衡量；结构指数包括2个三级指标，分别是"音体美"教师所占比例和老中青教师各自所占比例；专业指数包括学历指数(高一级学历教师比例)和职称指数(中高级职称教师比例)2个三级指标；待遇指数用教师工资与城镇居民可支配人均收入比值来衡量。指标体系依据的数据主要来源于《中国教育统计年鉴》和《中国教育经费统计年鉴》等教育统计数据。

李琼和丁梅娟(2017)设计的"教师队伍发展指标体系"将教师数量、结构、质量和工作环境设定为一级指标。其中，数量包括绝对数量(教职工总数、专任教师数量、教师变动数量)和以生师比来衡量的相对数量；结构包括群体结构(代课教师数量及比例)、性别结构(女性教师数量及比例)和年龄结构(各年龄阶段教师数量及比例)；教师质量的评价指标包括学历(分学历教师数量及比例、学历合格率)和职称(各级职称教师数量及比例)；工作环境包括工作负担(班额、班级数及比例、师班比)和办公条件(师均办公用房面积)。该指标体系数据来源于《中国教育统计年鉴》。[12]

除了以教育统计数据为基础的教师专题研究报告外，OECD的"教师教学国际调查项目"(Teaching and Learning International Survey Programme，简称TALIS项目)和全国教师教育政策研究数据库项目通过有代表性的抽样设计，获得教师个体层次的教师相关测量，可以进行多层次分析。TALIS关注各国政府不同的教师培养政策对学生学业进步和成长的贡献，调查评估各国教15岁学生的初中教师，包括教师专业发展、教师评价与反馈、学校领导能力、教学实践与教学观等方面的测量。[13][14]丁钢等在全国教师教育政策研究数据库项目中设计了教师一般信息、教学与评价、教师培训与专业发展、工作状况与学校管理等相关指标。[15]

表 1.1　教师队伍评价指标概览

类型	指标来源	评价目标和理论	主要维度/一级指标	数据类型
综合教育评价中的教师队伍指标	联合国教科文组织《全球教育监测报告》	发展导向的教育指标（输入—过程—输出）；为增量教育规划/规模扩张进行要素预测	教育供给模块：教师规模、受训教师比例、生师比等	教育统计数据为主
	OECD 教育指标体系(INES)《教育概览：OECD 指标》	监测诊断导向的教育指标（背景—投入—过程—结果）；人力资本理论为基础的 CIPP 模式	教育中财政与人力资源投入、学习环境与学校的组织模块（生师比、教师工资、教师教学时间、教师个人特征、教师准入、教师专业发展）	教育统计数据和抽样调查数据
	中国教育部《中国教育监测与评价统计指标体系（2020 年版）》	监测规划导向的教育指标	学校办学条件模块，指标涉及生师比、班师比、学历合格专任教师比例、高于规定学历专任教师比例、高级专业技术职务专任教师比例、专任教师接受培训的比例、教师交流轮岗比例等，应用于宏观教育事业发展统计数据，指导各级教育行政部门和学校科学开展教育事业发展监测与评价工作	教育统计数据
	美国教育部教育统计中心(NCES)	监测规划导向的教育指标	教师队伍供需变化、教师专业发展、教师工作条件	教育统计数据和教师调查数据
教师专题研究报告中的教师队伍指标	OECD：教师教学国际调查(TALIS)	教师状况跨国比较项目	教师专业发展、教师评价与反馈、学校领导能力、教学实践与教学观	抽样调查数据
	丁钢等：全国教师教育政策研究数据库项目/《中国中小学教师专业发展状况调查与政策分析报告》(2010)	服务教师教育政策的调查项目	教师一般信息、教学与评价、教师培训与专业发展、工作状况与学校管理	抽样调查数据
	曾晓东等：《中国中小学教师发展报告》(2012、2014)	教师队伍结构性特征的历时性描述	教师规模、教师质量、教师结构、教师工作负担	教育统计数据

续 表

类型	指标来源	评价目标和理论	主要维度/一级指标	数据类型
	单志艳等：中国教师发展水平测评指标体系/《中国教师发展报告》(2013)	教师发展水平综合指数评价	基础教育教师队伍的配置指数、结构指数、专业指数、待遇指数	教育统计数据
	李琼、丁梅娟："教师队伍发展指标体系"(2017)	教师队伍指标建构的探索性研究	教师数量、教师结构、教师质量、教师工作环境	教育统计数据

（四）小结

传统上，教师队伍的评价指标更依赖宏观统计汇总数据，近年来随着数据收集方式的多元化，越来越多的个体数据进入研究视野。教育统计数据以年鉴或在线方式定期向社会大众公开，《中国教育统计年鉴》中的教师队伍指标在过去40年间经历了数次调整，[12]目前发布的指标包含教师数量、教师学历、教师职称、教师变动情况、政治面貌、教师工资等指标或指标群。无论是综合教育评价中的教师队伍指标，还是教师专题研究报告中的教师队伍指标，多数采纳公开或局部公开的教育统计资料在师资配置方面的基本测量。抽样调查数据的引入，改善了传统教师队伍指标在分析层次和指标逻辑完备性上的不足，在表1.1中，诸如OECD、NCES等机构在最近几年开始尝试教育统计指标和调查数据相结合，注重测量教师的专业发展、课程教学、工作状况和学校管理等与教师政策相关的关键环节。

二、大数据支持的教师队伍发展评价指标体系

（一）现有指标体系数据的局限性

通过上述梳理，可以看到，现有集体性教师队伍评价指标受限于数据来源。目前，我国集体性教师队伍评价指标体系研究还处于起步阶段，无论是综合教育评价中的教师队伍指标，还是教师专题研究报告中的教师队伍指标体系，多数依据传统的、由权威机构定期发布的教育统计数据。

教育统计数据中教师数据的局限性表现在教师相关指标较少，且既有指标的应用性不够。具体来看：第一，在指标测量上，通常以描述性、客观指标为主。和国际主流教师队伍评价指标相比，在教师待遇、教师专业发展等教师队伍建设的关键环节上存在缺失。在教师质量、教师工作条件的部分指标上，由于指标定义存在差异或资料不完整，影响了指标数据的国际可比性；[12]第二，教育统计数据在分析尺度上偏向宏观。在公开的教育统计数据中，教师相关数据最低的分析尺度是区县层级，并且在较低的分析尺度上缺乏分组数据资料。支持教师政策，需要有精准的信息支持，降低分析尺度、提高数据精度，才能更有效地利用数据指标计算结果服务教育决策；[18]第三，教育统计数据在指标选择上存在路径依赖，缺乏必要的理论基础，对教师队伍发展的规律性、系统性和教师政策前沿议题的政策敏感性把握不足，难以适应教育管理现代化和教师队伍建设的现实需要。[12]长久以来，我国教育统计数据指标以支持教育事业发展的资源性、投入性特征为主，然而有研究表明，近年来我国基础教育教师队伍建设的传统核心投入指标开始失去效力。[16][17]在结构转型的发展周期中，教师队伍指标的设计思路需要走出增量规划思维，细致分析传统指标的适用性和局限性。此外，现有的教育统计指标局限在教育系统内部，指标计算缺乏与其他社会经济统计指标的联动，忽视教育发展所嵌入的时代背景，削弱了指标的解释力和预测力。

为突破宏观教育统计数据的局限，OECD 的 TALIS 项目、美国 NCES 的国家教师和校长调查（National Teacher and Principal Survey）项目采用了抽样调查方法，补充测量教育统计指标缺少的维度。然而，调查数据的局限性在于时效性不足。操作流程规范、具有统计代表性的大规模调查从指标设计到数据回收、清理需要数年时间，不能及时反映教师队伍和师资需求的变化、回应教育决策需要；而一味追求效率，在抽样设计和调查执行环节不够严格，可能会收集到有偏的调查样本，例如，可能造成民办学校教师和非编制教师的样本比例低于其在实际总体中的比例。数据驱动教育决策有赖于数据的时效性，数据延迟可能导致错过由本地学龄人口变动带来的教师质量提升和师资配置效率提升的时间窗口。

（二）新的机遇和挑战

大数据时代为教师队伍指标研究和应用带来了新机遇和新挑战。大数据时代教育管理信息的数量和质量大幅提升，及时有效的动态监测和模型预测成为可能，为前瞻性的教育决策提供有力支撑。大数据时代的教育数据在数据规模、类型、来源、时效性等方面都远胜以往。相对于抽样调查数据，大数据的收集便利性使得数据收集和分析的时间周期大大缩短，因此数据分析结果对政策的反馈速度大幅提升；相较传统的教育统计数据，大数据丰富多元，可以扩充测量指标、缩小测量误差、提高数据颗粒度。

大数据时代更方便收集到样本量大、覆盖面广、高质量的教师个体层次的多时点数据，可以从丰富的个体教师评价指标和个体层次测量中吸收有潜力的测量指标，丰富教师队伍指标尤其是教师队伍质量和职业地位方面的测量，从而实现对教师队伍规模、结构、质量等概念更精准的刻画评价，服务于教师队伍素质提升、结构均衡、配置优化等相关政策实施；可以从时间、空间等方面进行拓展，观察师资配置的动态趋势，探寻结构优化时期教育资源配置效率提升的有力抓手；也可以进行更为细致的多层次分析和数据挖掘，充分利用大数据的优势探索决策模型，助力教育科学决策。

当数据来源更加丰富，数据颗粒度更精细、时效性更强时，就有必要设计与之相应的测量和评价分析标准，改善教师队伍评价指标体系在理论系统性、政策敏感性等方面的不足。

三、中国中小学教师队伍发展评价指标体系设计

本研究尝试建构全面、系统且在部分关键指标上具有国际可比性的教师队伍评价指标体系，立足于教师宏观政策需要，着重突出近年来我国重大教师政策的价值导向性，探究中小学教师队伍建设的关键要素，在充分挖掘、整合多源大数据的基础上，客观分析、评价和监测教师队伍的发展变化，发现中小学教师队伍的发展趋势和规律，诊断教师队伍建设特点和突出的问题，服务教师队伍宏观管理，助力教育决策科学化。

（一）评价对象

为方便起见，中小学教师队伍发展评价指标体系的评价范围是以省域为基本单位，包含我国 31 个省、自治区、直辖市（暂不包含港澳台地区）。“中小学教师队伍”是指上述地区的小学、初中以及普通高中的专任教师群体。

（二）数据来源

指标分析结果基于多源的教育管理大数据。主要来源分别是全国教师管理信息系统、国家教育科学决策服务系统和国家统计局的国民经济和社会发展统计数据。全国教师管理信息系统收录了全国各级各类教师 120 多亿条数据信息（本研究使用的是截至 2019 年年中的教师相关数据，已对数据进行个人隐私脱敏处理），内容涵盖基本信息、学习经历信息、工作经历信息、岗位聘任信息、专业技术职务聘任信息、基本待遇信息、年度考核信息、教师资格信息、师德信息等 16 大模块；国家教育宏观政策研究院"国家教育科学决策服务系统"收录了全国教育事业发展统计数据，包含全国和各地区、各级各类教育机构的详细年度统计数据以及来自联合国教科文和世界银行的各类国际比较数据；国家教育宏观政策研究院决策支持数据库中收录了国家统计局的国民经济和社会发展统计数据。通过整合这三大类数据，建构包含国家、省、地市、区县和学校五级数据的分析数据库，分析的基本单位精确到个人。联合使用多源大数据，能更好地描绘教师队伍建设的区域性和阶段性发展特征。

（三）指标体系的框架和指标定义

中国中小学教师队伍发展评价指标体系的设计是以人力资本理论为基础，在 CIPP 决策导向评价模型基础上，充分利用包括教育行政数据在内的多源大数据的数据优势，将一定区域范围内的教师队伍视为教育系统中的一个相对完整的子系统；立足于教师宏观政策需要，着重突出近年来我国重大教师政策的价值导向性，探索研判教师队伍建设的关键要素；评价遵循系统性、可比性、客观性、实用性和引导性原则进行指标的设计与选择。

在充分借鉴吸收包括 OECD 教育指标体系、《教育现代化进程监测评价指标体系》和《中国教育监测与评价统计指标体系》在内的国内外主流教师队伍评价指标体系以及教师调查主要测量维度的基础上，参考教师政策框架，形成由 4 个一级指标、18 个二级指标和 30 个三级指标构成的评价指标体系。4 个一级指标分别是 A. 教师队伍规模适配度、B. 教师队伍结构稳定性、C. 教师队伍质量、D. 教师职业吸引力，从这四个方面对全国教师队伍发展水平进行评价。

指标体系中，部分二级、三级指标和国际主流指标体系在部分关键维度上采取了统一的操作定义和指标算法，兼顾了国家间、区域间的可比性，为处于教育事业不同发展阶段的地区设定不同的参照系。指标体系基本框架如表 1.2 所示。

表 1.2　中国中小学教师队伍发展评价指标体系基本框架

一级指标	评价目标	价值导向
A. 教师队伍规模适配度	衡量区域内教师规模能否满足需要，教师供给是否充分	基础保障
B. 教师队伍结构稳定性	评价区域内教师队伍在一定时间、空间和体制范围内能否保持稳定供给	可持续发展
C. 教师队伍质量	评估和监测教师队伍在师德师风、学历、教学能力、经验技能、培训等方面的质量差异	人力资源
D. 教师职业吸引力	评价教师工作负担与教师工资待遇合理性，即教师职业投入和回报	以人为本

1. 一级指标 A：教师队伍规模适配度

教师队伍规模适配度是评价区域内师资配置的基础保障，即教师规模能否满足需要，教师供给是否充分。教师队伍在数量上充足是提升我国教育供给能力、实现教育公平的基本保证；在教师队伍建设中，如何在供给侧优化教师队伍招聘准入、精准定位本区域内教师队伍的长板和短板，保持教师队伍稳定性，是优化各省师资配置效率、提高教育质量的关键。教师队伍规模适配度下属二级指标包括：生师比、专任教师规模、专任教师规模增长率、班师比、性别均衡、师范生比例。

(1) 生师比：生师比是指每位专任教师平均对应的学生数。生师比是教育质量的关键指标，体现教师数量的充足程度，反映教育的条件保障水平，是各大教育指标体系共通的评价教师数量的基础指标。

(2) 专任教师规模：专任教师规模、专任教师规模增长率通过与在校生规模、在校生规模增长率的历时比较，可以描述师资配置动态调整的区域间差异。

(3) 班师比：班师比考察每个班平均配备的教师数，综合反映教师资源配置的充分性和空间分布的均衡性，同时也是连接微观教师工作量和宏观师资配置的分析指标。

（4）性别均衡：性别均衡指标测量女教师比例和40岁以下女教师在专任教师中的比例。性别比是教师队伍构成情况的基础描述性指标；40岁以下女教师比例考察我国生育政策对师资配置的影响，是一个新的探索性的分析型指标。

（5）师范生比例：师范生比例是指毕业自师范类专业的教师数量占教师总数的比例。师范生比例这一指标提供了推进教师培养供给侧结构性改革的参考。

2. 一级指标B：教师队伍结构稳定性

教师队伍结构稳定性指标是以教师队伍的可持续发展为价值导向，评价区域内教师队伍在一定时间、空间和体制范围内能否保持稳定供给。下属二级指标包括：时间稳定性、空间稳定性和体制稳定性。

（1）时间稳定性：教师队伍时间稳定性指标从教师队伍平均年龄、年龄结构和5年内新入职教师比例来评估未来一定时间段内教师队伍的稳定供给。其中教师年龄结构的描述遵循OECD的分组方式，分为4个年龄阶段计算比例：30岁以下、30—39岁、40—49岁、50岁及以上。

（2）空间稳定性：教师队伍空间稳定性指标采用在本省出生的教师所占比例来衡量教师队伍的本土化程度。

（3）体制稳定性：教师队伍体制稳定性指标采用代课教师和兼任教师与专任教师总数的比例和专任教师占教职工的比例等指标描述教师队伍结构性特征。

3. 一级指标C：教师队伍质量

教师队伍质量指标从多维度分析，综合评价区域内的教师队伍整体素质，下属二级指标包括：师德师风、学历水平、教学经验、教师职称、信息技术应用能力、教师培训、师资均衡。

（1）师德师风：师德师风测量中小学教师队伍师德师风的考核合格率。

（2）学历水平：学历水平采用平均受教育年限、高一级学历教师比例、乡村教师学历达标率、35岁及以下教师研究生比例等具有一定区分度和不同政策指向性的多个指标进行描述。

（3）教学经验：教学经验以教师教龄来测量。

（4）教师职称：教师职称包含高级职称教师比例和初级及以下职称教师比例两个指标，增加指标的跨地区比较中的适用性。

(5) 信息技术应用能力：信息技术应用能力共分为 5 个等级，分别对应不同的分数，由此计算各省教师的信息技术应用能力平均分。

(6) 教师培训：教师培训指各学段专任教师自行填报的每年接受培训的平均学时。

(7) 师资均衡：师资均衡指标测量教师轮岗交流比例。县域内交流轮岗的教师比例体现的是各地区促进师资配置均衡的制度保障。

4. 一级指标 D：教师职业吸引力

教师职业吸引力指标包括教师工作条件和教师待遇两个方面，以教师职业群体为中心，构建一个评价教师职业地位的"投入—产出模型"，以教师工作量与工作负担来衡量教师工作条件，教师工资和教师相对工资水平衡量教师职业回报，增加相对工资水平指标是为了尊重教师队伍发展客观规律和既有区域发展水平的差异。采用绝对指标和相对指标的结合方式，可以更加合理地衡量教师工资水平。职业吸引力下属二级指标包括：教师工作量、教师工资和教师相对工资水平。

(1) 教师工作量：教师工作时间是对教师工作量的一种度量方式。中小学阶段教师工作时间通常包括教学课时、课前课后的教学相关时间以及教师承担的行政及其他与教育教学工作不直接相关的时间。本书报告教学课时数、非教学时间以及无兼任工作教师非教学时间。无兼任工作教师是指在学校中不兼任校长、中层等管理职务的教师。

(2) 教师工资：教师工资衡量教师待遇、福利政策的落实情况，评价教师待遇与薪酬的合理性，高素质的教师队伍需要与之相称的收入回报。教师工资(年收入)测量的是教师总收入的绝对值。

(3) 教师相对工资水平：教师相对工资是影响个人进入和留在教师队伍的主要因素，一定程度上衡量进入教师职业的机会成本。在联合国教科文组织和 OECD 的测量中，教师相对工资水平是指教师工资与具有相同受教育程度工作者的工资的比值。由于我国区域间存在不均衡，教师工资评价中需要充分考虑各地区的经济发展现状，构建适合于区域间比较的教师相对工资评价指标。

5. 指标体系设计表

详细的指标体系和指标出处见表 1.3。

表 1.3 中国中小学教师队伍评价指标体系

一级指标	二级指标	三级指标	指标出处
A. 教师队伍规模适配度	A1. 生师比	生师比	UNESCO、OECD、中国教育监测等
		生师比城乡分布	OECD
	A2. 专任教师规模	专任教师规模	UNESCO
		专任教师规模增长率	
	A3. 班师比	班师比	
	A4. 性别均衡	女教师比例	UNESCO
		40 岁以下女教师比例	
	A5. 师范生比例	师范生比例	
B. 教师队伍结构稳定性	B1. 教师队伍时间稳定性	平均年龄	OECD
		年龄结构	OECD
		5 年内新入职专任教师比例	
	B2. 教师队伍空间稳定性	本省出生的教师占比	
	B3. 教师队伍体制稳定性	代课教师和兼任教师与专任教师总数的比例	
		专任教师占教职工的比例	
C. 教师队伍质量	C1. 师德师风	师德考核合格率	
	C2. 学历水平	受教育年限	
		高一级学历教师比例	中国教育监测
		35 岁及以下教师研究生比例	
		乡村教师学历达标率	中国教育监测
	C3. 教学经验	平均教龄	
	C4. 教师职称	高级职称教师比例	中国教育监测
		初级及以下职称教师比例	
	C5. 信息技术应用能力	信息技术应用能力	
	C6. 教师培训	年度培训学时	
	C7. 师资均衡	教师轮岗交流比例	

续 表

一级指标	二级指标	三级指标	指标出处
D. 教师职业吸引力	D1. 教师工作量	教学课时	OECD
		非教学时间	OECD
		无兼任工作教师非教学工作时间	
	D3. 教师工资	教师年收入	OECD
	D4. 教师相对工资水平	教师相对工资水平	OECD、UNESCO

(四) 指标设计和计算的相关政策依据

上述指标体系中大部分指标设计依据相关政策，并且部分指标的标准值也是依据相关政策进行推算，主要包括：

(1) 生师比配置标准的核算方式：2014 年 11 月 13 日，《中央编办 教育部 财政部关于统一城乡中小学教职工编制标准的通知》(中央编办发〔2014〕72 号)统一了城镇乡教职工编制标准："教职工与学生比：高中为 1∶12.5，初中为 1∶13.5，小学为 1∶19。"在《人事部 教育部关于印发高等学校、义务教育学校、中等职业学校等教育事业单位岗位设置管理的三个指导意见的通知》(国人部发〔2007〕59 号)中对非教学岗位占教职工比例做出明确的规定，"普通小学教师岗位占岗位总量的比例一般不低于 90%，管理岗位、其他专业技术岗位和工勤技能岗位一般不超过 10%"；"普通初中教师岗位占岗位总量的比例一般不低于 85%，管理岗位、其他专业技术岗位和工勤技能岗位一般不超过 15%"；"普通高中教师岗位占学校岗位总量的比例一般不低于 85%，其他岗位原则上不超过 15%"。

依据上述两项规定，对各学段专任教师生师比进行折算，折算后的学生和专任教师比值标准为：小学 21.11∶1、初中 15.88∶1、高中 14.71∶1。①

(2) 关于班师比配置标准的政策依据：2002 年 2 月 26 日，教育部发布的《教育部关于贯彻〈国务院办公厅转发中央编办、教育部、财政部关于制定中小学教职工编制标准意见的通知〉的实施意见》(教人〔2002〕8 号)中关于中小学人员编制的

① 上述政策文本中同时还规定了其他师资配置和调整的依据，例如小规模学校、寄宿制学校等方面的增编因素。因此，规定的规模和生师比要求只是从一个维度衡量了师资配置情况，并非严格遵守的硬性指标。

核定和分配做出如下规定：按照国办发〔2001〕74号文件的编制标准折算，普通高中每班可配备教师3.0人；普通初中每班可配备教师2.7人；城市小学和县镇小学每班可配备教师1.8人；农村小学每班可配备教职工数由各省（区、市）根据实际情况确定。《中央编办、教育部、财政部关于统一城乡中小学教职工编制标准的通知》（中央编办发〔2014〕72号）统一了城镇乡教职工编制标准，并提出按照班额、生源等情况统筹分配。

（3）关于师范生的政策依据：2018年1月20日，《中共中央国务院关于全面深化新时代教师队伍建设改革的意见》（中发〔2018〕4号）提出要加大对师范院校支持力度，建立以师范院校为主体、高水平非师范院校参与的中国特色师范教育体系；完善教育部直属师范大学师范生公费教育政策；强化教师教育师资队伍建设，在专业发展、职称晋升和岗位聘用等方面予以倾斜支持。师范生比例这一指标提供了推进教师培养供给侧结构性改革的参考。

（4）关于教师质量的政策依据：2018年1月20日，《中共中央国务院关于全面深化新时代教师队伍建设改革的意见》（中发〔2018〕4号）对全面提升教师队伍质量提出了新的要求。该文件提出要"提高教师培养层次，提升教师培养质量""为义务教育学校侧重培养素质全面、业务见长的本科层次教师，为高中阶段教育学校侧重培养专业突出、底蕴深厚的研究生层次教师。大力推动研究生层次教师培养，增加教育硕士招生计划"等一系列与提高中小学教师质量相关的意见。该文件为提升教师质量明确了政策路径，是教师队伍质量相关指标的设计依据。

（5）关于乡村教师队伍的政策依据：2020年7月31日，教育部、中央组织部等六部门发布的《教育部等六部门关于加强新时代乡村教师队伍建设的意见》（教师〔2020〕5号）就强化新时代乡村教师队伍建设，努力造就一支热爱乡村、数量充足、素质优良、充满活力的乡村教师队伍这一目标提出了9点意见。这是师资配置和教师质量相关指标中，进行城镇乡指标分布的描述、城乡均衡指数的测算以及乡村教师质量相关指标设计的政策依据。

（6）关于教师信息技术应用能力的政策依据：2019年3月20日，教育部发布的《教育部关于实施全国中小学教师信息技术应用能力提升工程2.0的意见》（教师〔2019〕1号）提出信息技术应用能力是新时代高素质教师的核心素养，并就这一主题提出了 4 个目标任务。提升教师队伍的信息技术应用能力，适应教育现代化发展的需要，我们据此设计了相关评价指标。

(7) 关于教师培训工作的政策依据：2011 年 1 月 4 日教育部出台的《教育部关于大力加强中小学教师培训工作的意见》（教师〔2011〕1 号）中就进一步加强中小学教师培训工作提出了 6 点意见。教师培训是教师队伍质量评价中不可或缺的组成部分。

(8) 关于教师职业吸引力的政策依据：2018 年 1 月 20 日，《中共中央国务院关于全面深化新时代教师队伍建设改革的意见》（中发〔2018〕4 号）提出，教师特别是中小学教师职业吸引力不足，并就“不断提高地位待遇，真正让教师成为令人羡慕的职业”这一目标提出了 6 条建议，旨在切实减轻中小学教师负担，营造宽松、宁静的教育教学环境和校园氛围；让广大教师在岗位上有幸福感、事业上有成就感、社会上有荣誉感。该意见还指出，要健全中小学教师工资长效联动机制，核定绩效工资总量时统筹考虑当地公务员实际收入水平，确保中小学教师平均工资收入水平不低于或高于当地公务员平均工资收入水平。据此将职业吸引力作为独立的一级指标。在下属二级指标中，以教师工作时间与工作负担指标衡量教师工作条件，以教师工资和教师相对工资水平指标衡量教师职业回报。

四、小结

中国中小学教师队伍评价指标体系的研制以及相应数据系统的研发，有助于客观分析、评价和监测教师队伍的发展变化，明确了解中小学教师队伍发展的结构性、阶段性特征；有助于及时把握教师队伍建设面临的新形势、新问题、新要求，从而聚焦教师队伍建设的重点、难点问题，发现短板和不足，进而优化教师人力资源的配置效率；通过深入分析制约教师队伍建设的体制机制障碍，有助于进一步优化教师管理体制机制。

尤其在回顾总结“十三五”规划和制定“十四五”规划的关键时刻，对于准确把握教师队伍发展现状，总结教师队伍建设的成就和经验，捕捉出现的问题，针对性地提出未来教师队伍建设和发展意见具有重要的参考价值。

参考文献

[1] 顾明远. 中国教育大百科全书[M]. 上海：上海教育出版社，2012.
[2] 王斌华. 教师评价：绩效管理与专业发展[M]. 上海：上海教育出版社，2005.
[3] 曾晓东. 对中小学教师绩效评价过程的梳理[J]. 教师教育研究，2004(01)：47－51.
[4] 孙河川. 教师评价指标体系的国际比较研究[M]. 北京：商务印书馆，2011.
[5] 联合国教科文组织. 全球教育监测报告(2019)：移徙、流离失所和教育：要搭建桥梁，不要筑起高墙[M]. 北京：教育科学出版社，2019.
[6] OECD. Education at a Glance 2019：OECD Indicators [M]. Paris：OECD Publishing，2019.
[7] 李琼，丁梅娟. 国际中小学教师队伍指标建设的新趋势[J]. 比较教育研究，2012，34(04)：63－67.
[8] 曾晓东. 中国中小学教师发展报告(2012)[M]. 北京：社会科学文献出版社，2012.
[9] 曾晓东，鱼霞. 中国中小学教师发展报告(2014)[M]. 北京：社会科学文献出版社，2015.
[10] 单志艳. 中国教师发展报告 2013[M]. 北京：教育科学出版社，2013.
[11] 单志艳. 中国教师发展水平测评指标体系构建与应用[J]. 教师发展研究，2017，1(01)：13－19.
[12] 李琼，丁梅娟. 社会变迁中的我国中小学教师队伍发展研究[M]. 北京：北京师范大学出版社，2017.
[13] OECD. TALIS 2018 Results (Volume I)：Teachers and School Leaders as Lifelong Learners [M]. Paris：OECD Publishing，2019.
[14] OECD. TALIS 2018 Results (Volume II)：Teachers and School Leaders as Valued Professionals [M]. Paris：OECD Publishing，2020.
[15] 丁钢. 中国中小学教师专业发展状况调查与政策分析报告[M]. 上海：华东师范大学出版社，2010.
[16] 曾晓东，等. 中国教育改革开放 40 年：关键数据与国际比较卷[M]. 北京：北京师范大学出版社，2019.
[17] 曾晓东，周惠，林哲雨. 中小学教师队伍人力资本积累的阶段性及新途径的形成[J]. 教育经济评论，2017，2(02)：55－69.
[18] 陈国良，张曦琳. 教育现代化动态监测：理念、方法与机制[J]. 教育发展研究，2019，39(21)：18－25.
[19] 范涌峰，宋乃庆. 大数据时代的教育测评模型及其范式构建[J]. 中国社会科学，2019(12)：139－155，202－203.

第二章
教师队伍规模适配度

教师资源配置既要充分，又要均衡。师资配置的充分性和均衡性决定了教师资源配置水平。近年来，各级政府围绕重师德、兴师范、强素质、优结构、提待遇等关键环节建章立制，有力强化了教师队伍供给的制度保障；同时，深化“县管校聘”等管理改革，切实发挥教育部门和行业主管部门的作用，统筹教师配置和管理；创新和规范中小学教师编制配备，加大教职工编制统筹配置和跨区域调整力度，向农村学校、薄弱学校、幼儿园倾斜；实施好农村教师特岗计划，优先满足老少边穷地区教师补充需要，提高师资配置的均衡性。

在一系列教师队伍建设相关政策出台后，施政效果如何？是否需要调整？还需做好哪些工作？这些都是各级政府面临的现实问题。本章通过应用“中国中小学教师队伍发展评价指标体系”中的“A. 教师队伍规模适配度”指标，基于数据挖掘和可视化技术，通过量化分析评价，试图回答以下两个问题：第一，目前我国师资配置水平如何？第二，师资配置水平在地区间是否均衡？

一、关于教师队伍规模适配度的测量

关于教师队伍规模适配度的测量，主要使用生师比、专任教师规模、专任教师规模增长率、班师比、性别均衡和师范生比例等指标，来描述师资配置水平。其中，生师比是在校生规模与教师规模的综合反映；班师比是教师规模与班级规模的综合反映；性别比例是教师职业特征和教师队伍稳定性的综合反映；师范生比例是教师供给稳定性与多样性的综合反映。

在指标分析层面，分地区的视角有助于从宏观层面把握地区间发展的结构性差异，分城乡的视角则有助于从微观层面把握地区内部的资源分配情况。通过对这些指标开展多视角分析，有助于更清晰地阐释教师资源配置水平和各地区在该指标层面的优劣势状态。

师资配置是评价一个地区教育发展水平的基础指标，本章中多数指标的数据来源于教育部门公开发布的教育统计数据。例如，在区分公民办学校类型以及城镇乡地理分布特征差异时，采用国家教育科学决策支持服务系统的分类统计数据；在师范生比例等指标测量时，使用的数据则来自全国教师管理信息系统数据。

指标参考值的设定依据相关政策文件。其中：

(1) 生师比的测量与标准：《中央编办 教育部 财政部关于统一城乡中小学教职工编制标准的通知》(中央编办发〔2014〕72 号)统一了城镇乡教职工编制标准："教职工与学生比：高中为 1∶12.5，初中为 1∶13.5，小学为 1∶19。"进一步根据《人事部 教育部关于印发高等学校、义务教育学校、中等职业学校等教育事业单位岗位设置管理的三个指导意见的通知》(国人部发〔2007〕59 号)中对非教学岗位占教职工比例做出明确的规定，"普通小学教师岗位占岗位总量的比例一般不低于90%，管理岗位、其他专业技术岗位和工勤技能岗位一般不超过 10%"；"普通初中教师岗位占岗位总量的比例一般不低于 85%，管理岗位、其他专业技术岗位和工勤技能岗位一般不超过 15%"；"普通高中教师岗位占学校岗位总量的比例一般不低于 85%，其他岗位原则上不超过 15%"。依据上述两项规定，对各学段专任教师生师比进行折算，折算后的学生和专任教师比值标准为：小学 21.11∶1、初中 15.88∶1、高中 14.71∶1。

(2) 班师比标准：在《教育部关于贯彻〈国务院办公厅转发中央编办、教育部、财政部关于制定中小学教职工编制标准意见的通知〉的实施意见》(教人〔2002〕8 号)中规定了班师比配置标准：小学为 1.8∶1、初中为 2.7∶1、高中为 3.0∶1。《中央编办、教育部、财政部关于统一城乡中小学教职工编制标准的通知》(中央编办发〔2014〕72 号)统一了城镇乡教职工编制标准，并提出按照班额、生源等情况统筹分配。

二、基于指标分析的研究发现

（一）主要结论

通过对教师队伍规模适配度中的生师比、专任教师规模、专任教师规模增长率、性别均衡、师范生比例和班师比等指标开展量化分析，可发现相关教师政策实施以来教师队伍师资配置进展和当前优劣势情况。数据分析结果表明：

（1）教师供给总体充足，中小学师资配置整体水平已经接近或超过发达国家水平，但省际差异、城乡差异、学校间差异和教师队伍性别差异带来的结构性问题依然可能会导致部分地区学校教师供给不足；

（2）东中西部地区差异依然不小，但随着相关教师政策的实施，其差异正在缩小，区域间师资配置趋向均衡；

（3）各地区公办学校和民办学校的生师比差异一定程度上反映了学生入学的趋向，特别是发达地区，初中学生入学更加倾向于民办初中；

（4）伴随着城镇化进程带来的镇区和乡村学校生师比优于城区学校生师比，一定程度上反映了城区学校需要承担更多的学生培养任务；

（5）部分发达地区的女教师比例和育龄段女教师比例过高，容易导致该地区学校出现教师人手不够的情况，影响教学任务的实施；

（6）全国中小学班师比平均值均高出国家规定的班师比配置标准值，在一定程度上反映了部分学校仍然存在教师短缺的情况，而初中学段和普通高中学段班师比上升，则反映了当前初中学段和普通高中学段部分学校教师短缺的程度比小学更加严重。

（二）主要指标分析

1. 生师比

2019 年，我国小学生师比平均水平（16.85）和 OECD 国家平均水平（15.00）略有差距，数据高于日本（16）和加拿大（16），低于英国（17）。初中和高中生师比（12.88 和 12.99）已达到或超过 OECD 国家平均水平（初中高中均为 13），初中生师比数值高于芬兰（9）和意大利（11），低于日本和德国（均为 13），高中生师比数值高于德国（12）和意大利（11），低于法国（13）和芬兰（14）。我国小学、初中和普通高中的生师比数值也均低于 UNESCO 公布的中等收入国家的平均生师比(小学为 22.00,初中和高中均为 16.00)。仅从生师比指标水平来看,我国已经接近或超越发达国家水平。

2010 年至 2019 年间,我国中小学生师比不断优化,进展明显。小学、初中和普通高中的生师比分别从 17.70、14.98、15.99 下降至 16.85、12.88、12.99。

2010 年,我国东部、中部和西部地区的中小学生师比平均值分别为 14.37、17.49 和 16.88,东部地区明显优于中、西部地区,区域间极值差异较大。到 2019 年,东部、中部和西部地区的平均生师比分别为 13.61、15.47 和 14.65,三个地区的生师比平均值都有所下降,且地区间的差异缩小。2010 年至 2019 年间,各学段、各地区生师比差异的缩小在一定程度上反映了区域间师资配置趋向均衡。

基于生师比标准值对各地区开展分析,2019 年,我国 31 个省区市的小学生师比均已达标,初中生师比仅剩江西仍未达标,高中生师比仅剩江西、河南、广西、重庆仍未达标。总体而言,东部地区的生师比明显低于中、西部地区,西部地区则略优于中部地区。

分城乡看,中小学各学段之间,初中学校的生师比平均水平城乡差异较小,相对较为均衡。小学生师比的城乡分布则相对不均衡,镇区和乡村的教师配置优于城区,一定程度上反映了随着城镇化进程的快速提高,学生入学趋向城区。分地区看,内蒙古和海南小学学段的师资配置城乡差异较大,城乡间相对较为不均衡。

注:关于生师比的数据可视化分析详见图 2.1a 至图 2.2c。

2. 专任教师规模

2010 年至 2019 年间,教师规模始终保持增长趋势,并不随该学段的学生规模波动而出现随之增减的情况,其中:

(1) 小学在校生规模先降后升,由 9 940.70 万人增至 10 561.24 万人,而专任教师规模则稳步上升,由 561.71 万人增至 626.91 万人。31 个省区市中有 24 个地区的教师规模都呈现正增长,增长最快的地区(北京)年均增长率为 3.81%,增长规模最大的地区是广东。至 2019 年,教师规模较大的是河南、广东、山东、江苏和河北,教师规模均超过了 30 万人。东部地区的城区专任教师较多,以上海、北京和天津为例,城区专任教师占比分别达到了 84%、82%和 72%;西部地区则是乡村专任教师较多，其中云南、西藏和新疆的乡村教师占比均超过了50%。

（2）初中在校生规模先降后升，由5279.33万人减至4827.14万人，而专任教师规模稳步上升，由352.34万人增至374.74万人。31个省区市中有22个地区的初中教师规模呈现正增长，增长最快的地区（西藏）年均增长率达到了3.32%。至2019年，教师规模较大的是河南、山东和广东，教师规模均超过了25万人。

（3）普通高中在校生规模先升后降，由2427.34万人降至2414.31万人，而专任教师规模则直线上升，由151.82万人增至185.92万人。31个省区市中有29个地区的专任教师规模呈现正增长，增长最快的地区（贵州、西藏）年均增长率超过了6.50%。至2019年，教师规模较大的地区有河北、四川、山东、河南和广东，教师规模均超过了10万人。东部地区的城区专任教师较多，以北京、上海和天津为首，城区专任教师占比分别达到了93%、90%和83%；西藏的乡村教师占比全国最高，达到了40%。

截至2019年，河南的小学和初中专任教师规模最大，分别为56.52万人和32.72万人；普通高中专任教师规模最大的地区是广东，为14.88万人。西部地区中小学专任教师规模普遍较小，其中西藏规模最小，小学、初中和普通高中专任教师数分别为2.32万人、1.19万人和0.57万人。除上海、北京和天津外，各地区镇区专任教师所占比例较高，尤其是初中和普通高中，绝大部分地区的镇区专任教师占比都超过了所在地区专任教师总数的50%。

注：关于专任教师规模的数据可视化分析详见图2.3a至图2.5c。

3. 班师比

全国小学、初中和普通高中的班师比分别为2.2、3.6和3.9。班师比越大，说明教师承担班级的教学工作越多。初中和普通高中阶段由于分科教学和刚性的课程设置标准，班师比相比小学阶段更高。分地区看，东北的小学班师比高于其他地区，但普通高中学段班师比却较低，徘徊在均值附近；山西普通中学（初中和高中）班师比全国最高，但小学班师比较低；江西中小学班师比全国最低。从动态变化的角度来看，2010年到2019年间，城区、镇区和乡村小学的班师比均有所下降，而初中班师比均有所上升，高中学段则是城区和镇区的班师比有所提升，但乡村地区学校班师比却有明显的下降趋势。

注：关于班师比的数据可视化分析详见图2.6a至图2.7c。

4. 性别均衡

2019 年，全国小学、初中和普通高中专任教师中女教师比例分别为 70%、58% 和 55%。女教师比例高低分布呈东部、东北—中部—西部依次递减的三级阶梯，其中，上海、北京和山西的小学女教师比例均超过 80%，贵州、甘肃、云南和西藏的小学女教师比例较低，也均超过了 50%；北京、上海、河北和天津的初中女教师比例均超过 70%，安徽、甘肃和贵州初中女教师比例较低，但也有 45%左右；北京和天津的普通高中女教师比例最高，均超过 70%，安徽、湖北和甘肃普通高中女教师比例最低，均为 42%。

全国小学、初中和普通高中专任教师中 40 岁以下女教师比例分别为 37%、29%和 32%。小学 40 岁以下女教师比例高低分布基本呈中西部—东部—东北依次递减的三级阶梯，其中，浙江和江西的小学 40 岁以下女教师比例最高，分别为 51%和 50%，东北三省最低，均未超过 30%。普通中学（初中和高中）40 岁以下女教师比例高低分布呈西部—东部—中部依次递减的三级阶梯，其中，西藏、北京 40 岁以下初中女教师占比较高，分别为 43%和 40%，黑龙江和湖北最低，均为 21%；西藏、海南和新疆普通高中 40 岁以下女教师比例较高，均超过 40%，湖北和湖南最低，均为 22%。

注：关于性别均衡的数据可视化分析详见图 2.8a 至图 2.9c。

5. 师范生比例

2019 年，全国小学、初中和普通高中专任教师中师范生比例分别为 75%、85% 和 91%，且城区、镇区和乡村的师范生比例依次递减，说明学段越高或越接近城市，专任教师中师范生比例越高。

分学段看，小学、初中和普通高中专任教师中师范生分布情况如下：

（1）小学呈西部—东部—中部依次递减的三级阶梯。其中，福建、四川、贵州等 8 个地区的师范生比例超过 80%；北京、黑龙江和湖北师范生比例较低，但也均超过 60%。35 岁以下专任教师中师范生比例城区为 77%、镇区为 78%、乡村为 76%；在地区表现上，北京、天津和上海 35 岁以下专任教师中师范生比例较低。

（2）初中呈西部—中部—东部依次递减的三级阶梯。其中，福建师范生比例全国最高，为 93%；北京和上海师范生比例较低，分别为 67%和 71%。35 岁以下专任教师中师范生比例城区为 79%、镇区为 80%、乡村为 78%；北京和上海 35 岁以下专任教师中师范生比例较低。

(3) 普通高中专任教师中师范生比例在地区层面上并无明显差异,但各地区分布差异较大。其中,福建专任教师中师范生比例全国最高,为 95%,但同为东部地区的北京和上海则比例相对较低,分别仅为 74%和 80%。35 岁以下专任教师中师范生比例城区为 86%、镇区为 87%、乡村为 85%。

整体来看,北京、上海和新疆专任教师中师范生比例明显偏低,对于北京、上海而言,可能意味着教师职业吸引力更强,更多的非师范生也希望进入教育行业加入教师队伍,而对于新疆而言,则可能意味着教师供给不够稳定。

注:关于师范生比例的数据可视化分析详见图 2.10a 至图 2.12c。

指标图解:生师比

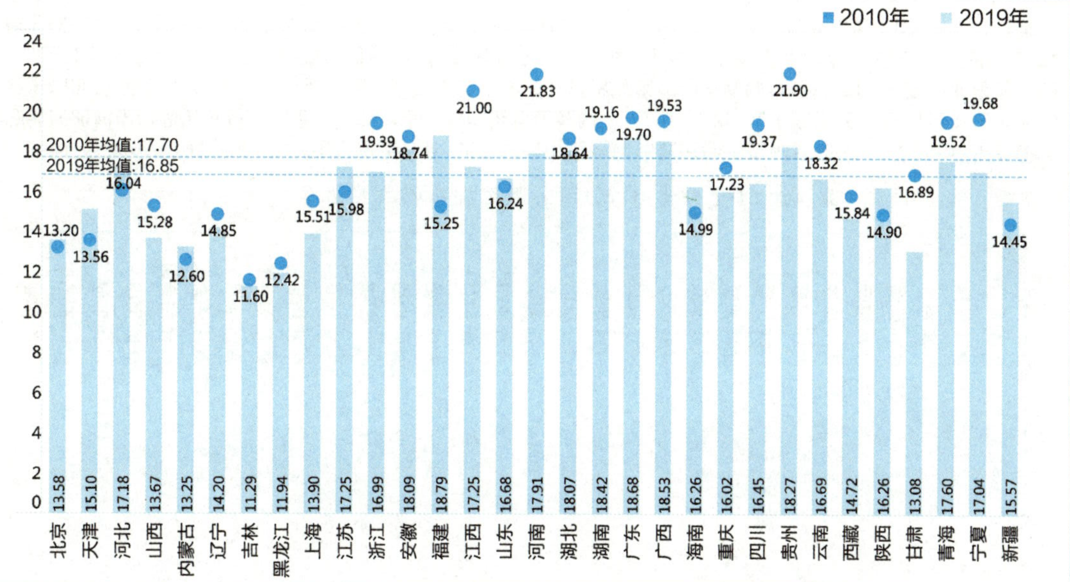

图 2.1a　各省区市小学学段生师比(2010 年和 2019 年对照)

2010 年,小学生师比的全国平均值为 17.70。2019 年,小学生师比的全国平均值为 16.85,较 2010 年有所下降。2019 年全国所有省区市的小学生师比数值都已经低于生师比标准,说明小学教师资源短缺的现象基本得到了缓解。其中生师比上升的有 10 个省区市:北京、天津、河北、内蒙古、江苏、福建、山东、海南、陕西、新疆;2019 年小学生师比吉林最低,为 11.29,福建最高,为 18.79。

在 2010 年,东部地区的小学生师比普遍较低,而中、西部地区的生师比普遍较高,甚至高于 20.88 的标准线。但是到了 2019 年,中、西部地区的小学教师配置已经度过了最为短缺的时期,生师比普遍呈下降趋势。而东部地区的生师比虽然仍旧较低,却有不少省市出现了上升趋势。

＊数据来源:教育部教育统计数据

政策依据:

《中央编办 教育部 财政部关于统一城乡中小学教职工编制标准的通知》(中央编办发〔2014〕72 号)统一城镇乡教职工编制标准:教职工与学生比:高中为 1∶12.5,初中为 1∶13.5,小学为 1∶19。

在《人事部 教育部关于印发高等学校、义务教育学校、中等职业学校等教育事业单位岗位设置管理的三个指导意见的通知》(国人部发〔2007〕59 号)中对非教学岗位占教职工比例做出明确的规定,"普通小学教师岗位占岗位总量的比例一般不低于 90%,管理岗位、其他专业技术岗位和工勤技能岗位一般不超过 10%";"普通初中教师岗位占岗位总量的比例一般不低于 85%,管理岗位、其他专业技术岗位和工勤技能岗位一般不超过 15%";"普通高中教师岗位占学校岗位总量的比例一般不低于 85%,其他岗位原则上不超过 15%"。

依据上述两项规定,对各学段专任教师生师比进行折算,折算后的学生和专任教师的比值标准为:

小学 21.11∶1

初中 15.88∶1

高中 14.71∶1。

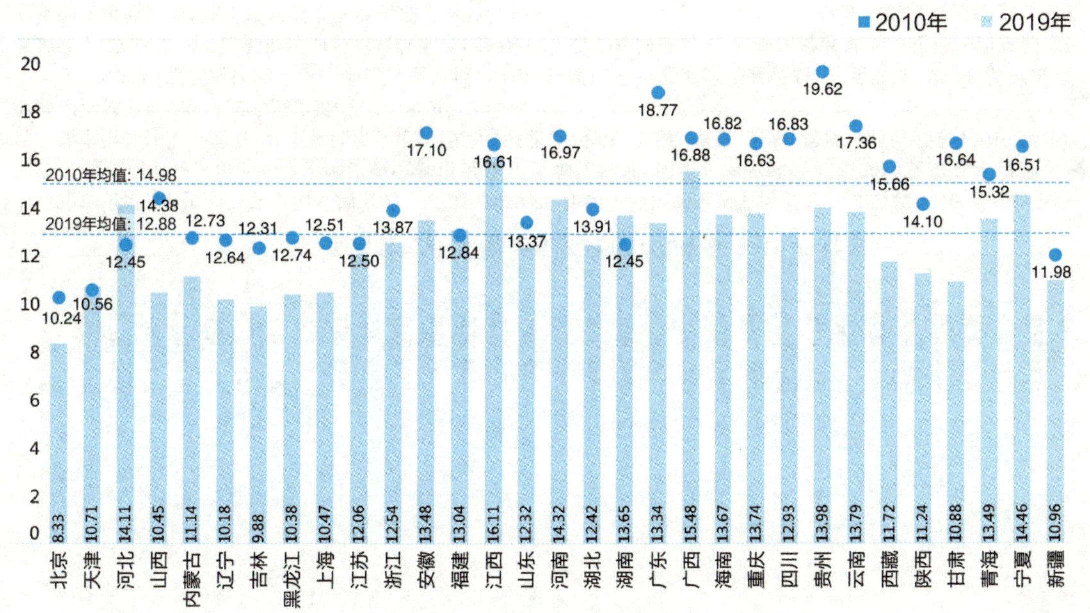

图 2.1b　各省区市初中学段生师比（2010 年和 2019 年对照）

2010 年，初中生师比全国平均值为 14.98，有 19 个省区市的生师比数值低于生师比标准，说明 2010 年全国大部分地区的初中教师数量相对充足。到 2019 年，初中生师比继续下降，为 12.88，几乎全部省区市的初中生师比均有较大幅度的下降，只有江西省的生师比仍高于生师比标准。•全国范围内初中教师资源短缺的现象基本得到了缓解。北京 2019 年初中生师比已经降低到 8.33，为全国最低。广东作为东部发达省份，其生师比从 2010 年的 18.77，大幅下降到 2019 年的 13.34，基本补足了初中师资资源的短板。全国范围内，生师比 2019 年比 2010 年上升的省市只有 4 个，分别是天津、河北、福建、湖南。

＊数据来源：教育部教育统计数据

政策依据：

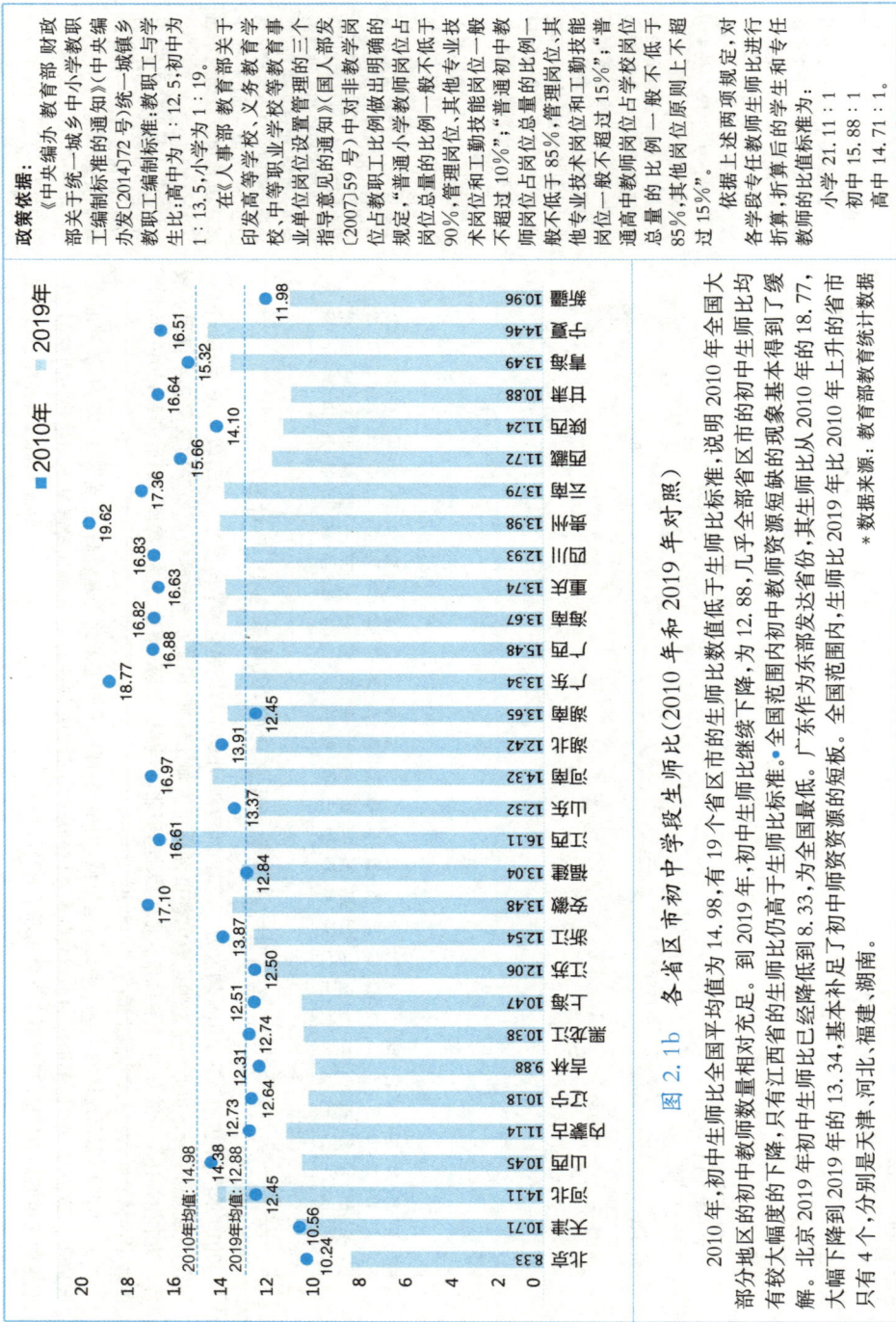

《中央编办 教育部 财政部关于统一城乡中小学教职工编制标准的通知》（中央编办发〔2014〕72 号）统一城镇乡教职工编制标准：教职工与学生比：高中为 1∶12.5，初中为 1∶13.5，小学为 1∶19。

在《人事部 教育部关于印发高等学校、义务教育学校、中等职业学校等教育事业单位岗位设置管理的三个指导意见的通知》（国人部发〔2007〕59 号）中对非教学岗位占教职工比例做出明确的规定，“普通小学教师岗位占岗位总量的比例一般不低于 90%，管理岗位、其他专业技术岗位和工勤技能岗位一般不超过 10%”；“普通初中教师岗位占岗位总量的比例一般不低于 85%，管理岗位、其他专业技术岗位和工勤技能岗位一般不超过 15%”；“普通高中教师岗位占学校岗位总量的比例一般不低于 85%，其他岗位原则上不超过 15%”。

依据上述两项规定，对各学段专任教师生师比进行折算，折算后的学生和专任教师的比值标准为：

小学 21.11∶1

初中 15.88∶1

高中 14.71∶1。

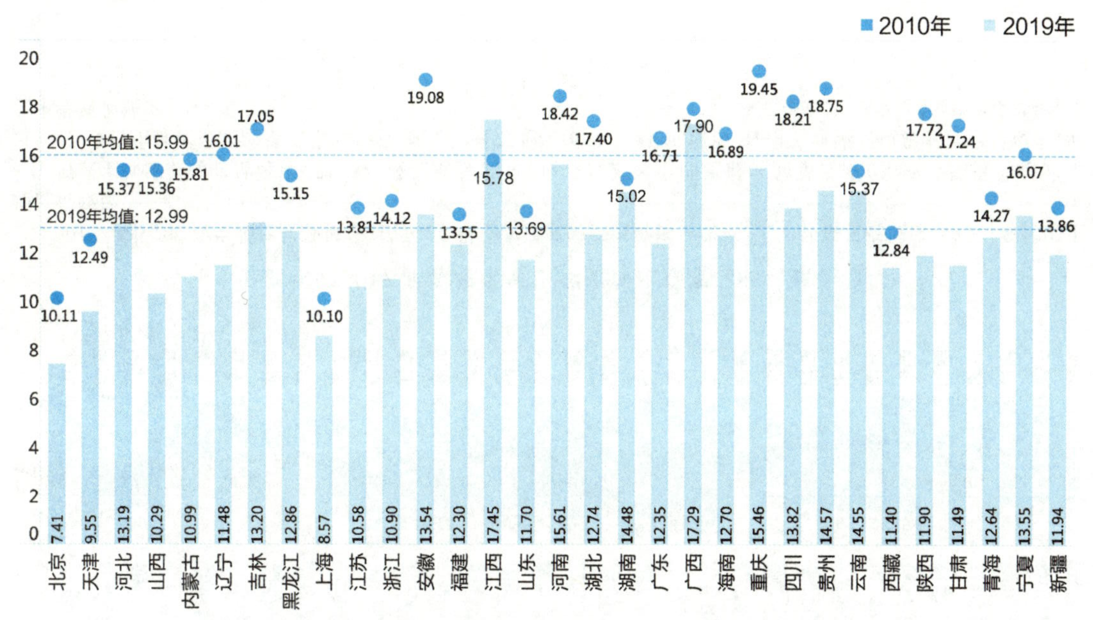

图 2.1c　各省区市高中学段生师比(2010 年和 2019 年对照)

2010 年,高中生师比全国平均值为 15.99。全国有 10 个省区市的生师比数值低于生师比标准,说明 2010 年只有少数省区市的高中师资配置相对充足。2019 年,高中生师比全国均值为 12.99。除江西、河南、广西、重庆以外,其余所有省区市的高中生师比数值都已低于生师比标准,高中教师资源短缺的现象基本得到了缓解。其中 2019 年北京、上海、天津 3 个直辖市的生师比低于 10。与 2010 年相比,2019 年全国只有江西省的生师比在上升(江西学生规模的增长速度超过了同时期教师规模的增长)。

纵观 10 年来高中教师资源的变化,可以发现,从 2010 年到 2019 年,几乎所有省区市的高中生师比都发生了较大幅度的下降,大多数的东部地区的省市已经将生师比降至 12 以下。

＊数据来源:教育部教育统计数据

政策依据:

《中央编办 教育部 财政部关于统一城乡中小学教职工编制标准的通知》(中央编办发〔2014〕72 号)统一城镇乡教职工编制标准:教职工与学生比:高中为 1∶12.5,初中为 1∶13.5,小学为 1∶19。

在《人事部 教育部关于印发高等学校、义务教育学校、中等职业学校等教育事业单位岗位设置管理的三个指导意见的通知》(国人部发〔2007〕59 号)中对非教学岗位占教职工比例做出明确的规定,“普通小学教师岗位占岗位总量的比例一般不低于 90%,管理岗位、其他专业技术岗位和工勤技能岗位一般不超过 10%”;“普通初中教师岗位占岗位总量的比例一般不低于 85%,管理岗位、其他专业技术岗位和工勤技能岗位一般不超过 15%”;“普通高中教师岗位占学校岗位总量的比例一般不低于 85%,其他岗位原则上不超过 15%”。

依据上述两项规定,对各学段专任教师生师比进行折算,折算后的学生和专任教师的比值标准为:

小学 21.11∶1

初中 15.88∶1

高中 14.71∶1。

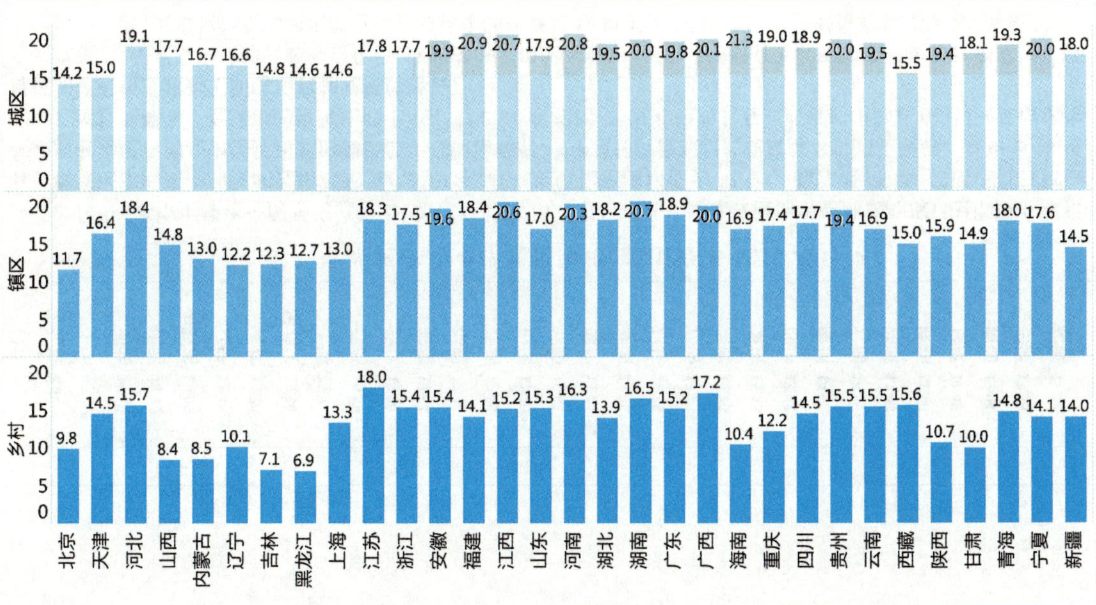

图 2.2a 2017 年各省区市小学生师比分布(分城、镇、乡)

2017 年小学阶段生师比呈现城区、镇区、乡村依次递减的三级阶梯。北京、天津和东三省城区、镇区、乡村的生师比都较低。

城区生师比最高的是海南(21.3),最低的是北京(14.2);镇区生师比最高的是湖南(20.7),最低的是北京(11.7);乡村生师比最高的是江苏(18.0),最低的是黑龙江(6.9)。海南、陕西、甘肃等地城乡师资配置差异较大,城区小学教师缺乏。

*数据来源:国家教育科学决策服务系统

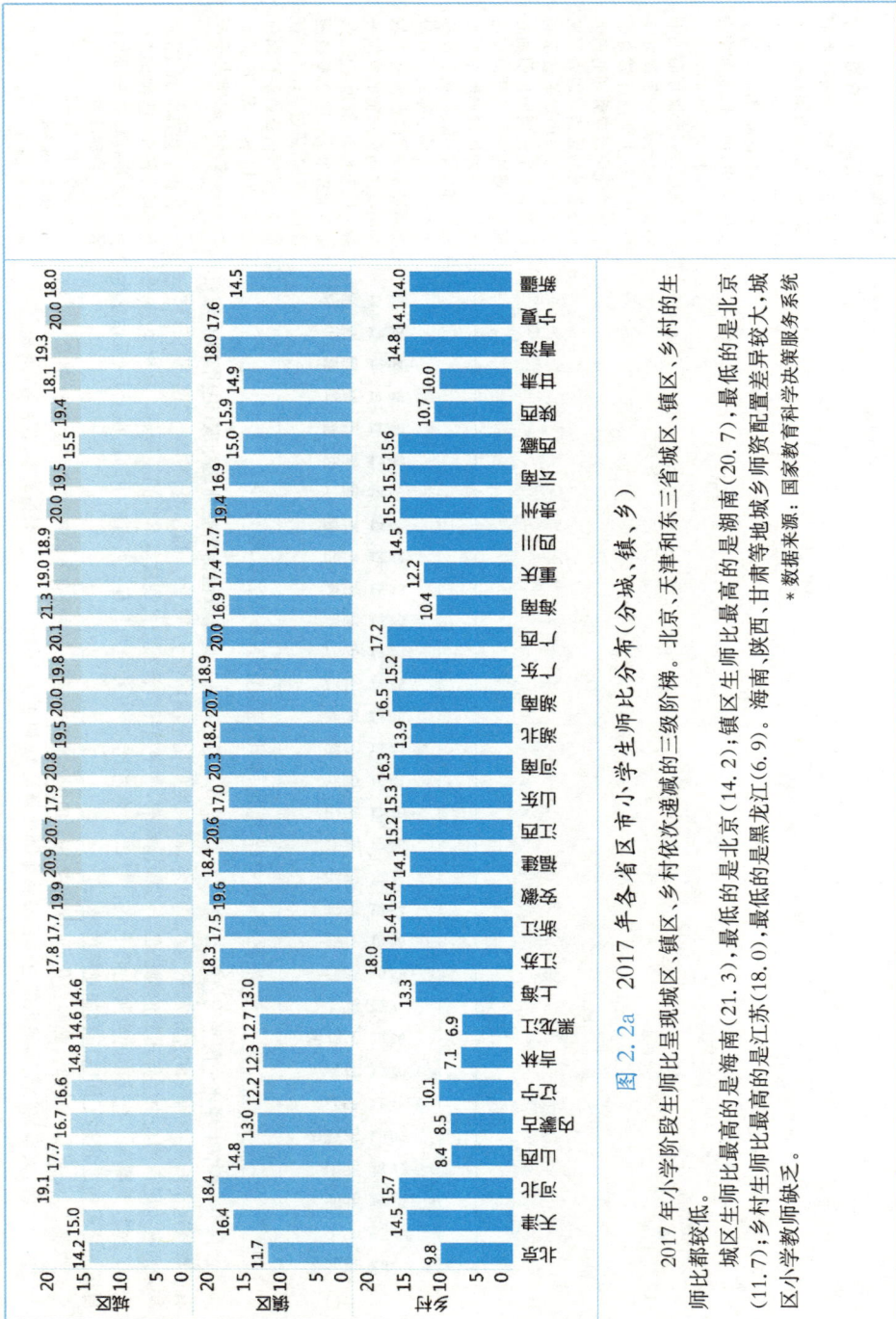

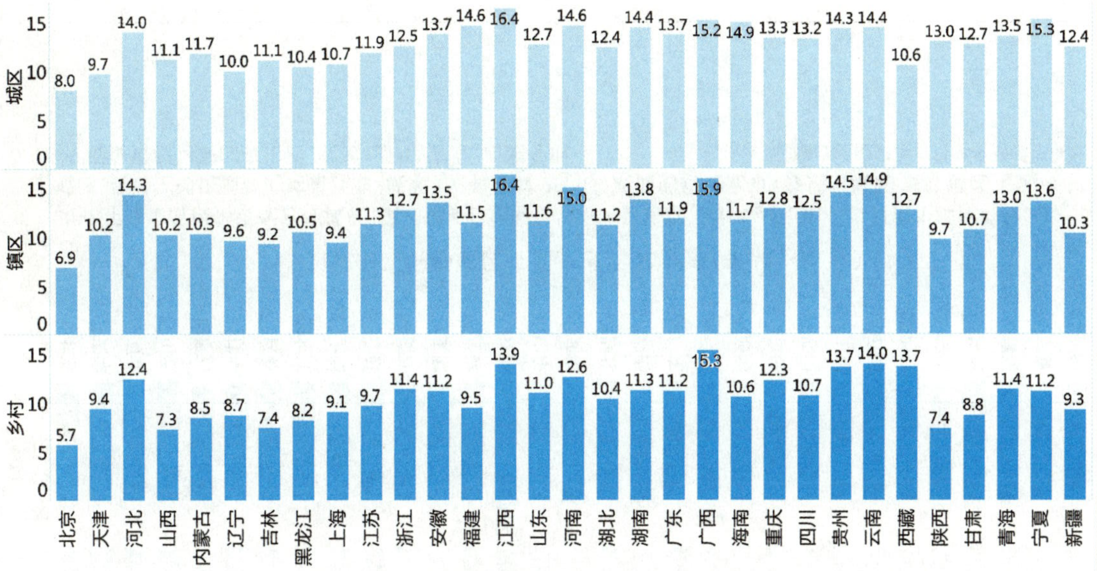

图 2.2b　2017 年各省区市初中生师比分布(分城、镇、乡)

2017 年初中阶段生师比呈现城区、镇区、乡村依次递减的三级阶梯。北京、天津和东三省城区、镇区、乡村的生师比都较低。

城区和镇区生师比最高的均是江西(城区 16.4;镇区 16.4),最低的均是北京,生师比分别为城区 8.0,镇区 6.9;乡村生师比最高的是广西(15.3),最低的仍是北京(5.7)。师资配置较均衡的有天津、黑龙江、重庆、湖北等地。海南、陕西、甘肃等地城乡师资配置差异较大,城区初中教师缺乏。

＊数据来源:国家教育科学决策服务系统

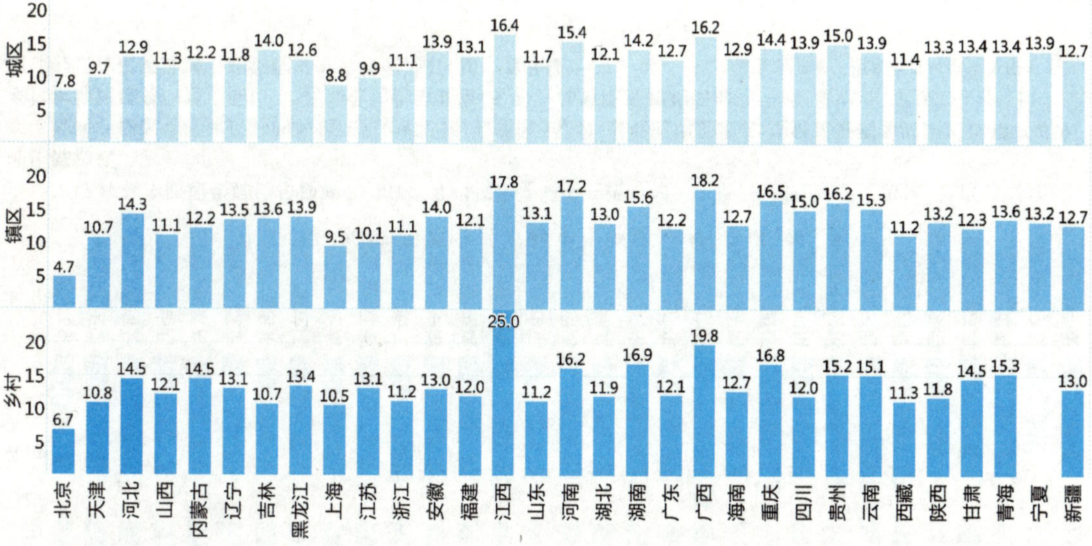

图 2.2c　2017 年各省区市高中生师比分布(分城、镇、乡)

2017 年高中阶段师资配置在城区、镇区和乡村之间差异不大。北京、天津城区、镇区、乡村的生师比均较低。城区、乡村生师比最高的均是江西(城区 16.4;乡村 25.0),最低的均是北京,分别为城区 7.8,镇区 4.7,乡村 6.7。师资配置较均衡的有山西、安徽、浙江、青海、西藏等地。

*数据来源:国家教育科学决策服务系统

指标图解：专任教师规模

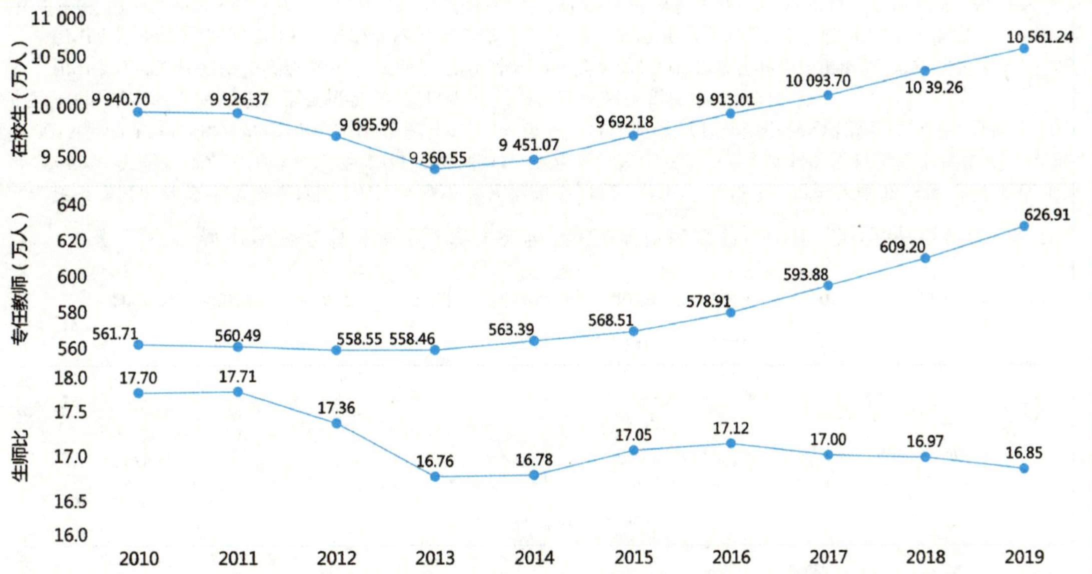

图 2.3a　小学学段在校生规模、专任教师规模、生师比趋势（2010—2019 年趋势图）

我国小学学段在校生规模的变化以 2013 年为拐点分为两个阶段。2010—2013 年，小学学段的在校生规模逐年减少，由 2010 年的 9 940.70 万人减少至 2013 年的 9 360.55 万人。2013—2019 年，小学学段在校生规模逐年增加，由 2013 年的 9 360.55 万人增加至 2019 年的 10 561.24 万人。总体而言，小学学段在校生规模在近年来有所回升，并且创了新高。

小学学段的专任教师规模在 2010—2019 年间逐年增加，由 2010 年的 561.71 万人增加至 2019 年的 626.91 万人。

小学学段的生师比变化以 2013 年为拐点分为两个阶段。2010—2013 年，生师比基本呈下降趋势，由 2010 年的 17.70 降至 2013 年的 16.76。2013—2019 年，虽然生师比发生了一定的波动，但仍然维持在 17 左右。总体而言，小学学段的生师比已经趋于稳定。

* 数据来源：教育部教育统计数据

图 2.3b　初中学段在校生规模、专任教师规模、生师比趋势(2010—2019 年趋势图)

初中学段的在校生规模变化以 2015 年为拐点分为两个阶段。2010—2015 年,初中学段的在校生规模逐年减少,由 2010 年的 5 279.33 万人减少至 2015 年的 4 311.95 万人。2015—2019 年,初中学段的在校生规模逐年增加,由 2015 年的 4 311.95 万人增加至 2019 年的 4 827.14 万人。总体而言,初中的在校生规模有所回升,但低于 2010 年。不过,从小学学段的在校生规模趋势来看,未来初中学段在校生规模将继续回升。

初中学段的专任教师规模在 2016 年之前,一直维持在 350 万人左右,从 2017 年开始逐步增加,2019 年至 374.74 万人。

初中学段的生师比以 2015 年为拐点分为两个阶段。2010—2015 年,生师比逐年下降,由 2010 年的 14.98 降至 2015 年的 12.41。2015—2019 年,生师比有小幅回升,但总体而言仍然稳定在 12.50 左右。总体而言,初中学段的生师比已经趋于稳定。

＊数据来源：教育部教育统计数据

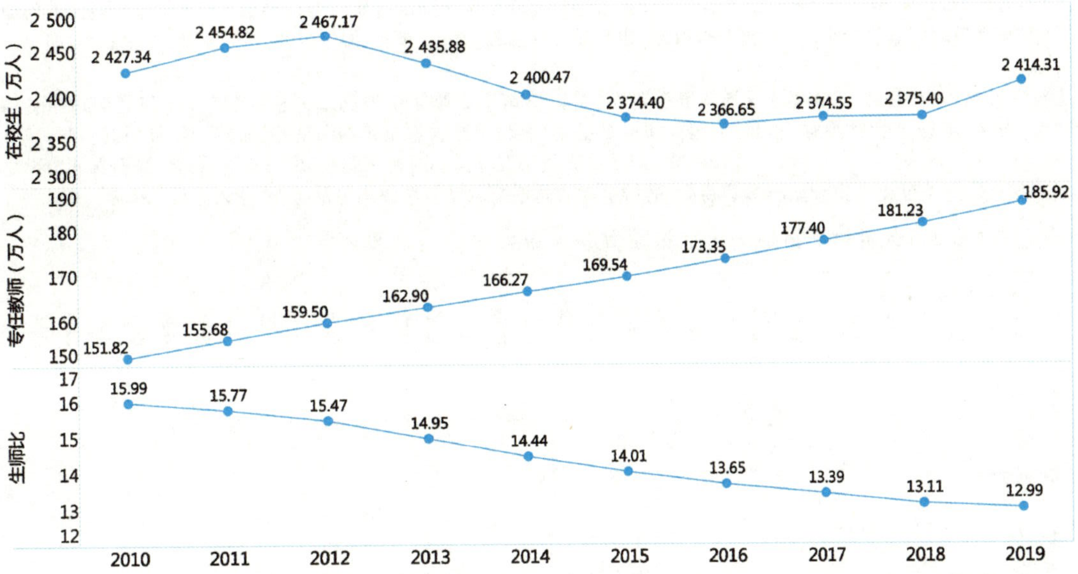

图 2.3c　高中学段在校生规模、专任教师规模、生师比趋势(2010—2019 年趋势图)

高中学段的在校生规模变化可以分为三个阶段。2010—2012 年,在校生规模逐年增加,由 2010 年的 2 427.34 万人增加至 2012 年的 2467.17 万人。2012—2016 年,在校生规模逐年减少,由 2012 年的 2467.17 万人减少至 2016 年的 2366.65 万人。2016—2019 年,在校生规模小幅回升,由 2016 年的 2366.65 万人增加至 2019 年的 2414.31 万人。总体而言,高中学段的在校生规模有所减少,但在 2017 年开始回升,结合初中学段在校生趋势,未来几年高中学段的在校生有继续回升趋势。

高中学段的专任教师规模在 2010—2019 年间逐年增加,由 2010 年的 151.82 万人增加至 2019 年的 185.92 万人。高中学段的生师比在 2010—2019 年间逐年下降,由 2010 年的 15.99 降至 2019 年的 12.99,说明高中学段的师资配置水平在不断提高。

* 数据来源:教育部教育统计数据

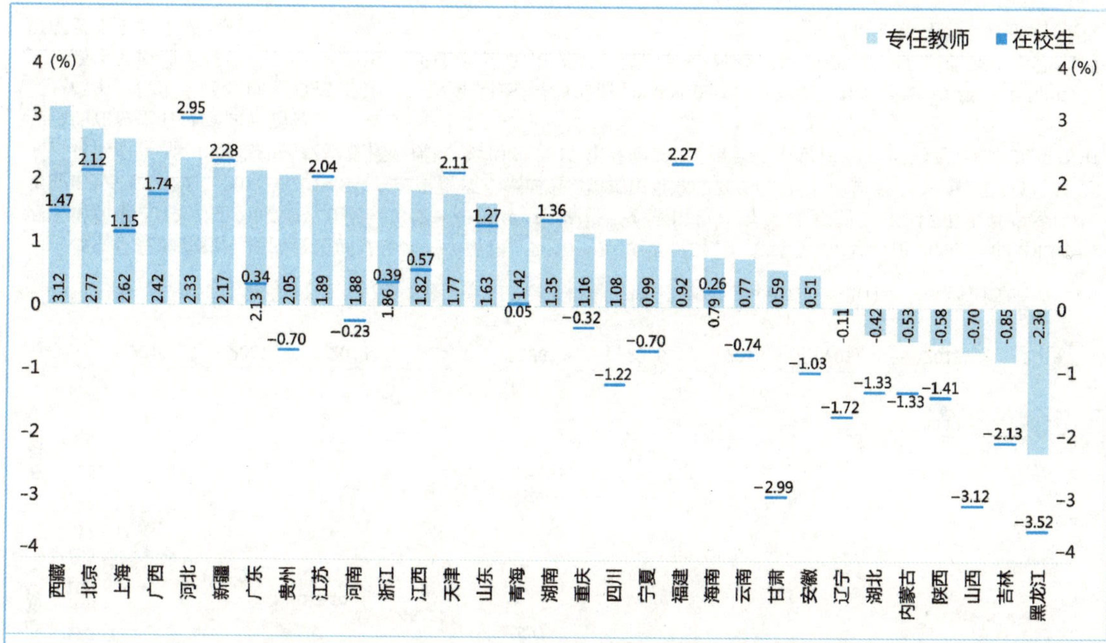

图 2.4a　2010—2019 年各省区市中小学学生和教师规模的年平均增长率排序(不分学段)

2010—2019 年，全国有 24 个省区市的专任教师规模呈现增长趋势，增长最快的西藏年均增长率超过 3%；7 个省区市的专任教师规模呈现负增长，缩减最快的黑龙江年均增长率为－2.30%。

与此同时，有 16 个省区市的在校生规模呈现正增长，增长较快的省区市(河北、新疆、江苏、福建、天津)年均增长率超过了 2.00%；15 个省区市的在校生规模呈现负增长，缩减较快的省份(黑龙江、山西)年均增长率低于－3.1%。

此外，贵州、河南、重庆、四川、云南、甘肃、宁夏、安徽 8 个省区市，在校生规模数在下降，而教师规模数在增加。而河北、天津、福建的在校生规模年均增长率明显大于专任教师规模的年均增长率。 ＊数据来源：教育部教育统计数据

计算公式：

(1) 教师规模增长率

$$\sqrt[9]{\frac{2019\text{年专任教师规模}}{2010\text{年专任教师规模}}}\times 100\%$$

(2) 学生规模增长率

$$\sqrt[9]{\frac{2019\text{年学生规模}}{2010\text{年学生规模}}}\times 100\%$$

当增长率为正时，说明 2010—2019 年(学生或教师)规模增加；

当增长率为负时，说明 2010—2019 年(学生或教师)规模缩减；

当教师规模增长率大于学生规模增长率时，说明师资配置趋向充足。

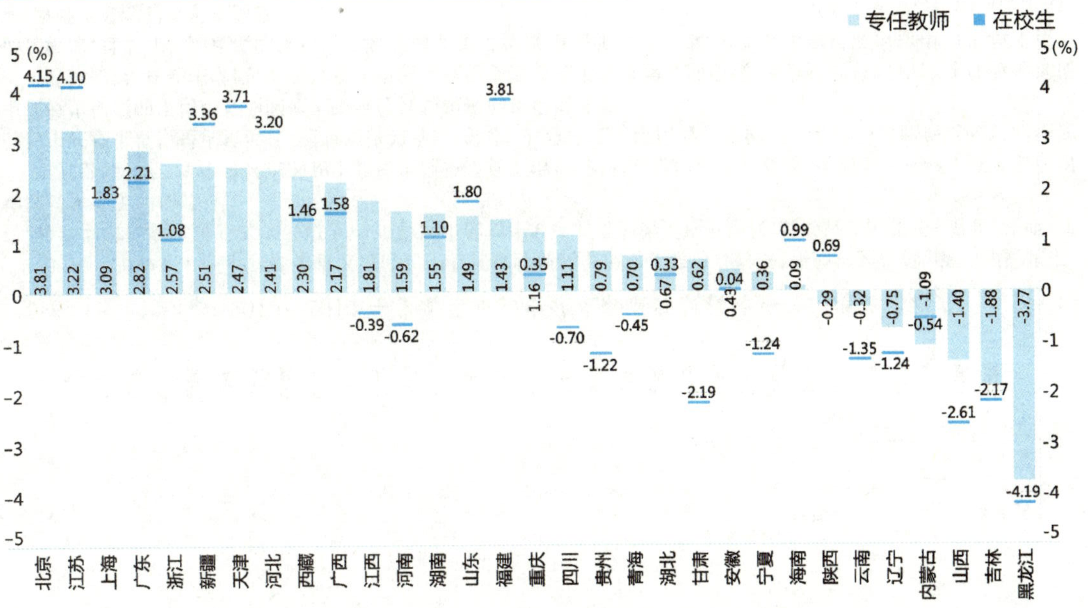

图 2.4b　2010—2019 年各省区市小学学生和教师规模的年平均增长率排序

2010—2019 年，全国有 24 个省区市的小学专任教师规模呈现增长趋势，北京的年均增长率最高，为 3.81%；7 个省区市的小学专任教师规模呈现负增长，缩减最快的省份(黑龙江)年均增长率为−3.77%。

与此同时，有 18 个省区市的小学在校生规模呈现正增长，增长较快的省市(北京、江苏、福建、天津)的年均增长率超过了 3.60%；13 个省区市的小学在校生规模呈现负增长，缩减较快的省份(黑龙江、山西、甘肃以及吉林)年均增长率低于−2.10%。

此外，北京、江苏、天津、河北、新疆、福建、海南、陕西这几个省区市的小学在校生规模的年均增长率明显大于专任教师规模的年均增长率。

＊数据来源：教育部教育统计数据

计算公式：

(1) 教师规模增长率 $\sqrt[9]{\dfrac{2019\text{ 年专任教师规模}}{2010\text{ 年专任教师规模}}} \times 100\%$

(2) 学生规模增长率 $\sqrt[9]{\dfrac{2019\text{ 年学生规模}}{2010\text{ 年学生规模}}} \times 100\%$

当增长率为正时，说明 2010—2019 年(学生或教师)规模增加；

当增长率为负时，说明 2010—2019 年(学生或教师)规模缩减；

当教师规模增长率大于学生规模增长率时，说明师资配置趋向充足。

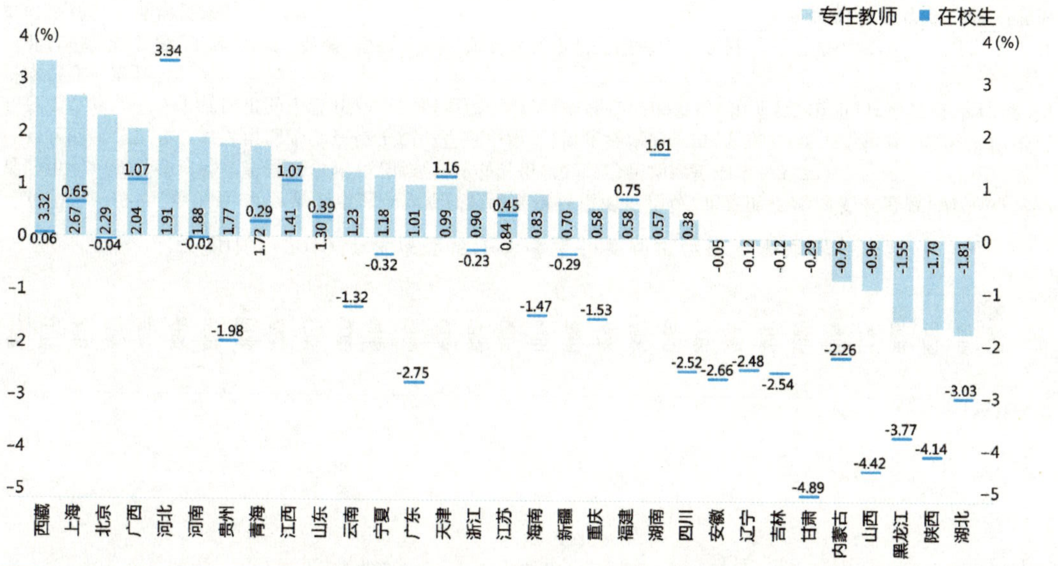

图 2.4c　2010—2019 年各省区市初中学生和教师规模的年平均增长率排序

2010—2019 年，全国有 22 个省区市的初中专任教师规模呈现增长趋势，增长较快的省区市（西藏、上海、北京、广西）年均增长率达到了 2.00%以上；9 个省区市的初中专任教师规模呈现负增长，缩减较快的省份（湖北、陕西）年均增长率低于－1.6%。

与此同时，有 11 个省区市的初中在校生规模呈现正增长，河北的年均增长率最高，达到了 3.34%；20 个省区市的初中在校生规模呈现负增长，缩减较快的省份（甘肃、山西、陕西）年均增长率低于－4.00%。此外，河北、湖南初中在校生规模的年均增长率明显大于专任教师规模的年均增长率。

总体而言，在初中学段，大多数省区市的在校生规模出现了一定程度的缩减，但是这些省区市的专任教师规模仍在增加，且专任教师规模的年均增长率普遍大于学生规模的年均增长率，说明大多数省区市初中的生师比在下降，教师资源配置水平在提高。

＊数据来源：教育部教育统计数据

计算公式：

（1）教师规模增长率

$$\sqrt[9]{\frac{2019\text{年专任教师规模}}{2010\text{年专任教师规模}}}\times 100\%$$

（2）学生规模增长率

$$\sqrt[9]{\frac{2019\text{年学生规模}}{2010\text{年学生规模}}}\times 100\%$$

当增长率为正时，说明 2010—2019 年（学生或教师）规模增加；

当增长率为负时，说明 2010—2019 年（学生或教师）规模缩减；

当教师规模增长率大于学生规模增长率时，说明师资配置趋向充足。

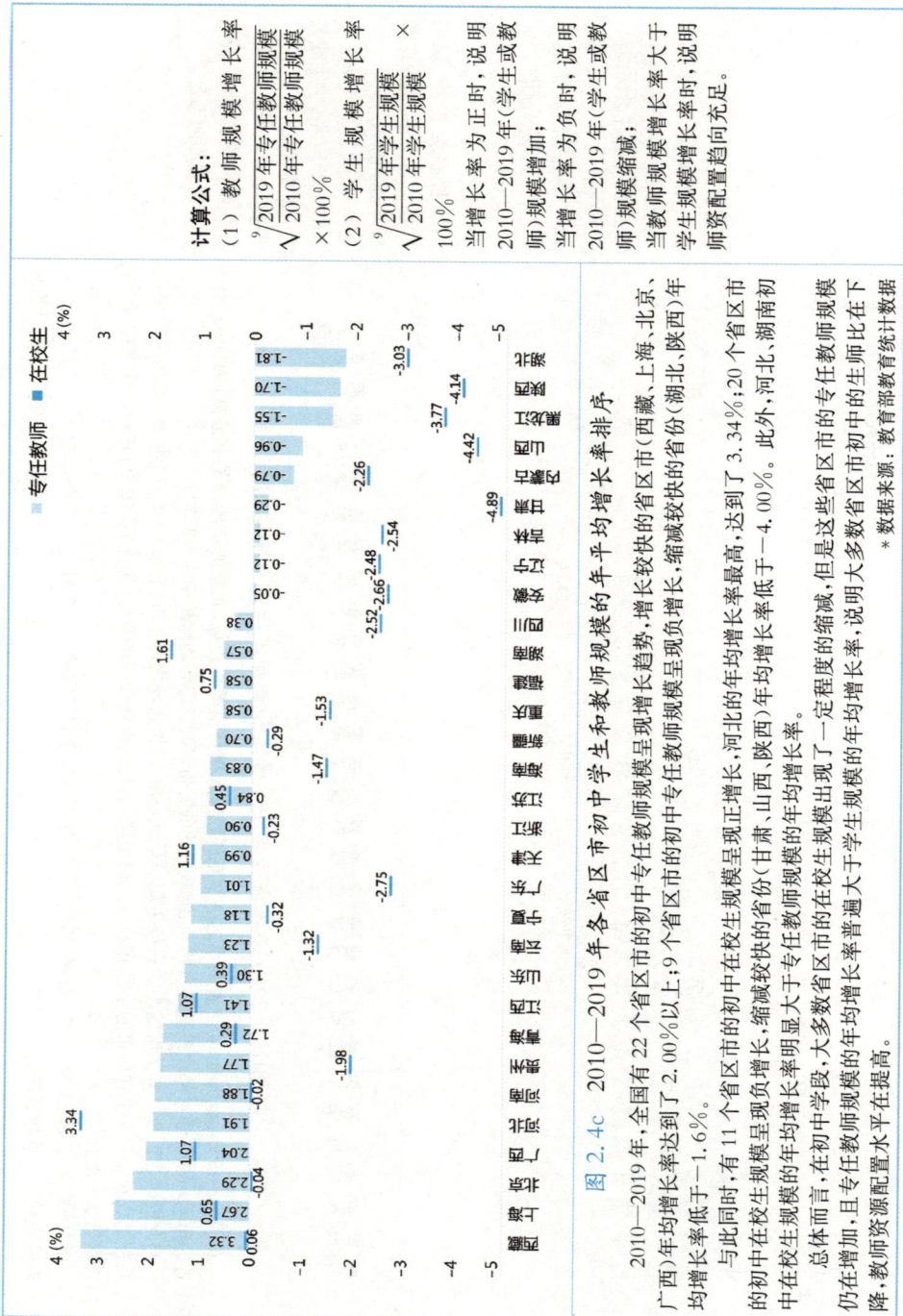

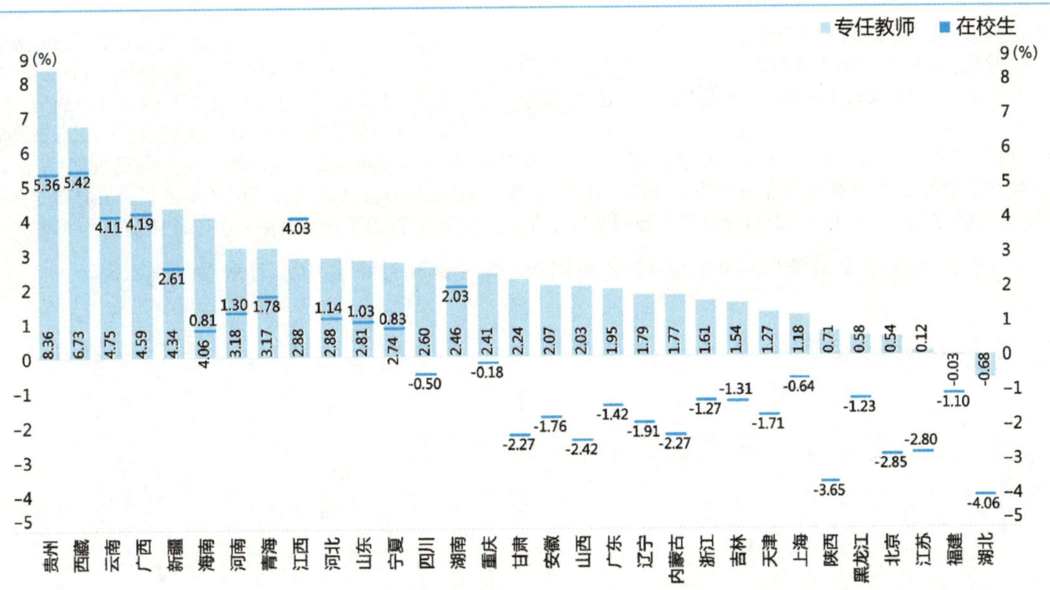

图 2.4d　2010—2019 年各省区市高中学生和教师规模的年平均增长率排序

2010—2019 年，全国有 29 个省区市的高中专任教师规模呈现增长趋势，增长较快的省区市(贵州、西藏)年均增长率达到了 6.50%以上；两个省份的高中专任教师规模呈现负增长，湖北的缩减速度最快，年均增长率为−0.68%。

与此同时，有 13 个省区市的高中在校生规模呈现正增长，西藏的增长速度最快，年均增长率达到了 5.42%；18 个省区市的高中在校生规模呈现负增长，缩减最快的省份(湖北、陕西)年均增长率低于−3.50%。

此外，江西省高中学段在校生规模的年均增长率明显大于专任教师规模的年均增长率。

总体而言，在高中学段，超过半数省区市的学生规模出现了一定程度的缩减，但是绝大多数省区市的专任教师规模仍在增加，且专任教师规模的年均增长率普遍大于学生规模的年均增长率。这说明大多数省区市高中的生师比在下降，教师资源配置水平在提高。

* 数据来源：教育部教育统计数据

计算公式：

(1) 教师规模增长率

$\sqrt[9]{\frac{2019\text{年专任教师规模}}{2010\text{年专任教师规模}}} \times 100\%$

(2) 学生规模增长率

$\sqrt[9]{\frac{2019\text{年学生规模}}{2010\text{年学生规模}}} \times 100\%$

当增长率为正时，说明 2010—2019 年(学生或教师)规模增加；

当增长率为负时，说明 2010—2019 年(学生或教师)规模缩减；

当教师规模增长率大于学生规模增长率时，说明师资配置趋向充足。

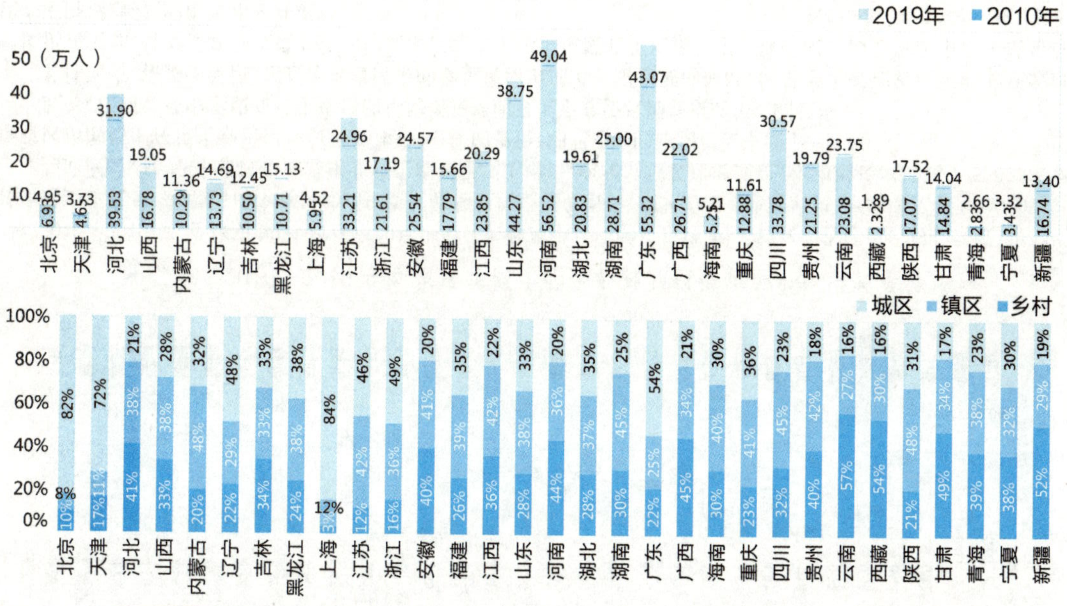

图 2.5a　各省区市小学专任教师规模(2010 年和 2019 年对照)及城乡分布情况

2019 年我国小学专任教师规模最大的是河南(56.52 万人),规模最小的是西藏(2.32 万人)。中、东部地区的小学专任教师规模高于西部地区且内部差异性较大,除河南外,河北、山东、广东和江苏专任教师规模也较高,均超过 30 万人,而西部地区只有四川的专任教师规模超过 30 万人。从动态角度看,从 2010 至 2019 年,大多数省区市的教师规模有不同程度的增长,增长最多的省份是广东。

从城乡分布情况来看,西部地区的乡村专任教师占比较高,其中云南、西藏、新疆的乡村教师占比超过 50%。东、中部地区乡村教师占比较高的省份有河北(41%)、安徽(40%)、河南(44%)。北京和上海的城区专任教师占比最高,分别为 82%和 84%。

* 数据来源:国家教育科学决策服务系统

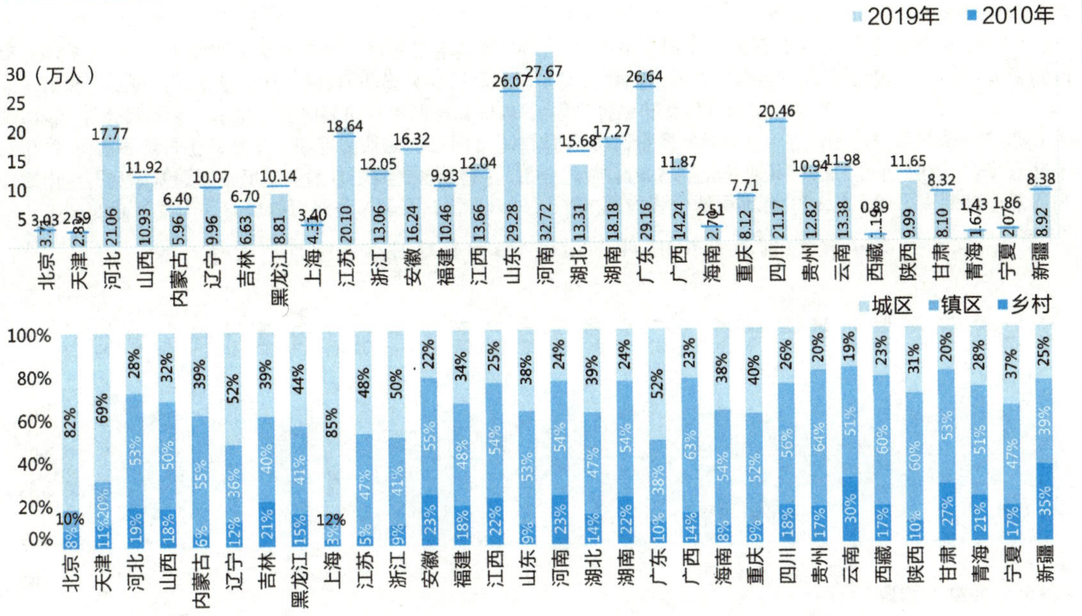

图 2.5b　各省区市初中专任教师规模(2010 年和 2019 年对照)及城乡分布情况

2019 年我国初中专任教师规模最大的是河南(32.72 万人),规模最小的是西藏(1.19 万人)。中、东部地区的初中专任教师规模高于西部地区且内部差异性较大,其中,教师规模较大的有山东、河南、广东这三个省份,教师规模超过了 25 万人。而西部地区只有四川的专任教师规模超过 20 万人。从动态角度看,从 2010 至 2019 年,大多数省区市的教师规模有不同程度的增长,增长最多的省份是河南。

从城乡分布情况来看,全国多数省区市的初中教师构成以镇区的专任教师为主。西部地区的乡村专任教师占比较高,其中云南、新疆的乡村教师占比超过了 30%。北京、天津和上海的城区专任教师占比最高,分别为 82%、69%和 85%。

* 数据来源:国家教育科学决策服务系统

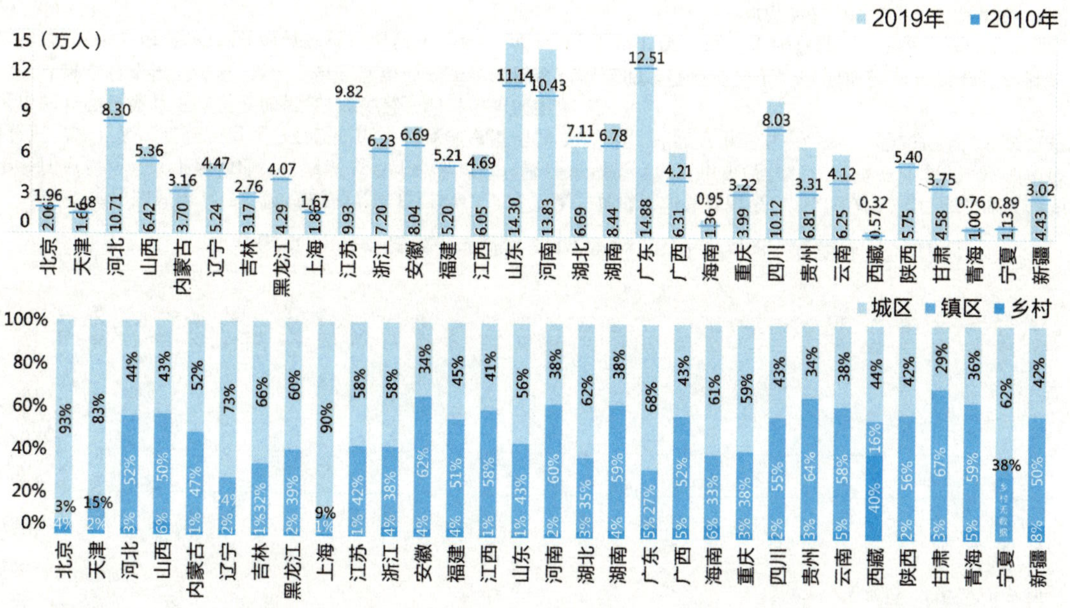

图 2.5c　各省区市高中专任教师规模(2010 年和 2019 年对照)及城乡分布情况

2019 年我国高中专任教师规模最大的是广东(14.88 万人),规模最小的是西藏(0.57 万人)。东部和中部地区的高中专任教师规模高于西部地区且内部差异性较大,其中,教师规模较大的有河北、江苏、山东、河南、广东这五个省份,教师规模超过了 9 万人。而西部地区只有四川的专任教师规模超过了 10 万人。从动态角度看,从 2010 至 2019 年,大多数省区市的高中教师规模有不同程度的增长,增长最多的省份是河南。

从城乡分布情况来看,中西部地区的镇区专任教师占比较高,其中,甘肃、贵州、河南、安徽镇区高中教师比例均在 60%及以上,而东部地区各省市城区教师比重更高,北京、上海和天津的城区专任教师占比最高,分别为 93%、90%和 83%。

*数据来源：国家教育科学决策服务系统

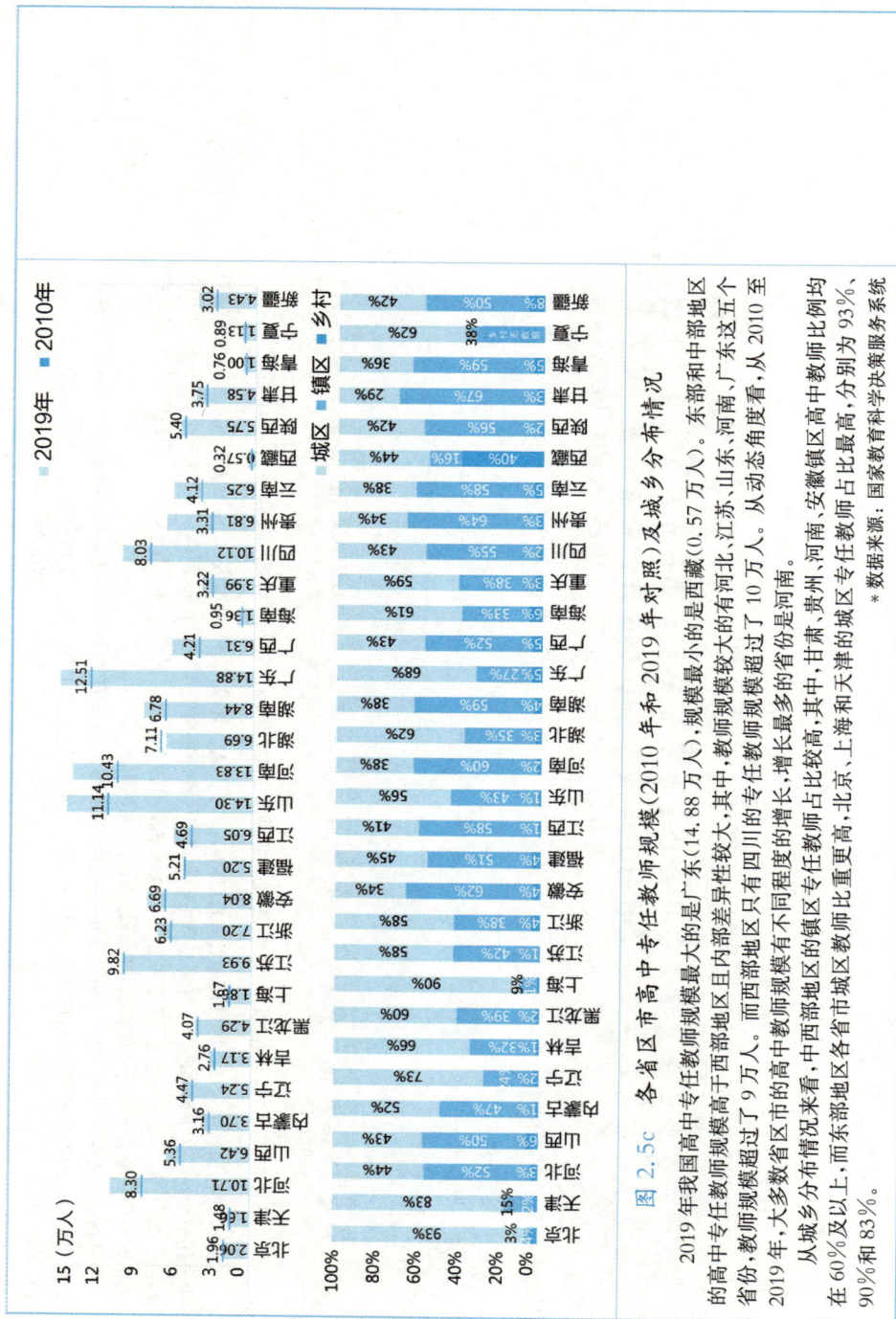

指标图解：班师比

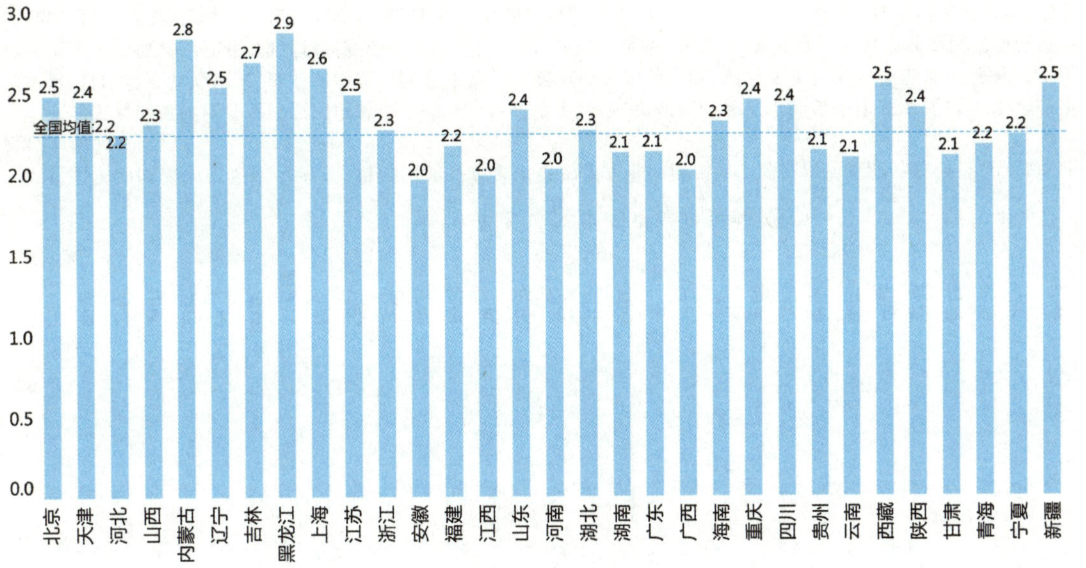

图 2.6a　2019 年各省区市小学学段班师比

全国平均的小学学段班师比为 2.2。班师比的分布基本呈现出东部—西部—中部依次递减的分布特征，但总体还是较为均匀。

东北三省的班师比在全国范围内是最高的，超过了 2.5；东部地区大多数省市的班师比超过了 2.2 的全国均值，最高的上海为 2.6，最低的广东为 2.1；西部地区各省区市也基本达到了全国均值，最高的内蒙古达到了 2.8，最低的广西仅 2.0；中部地区省份的班师比较低，最高的山西、湖北为 2.3，安徽、江西、河南为 2.0。

＊数据来源：教育部教育统计数据

政策依据：

《教育部关于贯彻〈国务院办公厅转发中央编办、教育部、财政部关于制定中小学教职工编制标准意见的通知〉的实施意见》（教人〔2002〕8 号），《中央编办、教育部、财政部关于统一城乡中小学教职工编制标准的通知》（中央编办发〔2014〕72 号）。

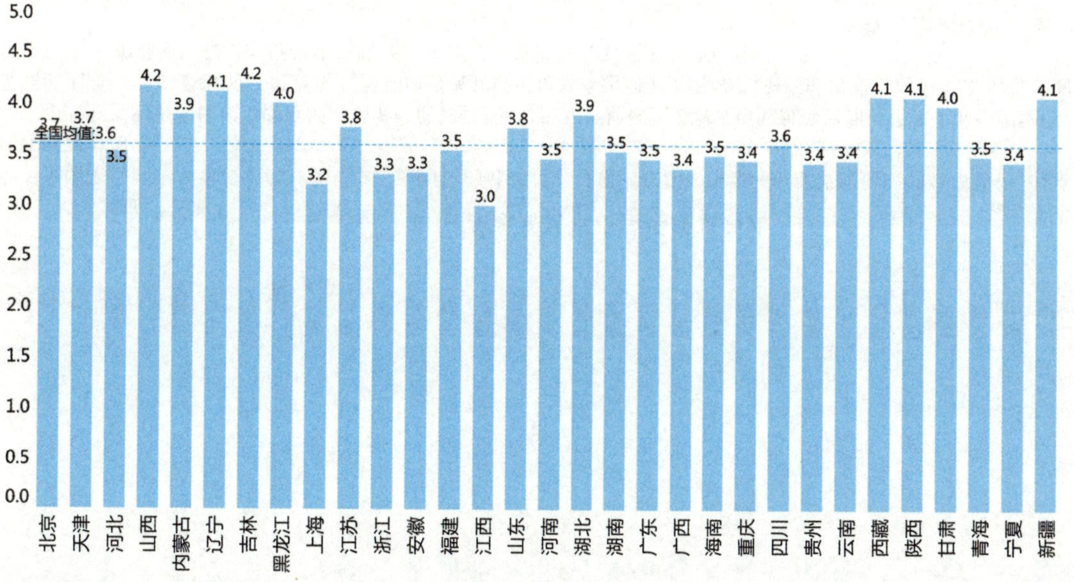

图 2.6b 2019 年各省区市初中学段班师比

全国平均的初中班师比为 3.6。班师比的分布基本呈现了东部—西部—中部依次递减的分布特征，但总体还是较为均匀。

东北三省的班师比在全国范围内是最高的，超过(或等于)4.0；东部地区各省市的班师比基本超过了 3.6 的全国均值，且内部差异性较大，最高的山东和江苏均为 3.8，最低的上海、浙江分别为 3.2 和 3.3；西部地区各省区市比较接近全国均值，最高的陕西、西藏、新疆超过(或等于)4.0，广西、重庆、贵州、云南等地在 3.4；中部地区省份的班师比较低，且内部差异性较大，最高的山西、吉林为 4.2，而最低的江西为 3.0。

＊数据来源：教育部教育统计数据

政策依据：

《教育部关于贯彻〈国务院办公厅转发中央编办、教育部、财政部关于制定中小学教职工编制标准意见的通知〉的实施意见》(教人〔2002〕8 号)，《中央编办、教育部、财政部关于统一城乡中小学教职工编制标准的通知》(中央编办发〔2014〕72 号)。

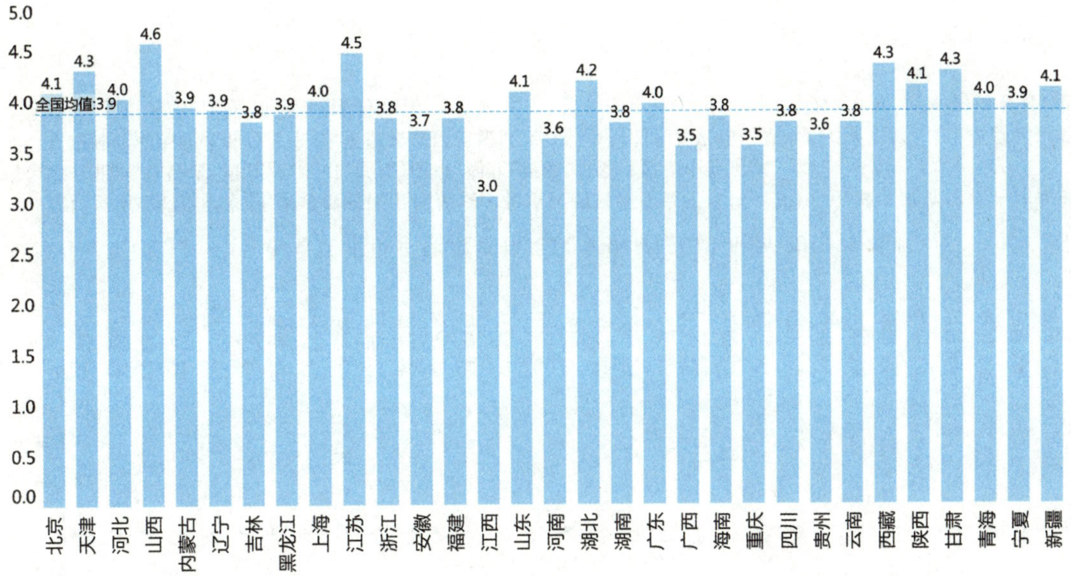

图 2.6c　2019 年各省区市高中学段班师比

全国平均的高中班师比为 3.9。班师比的分布基本呈现了东部—西部—中部依次递减的分布特征。

东部大多数省市的班师比超过了 3.9 的全国均值，最高的江苏为 4.5，较低的上海、浙江分别为 4.0、3.8；西部各省区市比较接近全国均值，最高的西藏和甘肃为 4.3，最低的广西、重庆在 3.5；中部省区市的班师比较低，且内部差异性较大，较高的山西、湖北超过了 4.0，而最低的江西仅为 3.0；东北三省的班师比基本处在全国均值水平，吉林略低为 3.8。

＊数据来源：教育部教育统计数据

政策依据：

《教育部关于贯彻〈国务院办公厅转发中央编办、教育部、财政部关于制定中小学教职工编制标准意见的通知〉的实施意见》（教人〔2002〕8 号），《中央编办、教育部、财政部关于统一城乡中小学教职工编制标准的通知》（中央编办发〔2014〕72 号）。

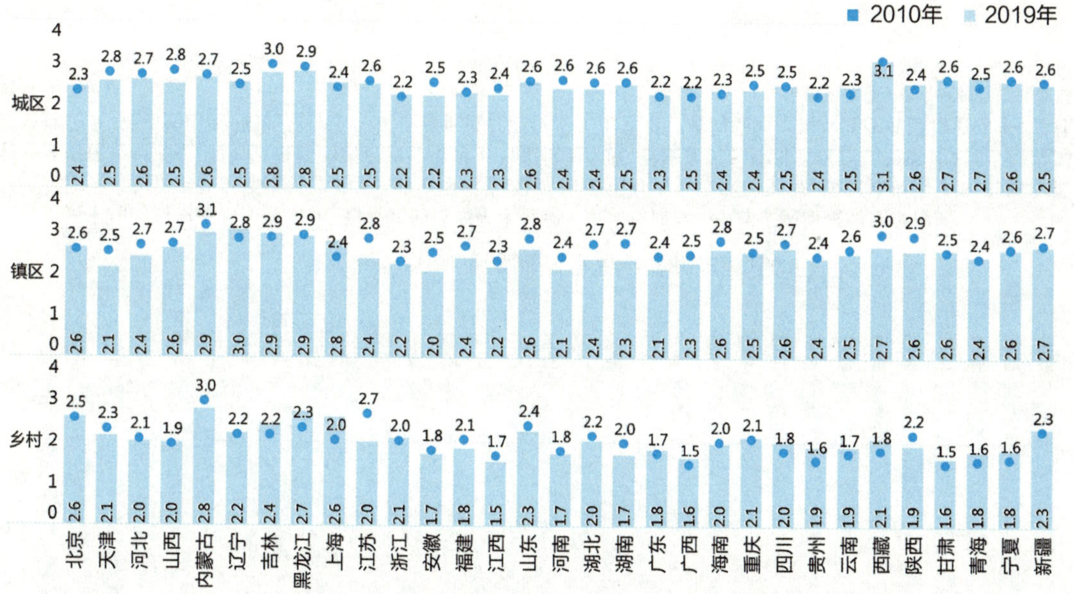

图 2.7a　**各省区市小学学段班师比城乡分布（2010 年和 2019 年对照）**

从城乡均衡的角度来看，大多数省区市都是城区和镇区的班师比高于乡村。2019 年，城乡班师比较为均衡的省区市有北京、内蒙古、黑龙江、上海、浙江、山东、湖北、新疆，可见主要集中在东部。

从班师比动态变化的角度来看，全国各省区市城区、镇区、乡村的小学班师比基本均有所下降，其中下降幅度最大在镇区，又以天津、江苏、安徽、湖南为最。

* 数据来源：教育部教育统计数据

政策依据：

《教育部关于贯彻〈国务院办公厅转发中央编办、教育部、财政部关于制定中小学教职工编制标准意见的通知〉的实施意见》（教人〔2002〕8 号），《中央编办、教育部、财政部关于统一城乡中小学教职工编制标准的通知》（中央编办发〔2014〕72 号）。

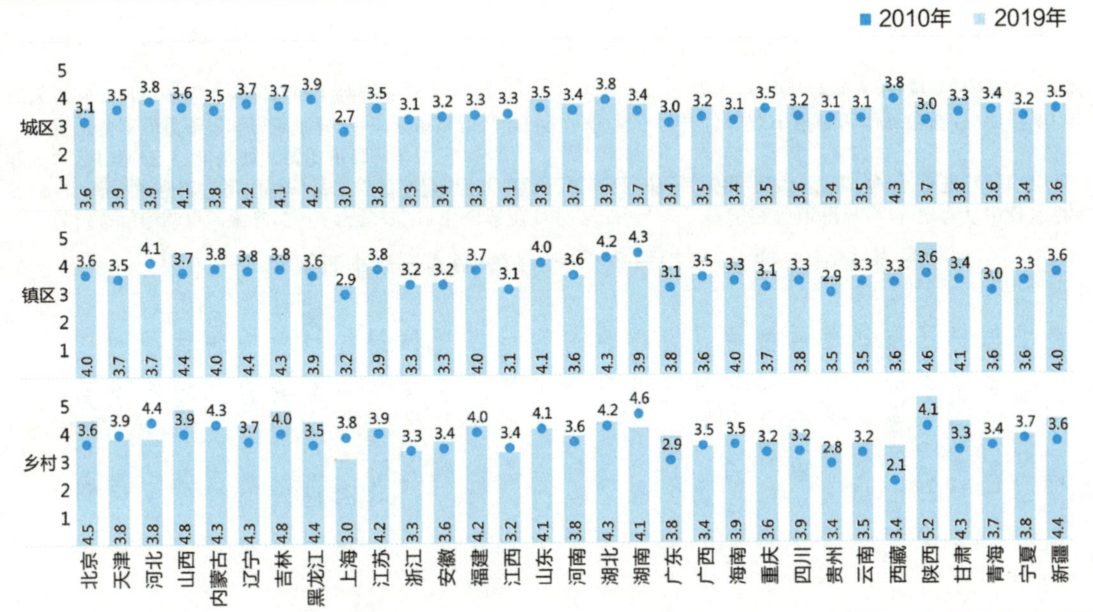

图 2.7b　各省区市初中学段班师比城乡分布(2010 年和 2019 年对照)

从城乡均衡的角度来看,大多数省区市都是城市和镇区的班师比低于乡村。2019 年,城乡班师比较为均衡的省区市有天津、河北、辽宁、上海、浙江、安徽、江西、山东、河南、广西、重庆、贵州、云南、青海。

从班师比动态变化的角度来看,全国各省区市城区、镇区、乡村的初中班师比基本均有所提升。例外的几个情况是河北的镇区和乡村、上海的乡村、江西的城区和乡村、湖南的镇区和乡村。

＊数据来源:教育部教育统计数据

政策依据:

《教育部关于贯彻〈国务院办公厅转发中央编办、教育部、财政部关于制定中小学教职工编制标准意见的通知〉的实施意见》(教人〔2002〕8 号),《中央编办、教育部、财政部关于统一城乡中小学教职工编制标准的通知》(中央编办发〔2014〕72 号)。

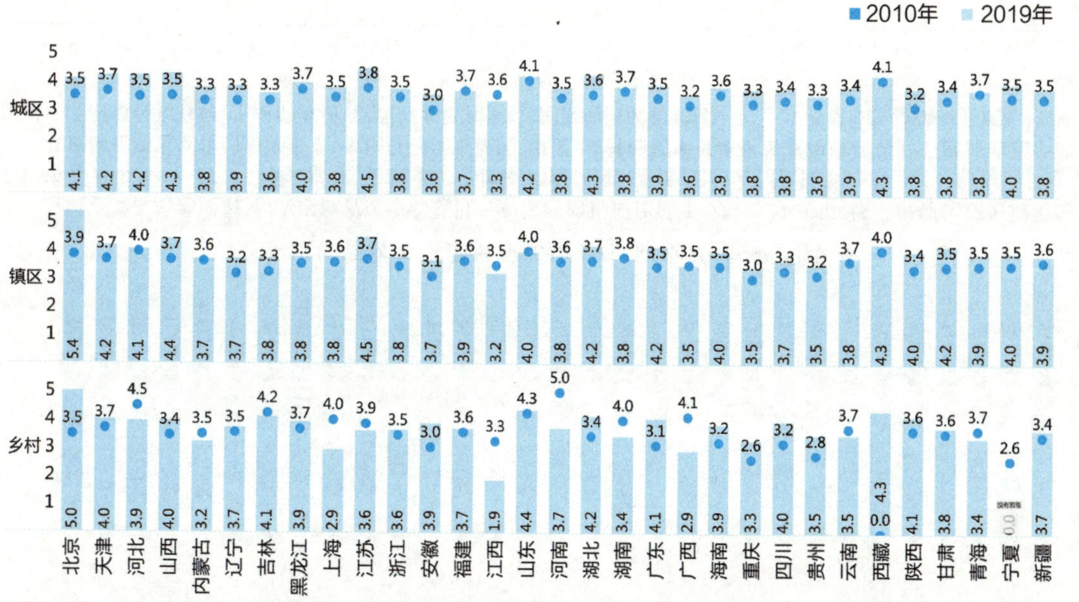

图 2.7c 各省区市高中学段班师比城乡分布(2010 年和 2019 年对照)

从城乡均衡的角度来看,2010 年和 2019 年的情况有较大差异,由乡村的班师比相对较高变为了相对较低。2019 年,城乡班师比较为均衡的省区市有天津、河北、辽宁、黑龙江、浙江、福建、河南、湖北、海南、贵州、西藏、新疆;北京、上海、江西、广西等地出现了相对的失衡。

从班师比动态变化的角度来看,全国各省区市(除江西以外)城区和镇区的高中班师比均有所提升,而近 10 个省区市的乡村班师比却有明显的下降趋势。

＊数据来源:教育部教育统计数据

政策依据:

《教育部关于贯彻〈国务院办公厅转发中央编办、教育部、财政部关于制定中小学教职工编制标准意见的通知〉的实施意见》(教人〔2002〕8 号),《中央编办、教育部、财政部关于统一城乡中小学教职工编制标准的通知》(中央编办发〔2014〕72 号)。

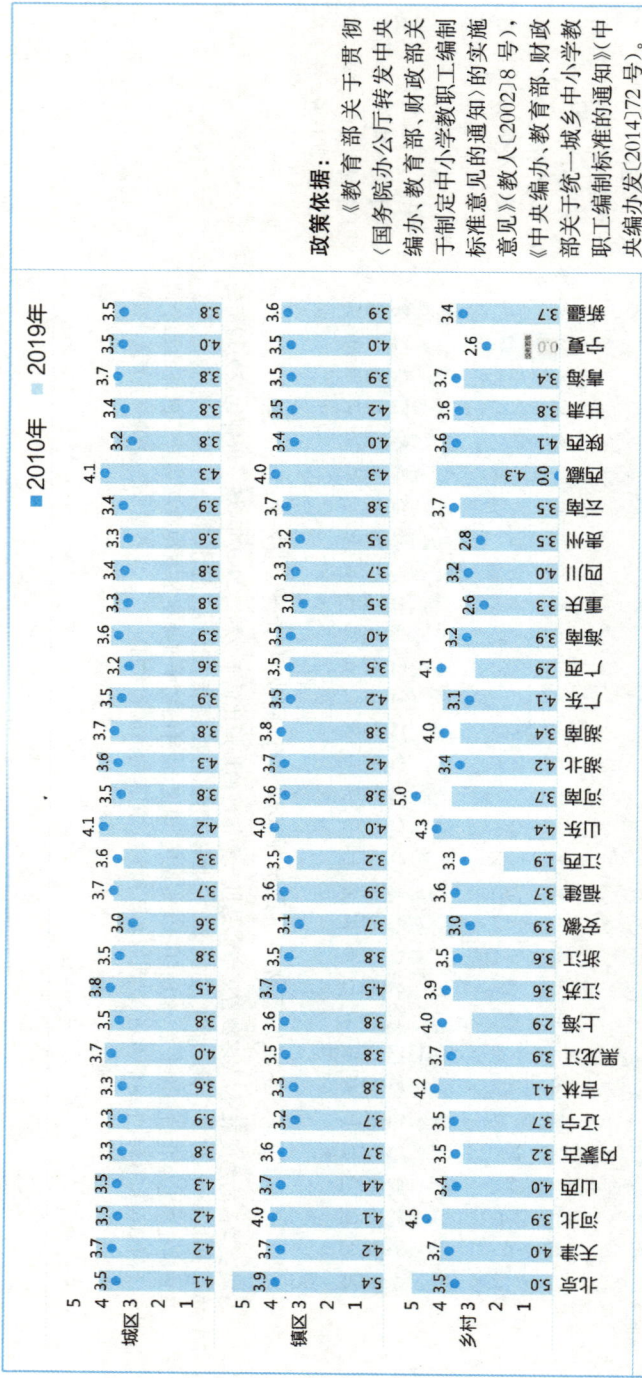

指标图解：性别均衡

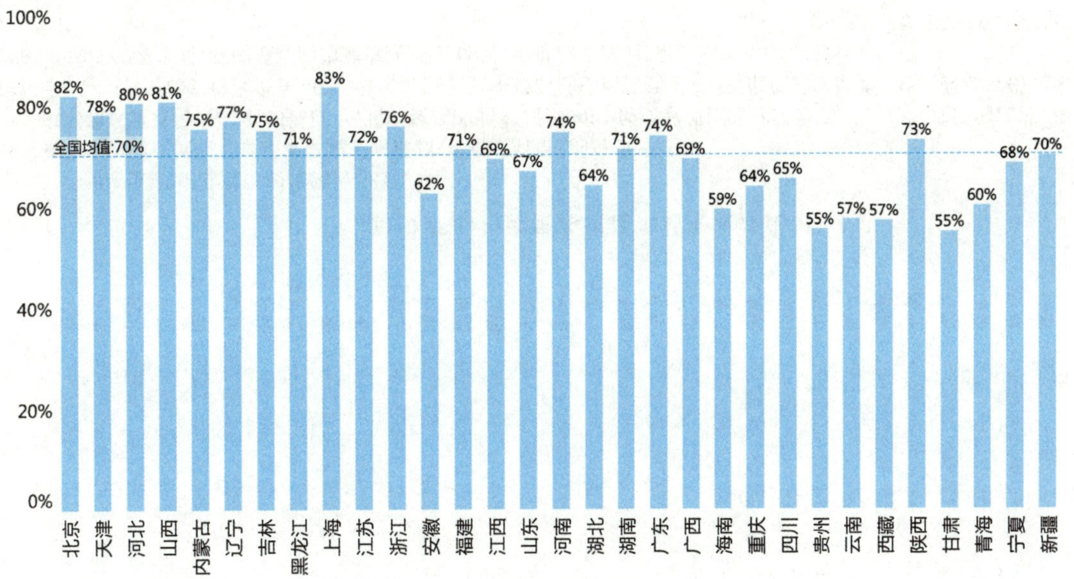

图 2.8a　2019 年小学学段各省区市的女教师比例

2019 年全国小学学段女教师的平均比例为 70%。

小学女教师比例的分布基本呈现了东部—中部—西部依次递减的分布特征。东部和东北地区各省区市大多在 70%以上，其中较高的北京、上海小学女教师的比例超过了 80%，最低的海南为 59%；中部省份大多在 60%—70%之间，其中最高的山西达到了 81%，较低的安徽、湖北分别为 62%和 64%；西部各省区市大多在 50%—70%之间，其中最高的内蒙古达到了 75%，最低的贵州、甘肃仅为 55%。

＊数据来源：教育部教育统计数据

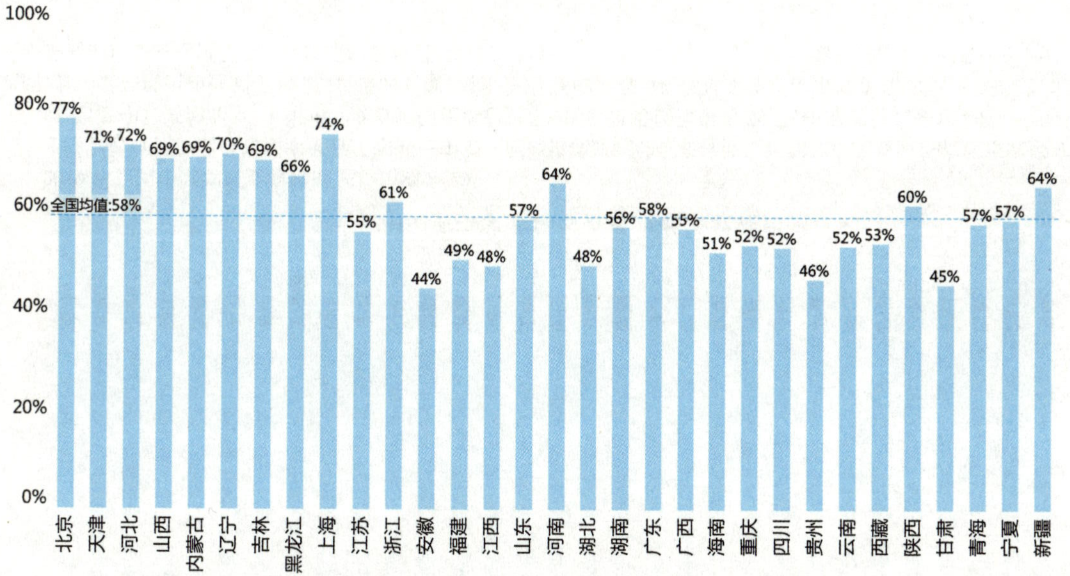

图 2.8b 2019 年初中学段各省区市的女教师比例

2019 年全国初中女教师的比例为 58%。

初中女教师比例的分布基本呈现了东部高，中部、西部低的分布特征。

东部和东北省份大多在 65%以上，其中较高的北京、上海初中的女教师比例分别为 77%、74%，较低的江苏、福建在 50%左右；中部省份大多在 40%—60%之间，其中最高的山西达到了 69%，最低的安徽为 44%；西部省份大多也在 40%—60%之间，其中最高的内蒙古达到了 69%，最低的贵州、甘肃分别为 46%、45%。

* 数据来源：教育部教育统计数据

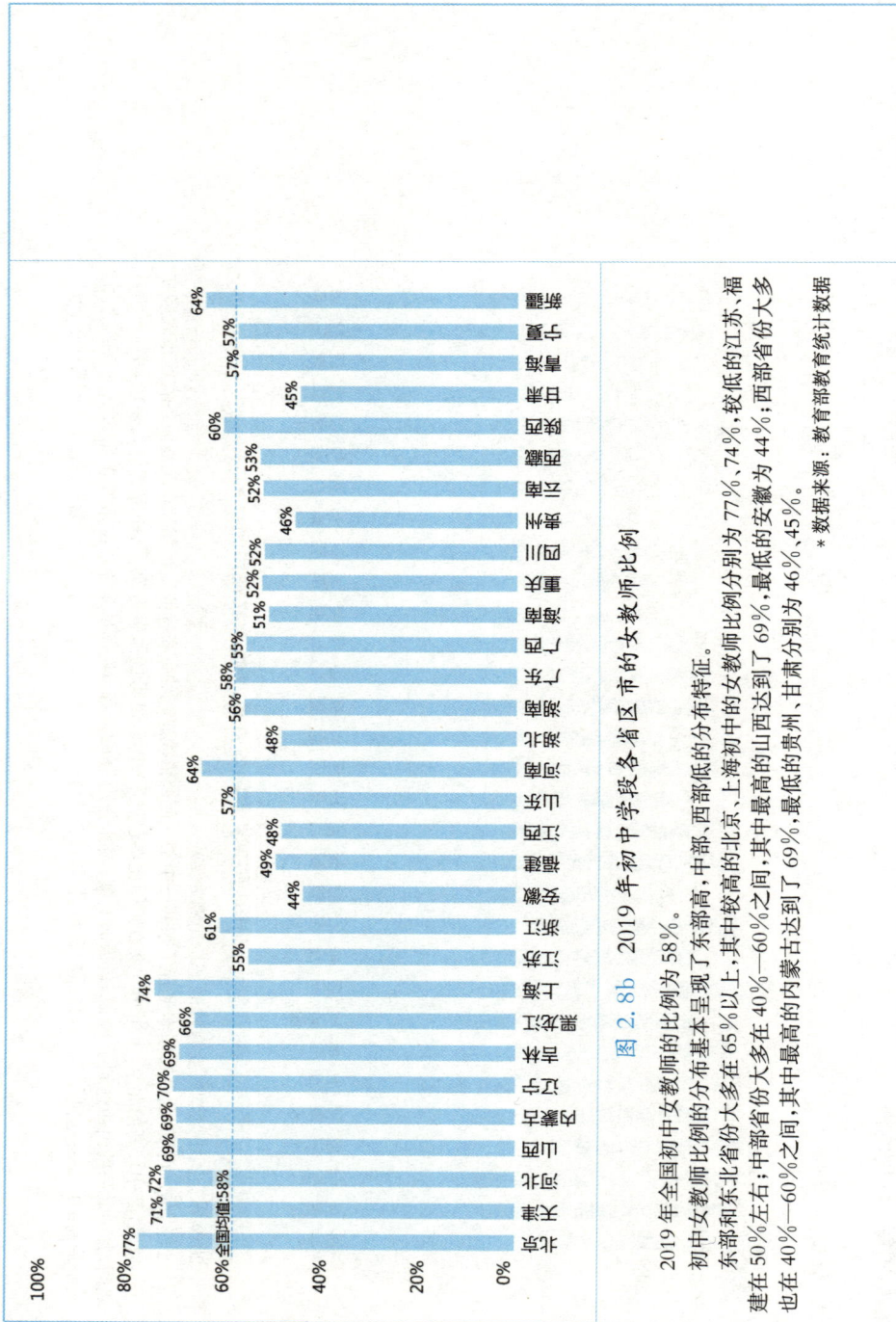

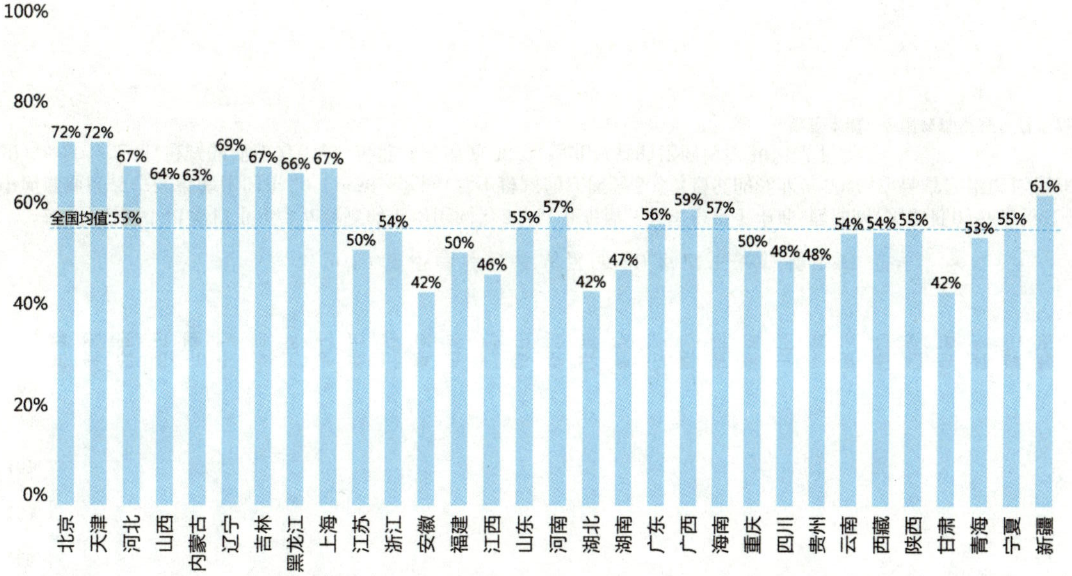

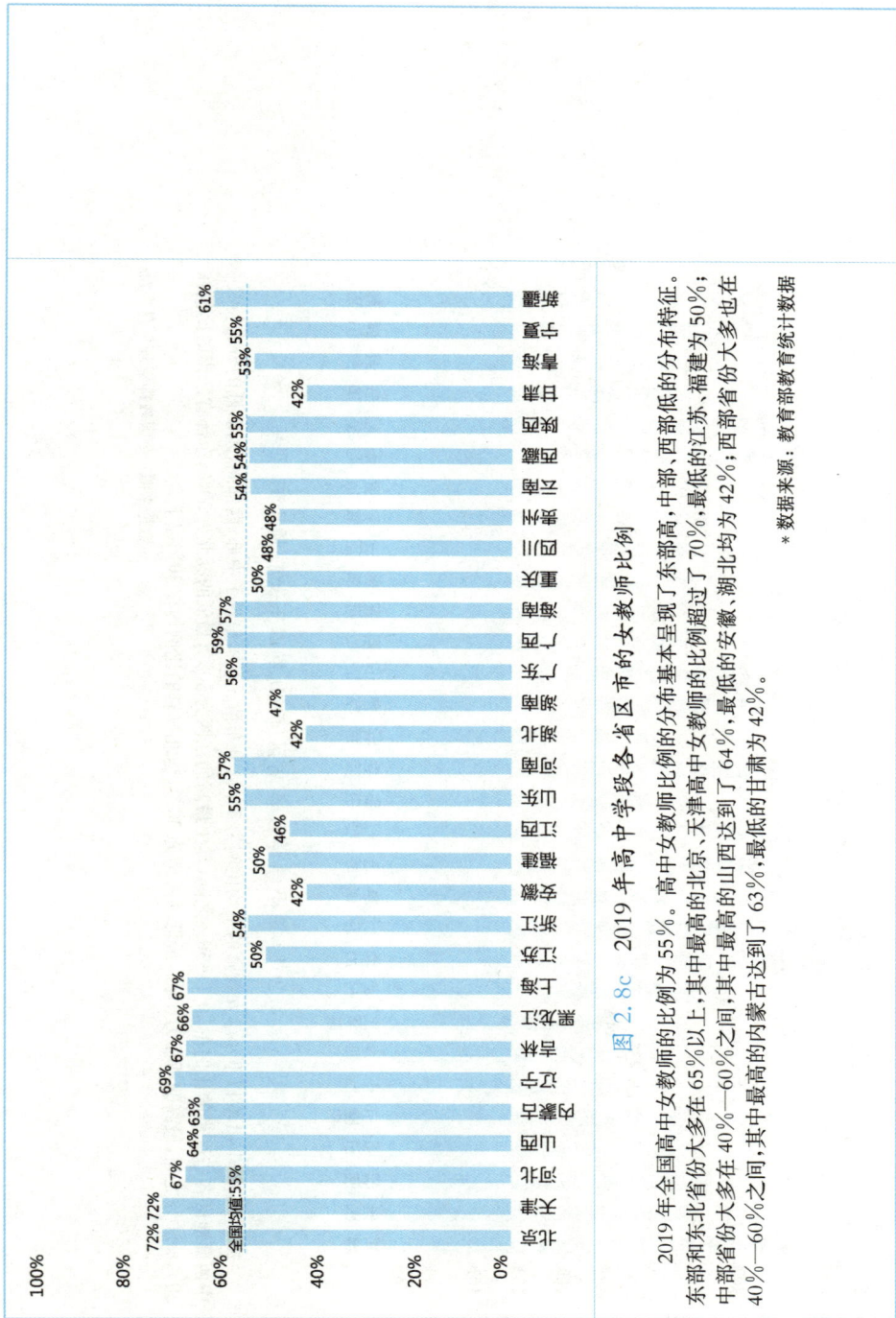

图 2.8c 2019 年高中学段各省区市的女教师比例

2019 年全国高中女教师的比例为 55%。高中女教师比例的分布基本呈现了东部高,中部、西部低的分布特征。东部和东北省份大多在 65%以上,其中最高的北京、天津高中女教师的比例超过了 70%,最低的江苏、福建为 50%;中部省份大多在 40%—60%之间,其中最高的山西达到了 64%,最低的安徽、湖北均为 42%;西部省份大多也在 40%—60%之间,其中最高的内蒙古达到了 63%,最低的甘肃为 42%。

* 数据来源:教育部教育统计数据

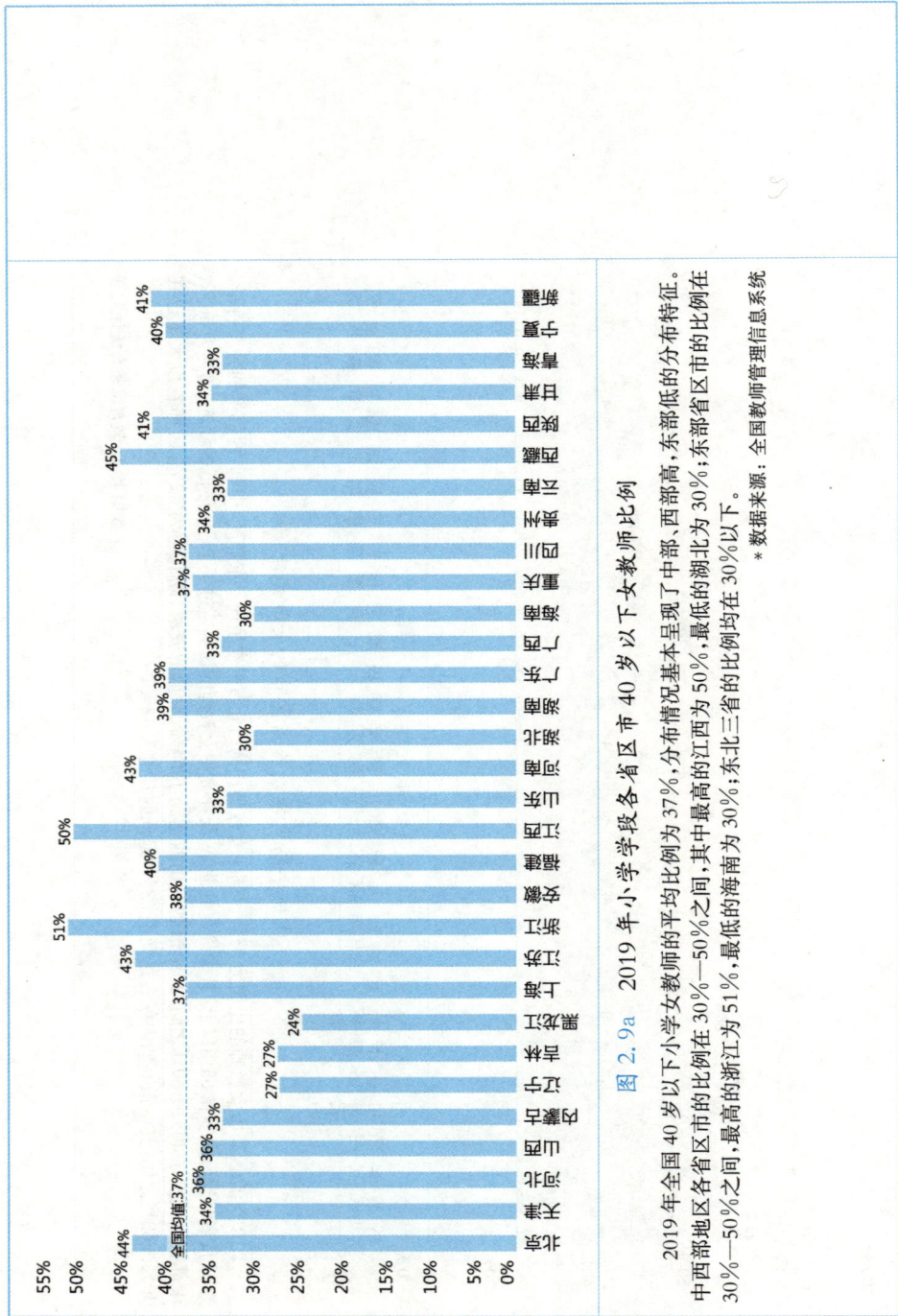

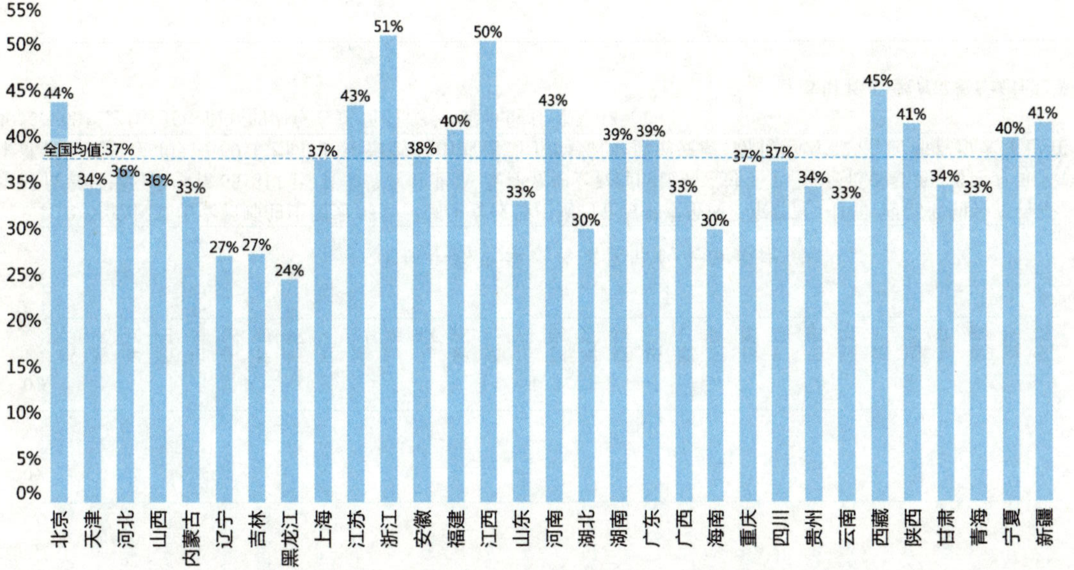

图 2.9a　2019 年小学学段各省区市 40 岁以下女教师比例

2019 年全国 40 岁以下小学女教师的平均比例为 37%，分布情况基本呈现了中部、西部高，东部低的分布特征。中西部地区各省区市的比例在 30%—50%之间，其中最高的江西为 50%，最低的湖北为 30%；东部省区市的比例在 30%—50%之间，最高的浙江为 51%，最低的海南为 30%；东北三省的比例均在 30%以下。

＊数据来源：全国教师管理信息系统

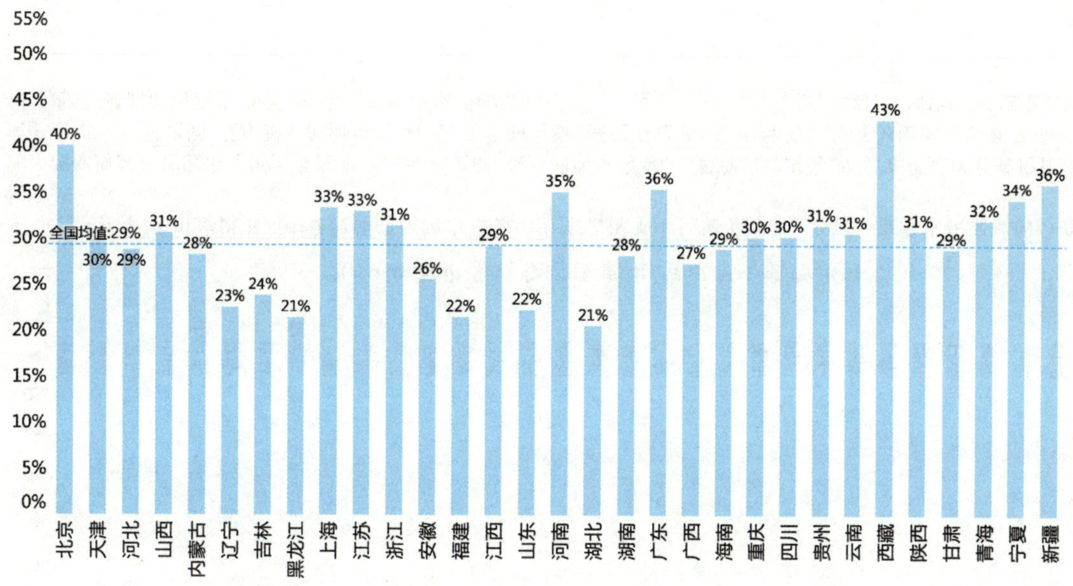

图 2.9b　2019 年初中学段各省区市 40 岁以下女教师比例

2019 年全国 40 岁以下初中女教师的平均比例为 29%，分布情况基本呈现了东部、西部高，中部低的分部特征。东、西部各省区市的比例大多在 20%—40%之间，其中最高的北京、西藏分别为 40%和 43%，最低的福建、山东为 22%，中部各省区市的比例大多在 20%—35%之间，最高的河南为 35%，最低的湖北为 21%；东北三省的比例均在 25%以下。

＊数据来源：全国教师管理信息系统

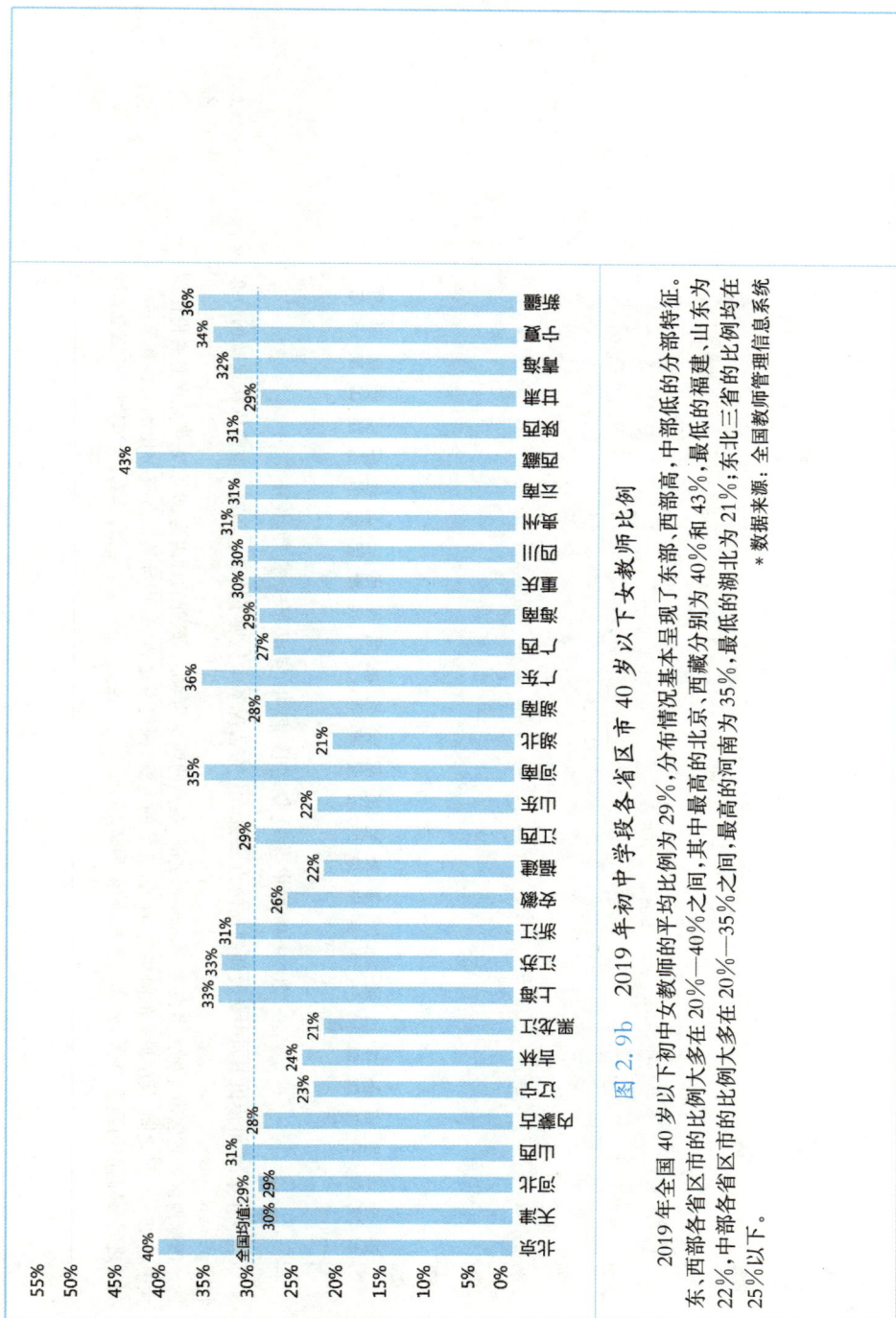

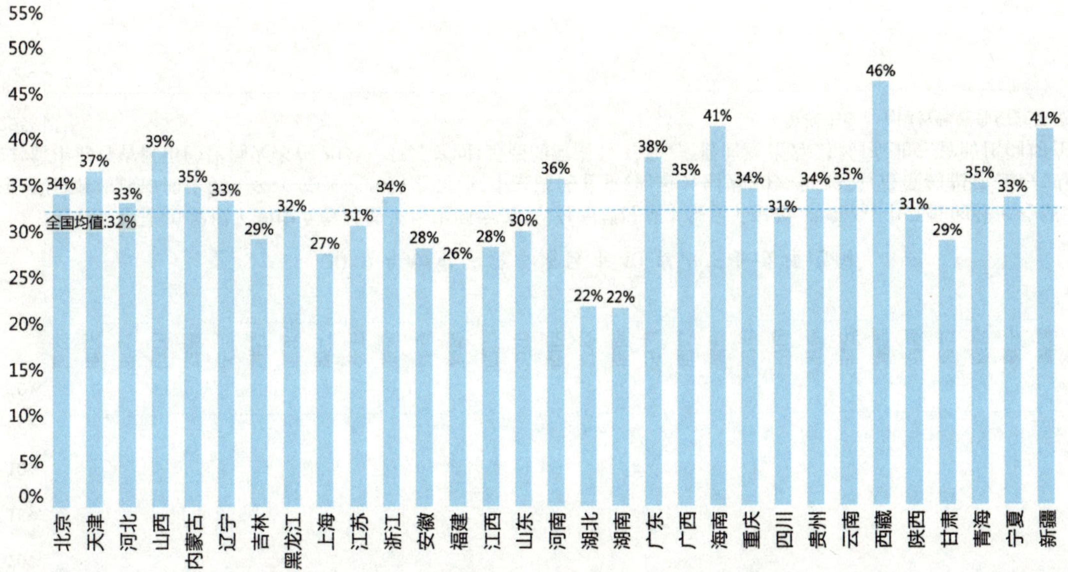

图 2.9c　2019 年高中学段各省区市 40 岁以下女教师比例

2019 年全国 40 岁以下高中女教师的比例为 32%。分布情况基本呈现了西部—东部—中部依次递减的分布特征。

西部地区各省区市比例大多在 30%—50%之间，最高的西藏为 46%，最低的甘肃为 29%；东部地区各省份比例大多在 25—40%之间，其中最高的海南为 41%，最低的上海、福建不足 30%；中部地区各省份比例大多在 20%—40%之间，最高的山西为 39%，最低的湖北、湖南为 22%。

* 数据来源：全国教师管理信息系统

指标图解：师范生比例

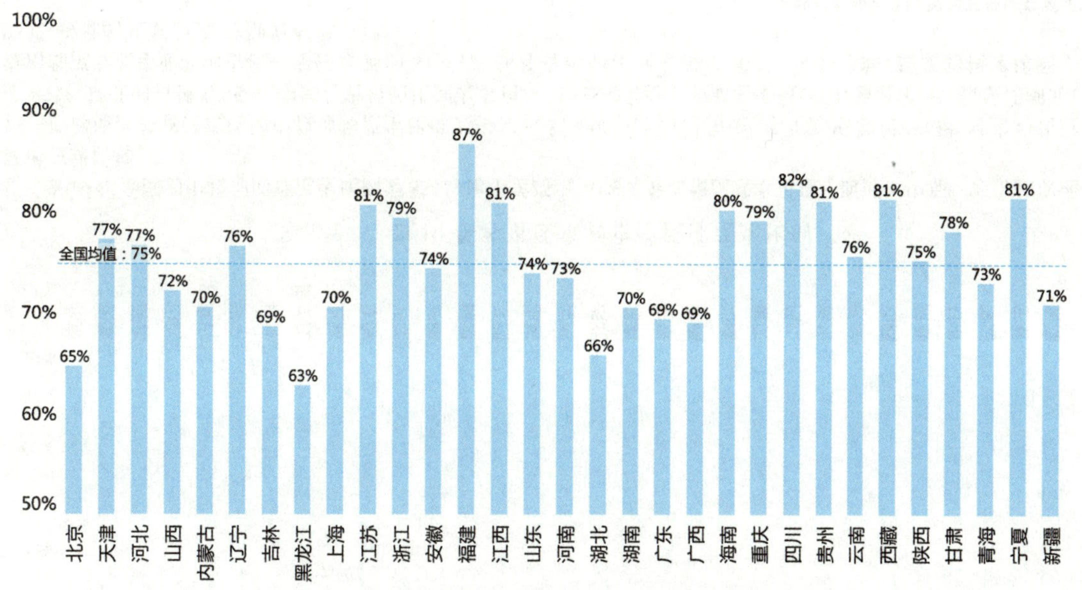

图 2.10a　2019 年各省区市小学学段师范生比例

2019 年全国小学教师的师范生比例为 75%。分布情况基本呈现了西部—东部—中部依次递减的三级阶梯。

西部各省区市的小学教师师范生比例大多在 70%—80%之间，其中最高的四川、贵州、西藏、宁夏均超过了 80%，最低的内蒙古、广西、青海、新疆不足 75%；东部各省区市的比例大多在 60%—80%之间，最高的江苏和福建超过了 80%，最低的北京、广东不足 70%；中部各省区市的比例大多在 65%—70%之间，最高的江西为 81%，最低的湖北为 66%。

* 数据来源：全国教师管理信息系统

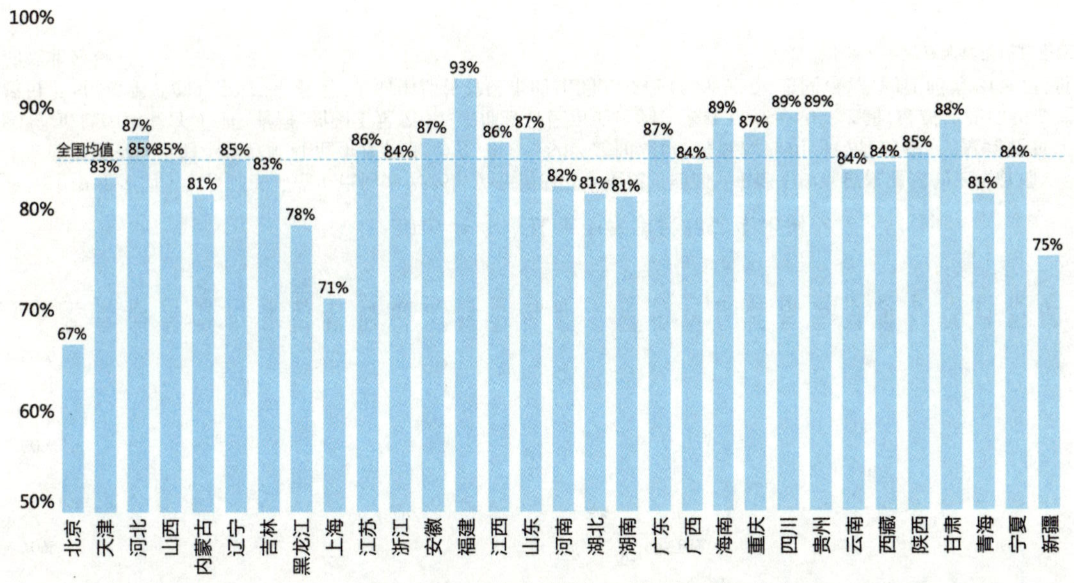

图 2.10b　2019 年各省区市初中学段师范生比例

2019 年全国初中教师的师范生比例为 85%，比小学高出 10%。分布情况基本呈现了西部—中部—东部依次递减的三级阶梯。

西部地区各省区市的初中教师师范生比例大多在 80%—90%之间，其中较高的重庆、四川、贵州、甘肃均超过了 85%，最低的新疆为 75%；中部各省份的比例大多在 80%—85%之间，较高的安徽、江西超过了 85%，最低湖北、湖南师范专业毕业教师占初中专任教师的 81%；东部各省市的比例大多在 70%—90%之间，最高的福建达到了 93%，较低的北京、上海分别为 67%、71%。

＊数据来源：全国教师管理信息系统

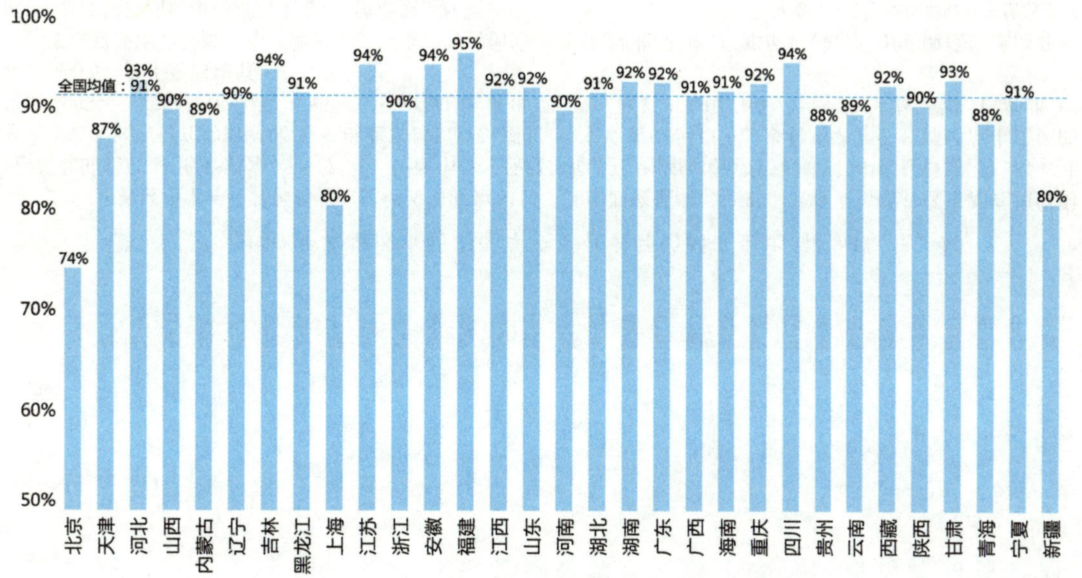

图 2.10c　2019 年各省区市高中学段师范生比例

2019 年全国高中教师的师范生比例为 91%，比初中又高出 6%，说明高中专任教师的构成更依赖于师范生。且各省区市的分布情况比较均匀，大多都集中在 90%上下，接近全国均值。不过也有例外，东部的北京、上海分别为 74%、80%，西部的新疆为 80%。对于北京、上海而言，这意味着当地高中吸纳了更多的非师范类人才，而对于新疆而言，很可能暗示了师范生的供应不足。

＊数据来源：全国教师管理信息系统

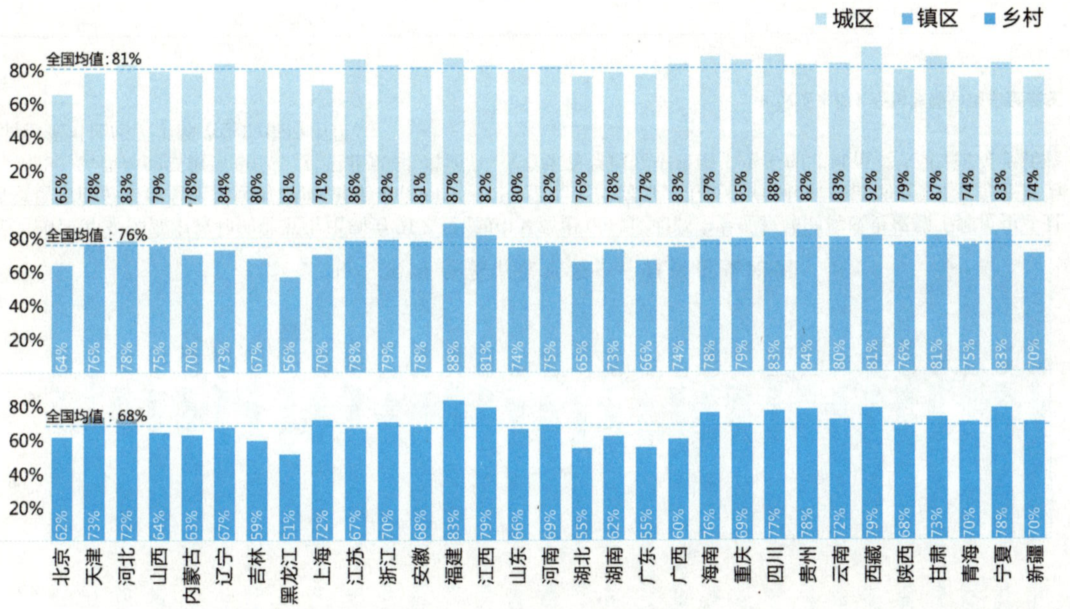

图 2.11a　2019 年各省区市的小学学段专任教师的师范生比例(分城、镇、乡)

2019 年城区小学专任教师师范生比例的均值为 81%。其中西藏最高,为 92%,其余大多数省区市都在均值附近,最低的北京、上海分别为 65%、71%。镇区小学专任教师师范生比例的均值为 76%。其中福建最高,为 88%,其余大多数省区市都在均值附近,较低的北京、黑龙江、湖北、广东均在 70%以下。乡村小学专任教师师范生比例的均值为 68%。其中福建最高,为 83%,西部的四川、贵州、西藏、宁夏高出全国均值 10%左右,吉林、黑龙江、湖北、广东、广西明显低于全国均值。

多数省区市的分城乡小学师范生比例是较为均衡的。北京、湖北、湖南、广东的城、镇、乡小学师范生比例都偏低,黑龙江城区高但镇、乡低,上海城、镇低但乡村高。

* 数据来源：全国教师管理信息系统

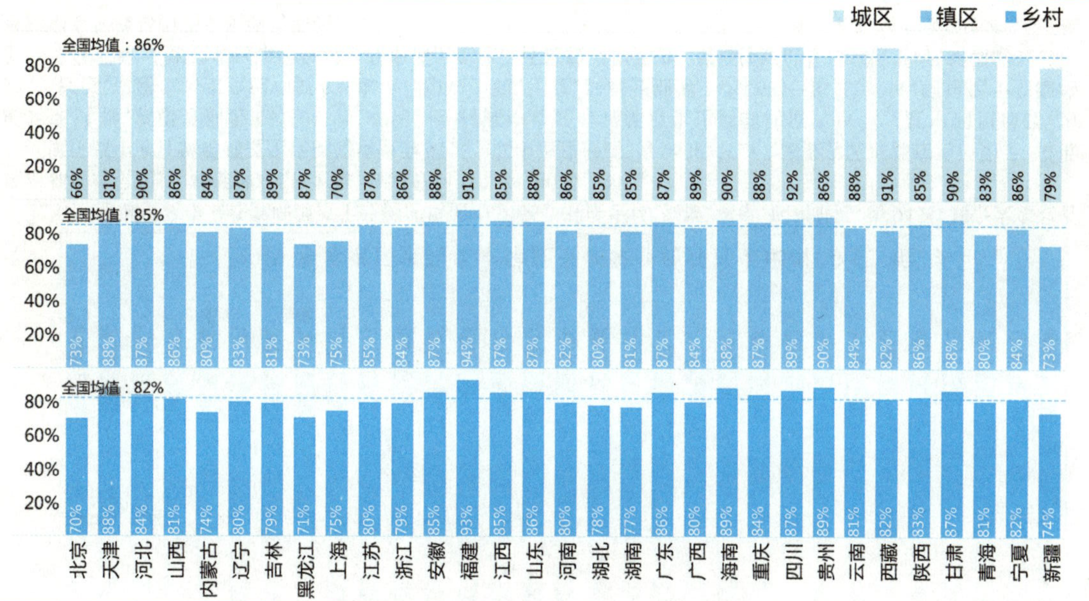

图 2.11b　2019 年各省区市的初中学段专任教师的师范生比例（分城、镇、乡）

2019 年城区初中专任教师师范生比例的均值为 86%。其中四川最高，为 92%，较低的北京、上海分别为 66%、70%。

镇区初中专任教师师范生比例的均值为 85%。其中福建最高，为 94%，较低的北京、黑龙江、上海、新疆在 75% 左右。

乡村初中专任教师师范生比例的均值为 82%。其中福建最高，为 93%，天津、海南、贵州这些省市高出全国均值 5%以上，北京、内蒙古、黑龙江、上海、新疆这些省区市则明显低于全国均值。多数省区市初中专任教师师范生比例在城镇乡之间分布较为均衡。北京、上海、新疆的城、镇、乡初中师范生比例都偏低，黑龙江城区高但镇、乡低。

＊数据来源：全国教师管理信息系统

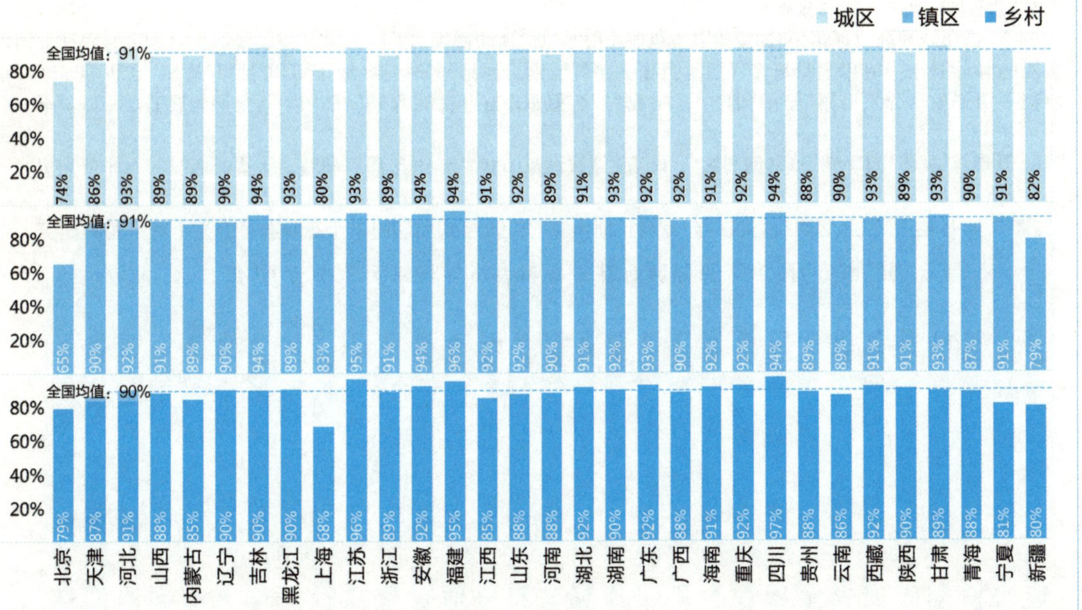

图 2.11c　2019 年各省区市的高中学段专任教师的师范生比例（分城、镇、乡）

2019 年城区高中专任教师师范生比例的均值为 91%。其中吉林、安徽、福建、四川最高，为 94%，其余大多数省区市都在均值附近，较低的北京、上海、新疆分别为 74%、80%、82%。

镇区高中专任教师师范生比例的均值为 91%。其中福建最高，为 96%，其余大多数省区市都在均值附近，最低的北京、上海、新疆分别为 65%、83%、79%。乡村高中专任教师师范生比例的均值为 90%。其中四川最高，为 97%，江苏、福建也高出全国均值 5%以上，北京、上海、宁夏、新疆分别为 79%、68%、81%、80%，明显低于全国均值。综合来看，大多数省区市的分城乡高中师范生比例还是较为均衡的。值得注意的是，北京、上海、新疆的城、镇、乡高中专任教师师范生比例均偏低。

＊数据来源：全国教师管理信息系统

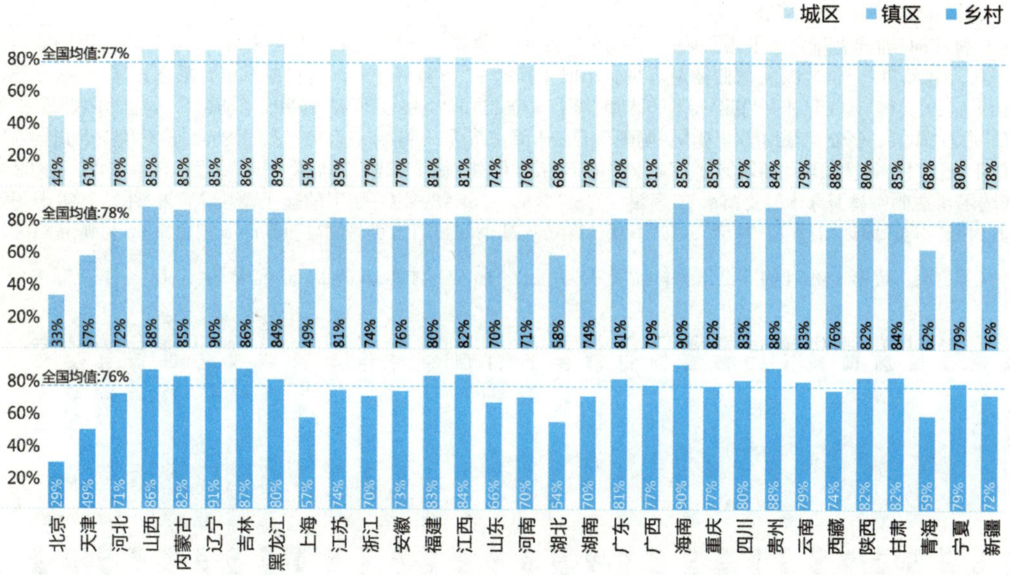

图 2.12a　2019 年各省区市小学学段 35 岁以下专任教师中师范生的比例(分城、镇、乡)

2019 年城区 35 岁以下小学专任教师师范生比例的均值为 77%。其中,吉林、黑龙江、四川、西藏的比例在 85%以上,东部地区的比例相对较低,北京、天津、上海的比例分别只有 44%、61%、51%。镇区 35 岁以下小学专任教师师范生比例的均值为 78%。其中,山西、辽宁、吉林、海南、贵州的比例较高,均超过 85%,北京、天津、上海、湖北、青海的比例相对较低,分别为 33%、57%、49%、58%、62%。乡村 35 岁以下小学专任教师师范生比例的均值为 76%。其中,山西、辽宁、吉林、海南、贵州的比例较高,明显高于全国均值。东部的北京、天津、上海比例较低,均在 60%以下。

综合来看,大多数省区市在城、镇、乡三类地区的 35 岁以下小学师范生比例都高于 70%,且分布情况较为一致。值得注意的是,北京、天津、上海、湖北、青海在三类地区 35 岁以下的师范生比例都明显偏低。对于发达地区来说,这可能说明当地的教师职业吸引力较强,能够吸纳更多的非师范生。但对于落后地区而言,这可能说明当地的教师队伍结构不稳定。

* 数据来源: 全国教师管理信息系统

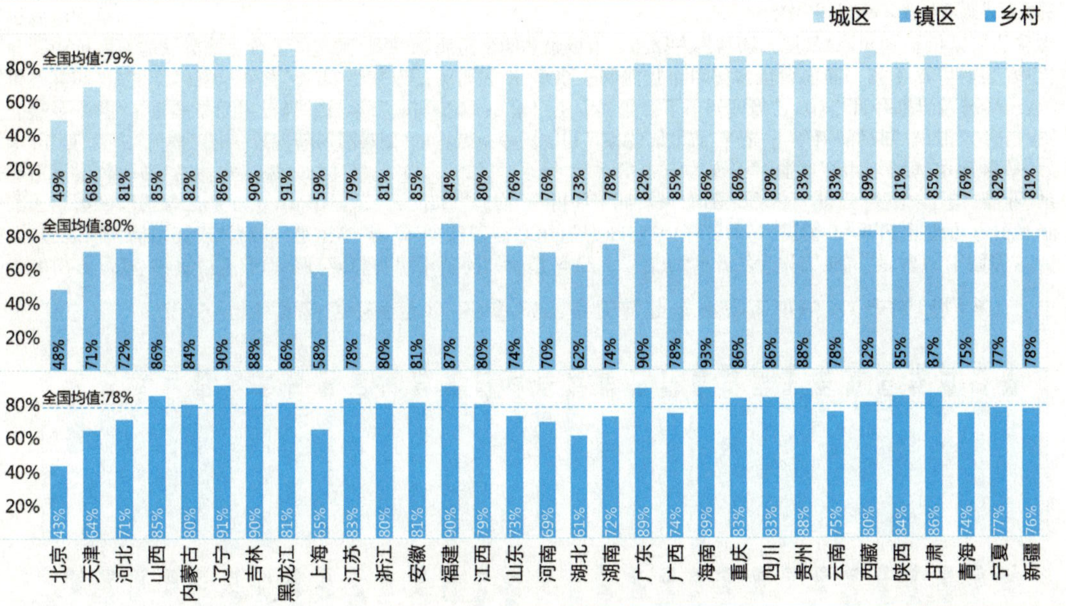

图 2.12b　2019 年各省区市初中学段 35 岁以下专任教师中师范生的比例（分城、镇、乡）

2019 年城区 35 岁以下初中专任教师师范生比例的均值为 79%。其中，辽宁、吉林、黑龙江、海南、重庆、四川、西藏的比例在 85%以上，北京、天津、上海的比例分别只有 49%、68%、59%。镇区 35 岁以下初中专任教师师范生比例的均值为 80%。其中，山西、辽宁、吉林、黑龙江、福建、广东、海南、重庆、四川、贵州、甘肃的比例均超过了 85%，北京、上海、湖北的比例相对较低，分别为 48%、58%、62%。乡村 35 岁以下初中专任教师师范生比例的均值为 78%。其中，辽宁、吉林、福建、广东、海南、贵州、甘肃的比例较高，超过了 85%，北京、天津、上海、湖北的比例较低，分别为 43%、64%、65%、61%。

综合来看，大多数省区市在城、镇、乡三类地区的 35 岁以下初中师范生比例都高于 70%，且分布情况较为一致。值得注意的是，北京、天津、上海、湖北在城、镇、乡三类地区的 35 岁以下初中师范生比例都明显偏低，河北城区高但镇、乡低。

＊数据来源：全国教师管理信息系统

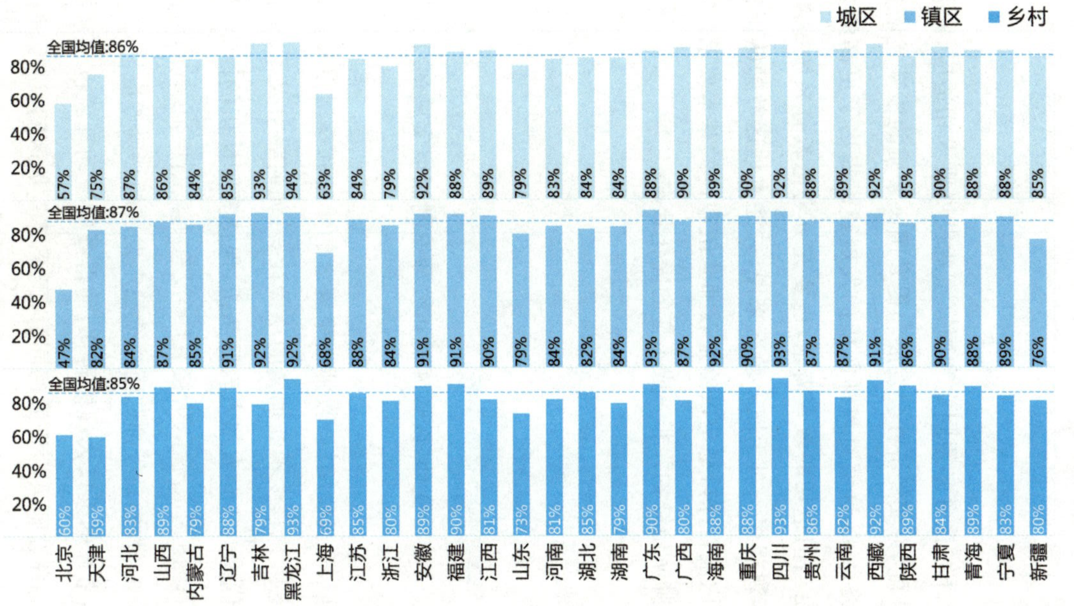

图 2.12c　2019 年各省区市高中学段 35 岁以下专任教师中师范生的比例(分城、镇、乡)

2019 年城区 35 岁以下高中专任教师师范生比例的均值为 86%。其中,吉林、黑龙江、安徽、四川、西藏超过了 90%,北京、上海比例较低,分别只有 57%、63%。镇区 35 岁以下高中专任教师师范生比例的均值为 87%。其中,辽宁、吉林、黑龙江、安徽、福建、广东、海南、四川、西藏超过了 90%,北京、上海比例较低,分别为 47%、68%。乡村 35 岁以下高中专任教师师范生比例的均值为 85%。其中,黑龙江、四川、西藏超过了 90%,北京、天津、上海比例较低,分别为 60%、59%、69%。

综合来看,大多数省区市在城、镇、乡三类地区的 35 岁以下高中师范生比例都高于 80%。值得注意的是,北京、天津、上海、山东在城、镇、乡三类地区的 35 岁以下高中师范生比例都明显偏低。　* 数据来源:全国教师管理信息系统

第三章
教师队伍结构稳定性

我国进入高质量发展阶段，教育必须同党和国家事业发展要求相适应、同我国综合国力和国际地位相匹配，夯实经济社会发展和提升国民素质的根基是培养更多适应高质量发展的各类人才，这就对教师队伍的发展建设提出了更高的要求。师资配置不仅需要满足当前迫切的教育需求，也要充分考虑教育系统短期、中期、长期的发展趋势和客观规律。对于地方政府来说，关注本地区教师队伍在一定时间、空间和体制范围内能否保持稳定供给是教师队伍建设的基本要求。需要注意的是，一个稳定的教师队伍结构并非一成不变的固化状态。

一、关于教师队伍结构稳定性的测量

（一）影响教师队伍结构稳定性的因素简析

教师队伍变动态势是教师年龄变动、教师流动和教师编制制度实施的综合性结果。

（1）教师年龄变动受到人口规模结构、教师资格规定的年龄和学历以及工资待遇等因素影响。在人口老龄化程度不断加剧的现代社会，如何吸引人才、留住人才和培养人才，持续吸引优秀的年轻人加入教师队伍，保持教师队伍的活力，是教师队伍建设的一个关键问题。年龄梯队衔接有序，没有明显断层，在教师队伍的活力和教学经验之间保持平衡，也是教师队伍持续稳定发展的必要考量。

（2）城镇化的快速发展带来的人口大规模转移，使得教师流动现象也越来越普遍。在调整师资配置和培育教师人力资源的同时，既要尊重地区间、城乡间由于工资差距和生活机会差异带来的客观流动需求，也要考虑跨地区迁移流动带来的本地教师保留问题，进而提出解决师资缺口的相关措施，从而实现区域教师队伍的可持续发展。

(3) 教师编制配置是义务教育人力资源投入的基础性制度安排。教师的编制结构既影响教师群体的总体结构，也关乎教师队伍的稳定性。理想的教师编制结构应当有助于稳定教师供给，使得教师安心教学工作，保障教师有充分的专业成长空间。

(二) 教师队伍结构稳定性的测量

基于上述分析，对教师队伍结构稳定性进行测量，主要使用教师队伍时间稳定性、空间稳定性和体制稳定性等指标，描述教师队伍在一定时间、空间和体制范围内能否保持稳定供给。其中：

(1) 教师队伍时间稳定性：依据教师队伍平均年龄、年龄结构和 5 年内新入职教师比例评估未来时间段内教师队伍的稳定程度。教师平均年龄从整体上描绘出教师队伍的老龄化程度；分年龄段可呈现教师队伍不同年龄梯队的分布结构；5 年内新入职教师比例能够反映教师队伍的活力和潜力。

(2) 教师队伍空间稳定性：用本省出生的教师占比能够综合反映教师队伍的本土化程度，在一定程度上考察教师人力资源的跨省流动情况。

(3) 教师队伍体制稳定性：用代课教师和兼任教师与专任教师总数的比例、专任教师占教职工的比例描述教师队伍结构性特征。

(三) 测算数据来源

教师队伍时间稳定性和空间稳定性指标数据均来源于全国教师管理信息系统，作为对照的 2010 年教师平均年龄数据来自曾晓东主编的《中国中小学教师发展报告(2012)》。在描述教师年龄结构分布时，将教师年龄分为 4 个年龄组进行计算，分别是 30 岁以下、30—39 岁、40—49 岁和 50 岁及以上。

基于教育部教育事业发展统计数据中分地区的代课教师和兼任教师数测算体制外的教师比例。

二、基于指标分析的研究发现

(一) 主要结论

基于对教师队伍时间稳定性、空间稳定性和体制稳定性三个角度的测量，研究我国教师队伍结构所处的状态和影响教师队伍结构稳定性的因素，数据分析结果表明：

(1) 中小学教师的主体是中年教师，平均年龄在40岁左右，与OECD国家相比，我国教师队伍整体上显得更为年轻，中小学教师中50岁以上教师比例远低于OECD平均水平，年富力强教师比例更高。

(2) 中小学各学段50岁及以上教师约占1/4，中小学近5年内新入职教师的比例在10%左右，地方政府需要着重考虑教师退出和新进之间的平衡，以确保教师队伍短期内不会出现供给不足的状态。

(3) 整体上我国教师队伍以原籍本省的教师为主，义务教育阶段80%左右的教师来自原籍本省，普通高中略低，其规模占70%左右。在地区的表现上，除西藏受强政策影响以外，人口迁移最活跃的地区，通常教师队伍中来自外省市的比例也更高，部分地区甚至有一半以上的教师来自外省市。

(4) 我国中小学教师中代课教师和兼任教师与专任教师之比存在较大的地区间差异。

(二) 主要指标分析

1. 教师队伍时间稳定性

2019年，我国小学、初中和普通高中专任教师的平均年龄分别为41.80岁、42.29岁和41.50岁，与10年前相比，平均年龄值有所提高。当前，中小学教师的主体是中年教师，超过半数的教师年龄都在30—49周岁之间，而与初中和小学相比，普通高中教师队伍的年龄相对更年轻些。

近5年来，小学、初中和普通高中新入职专任教师的比例分别为14.0%、10.8%和9.8%。分地区来看，东北三省中小学专任教师队伍平均年龄最大，西藏、北京和江浙沪等地区专任教师队伍整体较为年轻，其中西藏地区受到政策因素的影响，各学段专任教师的平均年龄皆在35岁以下。

分学段看：

(1) 小学有14%的专任教师年龄在30岁以下，30%的专任教师年龄在30—39岁区间，30%的专任教师年龄在40—49岁之间，26%的专任教师年龄在50岁及以上；分地区看，50岁及以上专任教师占比最低(4%)的和30岁以下专任教师占比最高(30%)的均在西藏；50岁及以上专任教师占比最高(39%)的和30岁以下专任教师占比最低(4%)的均在黑龙江。

(2) 初中有10%的专任教师年龄在30岁以下,28%的专任教师年龄在30—39岁区间,37%的专任教师年龄在40—49岁之间,25%的专任教师年龄在50岁及以上;分地区看,50岁及以上专任教师占比最低(3%)的和30岁以下专任教师占比最高(31%)的均在西藏;50岁及以上专任教师占比最高的为湖北(37%),30岁以下专任教师占比最低的为辽宁、黑龙江、山西(均为5%)。

(3) 普通高中有9%的专任教师年龄在30岁以下,36%的专任教师年龄在30—39岁区间,32%的专任教师年龄在40—49岁之间,23%的专任教师年龄在50岁及以上;分地区看,50岁及以上专任教师占比最低(2%)的和30岁以下专任教师占比最高(33%)的均在西藏;50岁及以上专任教师占比最高的为湖北(32%),30岁以下专任教师占比最低的为上海和黑龙江(均为4%)。

注:关于教师队伍时间稳定性的数据可视化分析详见图3.1a至图3.3c。

2. 教师队伍空间稳定性

我们用教师的出生地和工作地的匹配程度来衡量教师队伍的跨地域流动水平和空间稳定性。2019年,我国小学、初中和普通高中专任教师中在本省出生的教师比例分别为83%、79%和72%,说明超过七成的中小学专任教师从业者更倾向于留在出生地任教。分区域看,西部地区出生地在本省的专任教师所占比例较高,尤其是小学、初中学段,与东部地区和中部地区相比差异明显。

分地区看,内蒙古、江苏、福建、甘肃是流动性最弱的4个省市。其中,甘肃的流动性全国最低,仅有2%的小学专任教师、3%的初中专任教师和5%的高中专任教师出生地为非本省;北京、天津、上海、河南、广东、西藏是流动性最强的6个省市,西藏和天津的小学有近四成的专任教师出生地为非本省,北京、天津和西藏的初中有近半数的专任教师出生地为非本省,北京、天津和西藏的普通高中有一半以上的教师来自外省。

注:关于教师队伍空间稳定性的数据可视化分析详见图3.4a至图3.4c。

3. 教师队伍体制稳定性

2019年,我国小学和中学阶段教师中的代课教师和兼任教师与专任教师之比分别为3.57∶100和1.24∶100。该数值在地区之间也差异较大,中小学代课教师和兼任教师与专任教师之比在地区间呈中部—西部—东部三级阶梯依次递减。

分学段分地区看，在小学阶段，山西、福建、青海等地专任教师中的代课教师和兼任教师比例相对高；中学阶段，山西、宁夏、河南等地专任教师中的代课教师和兼任教师比例相对高。

注：关于教师队伍体制稳定性的数据可视化分析详见图 3.5a 至图 3.6b。

指标图解：教师队伍时间稳定性

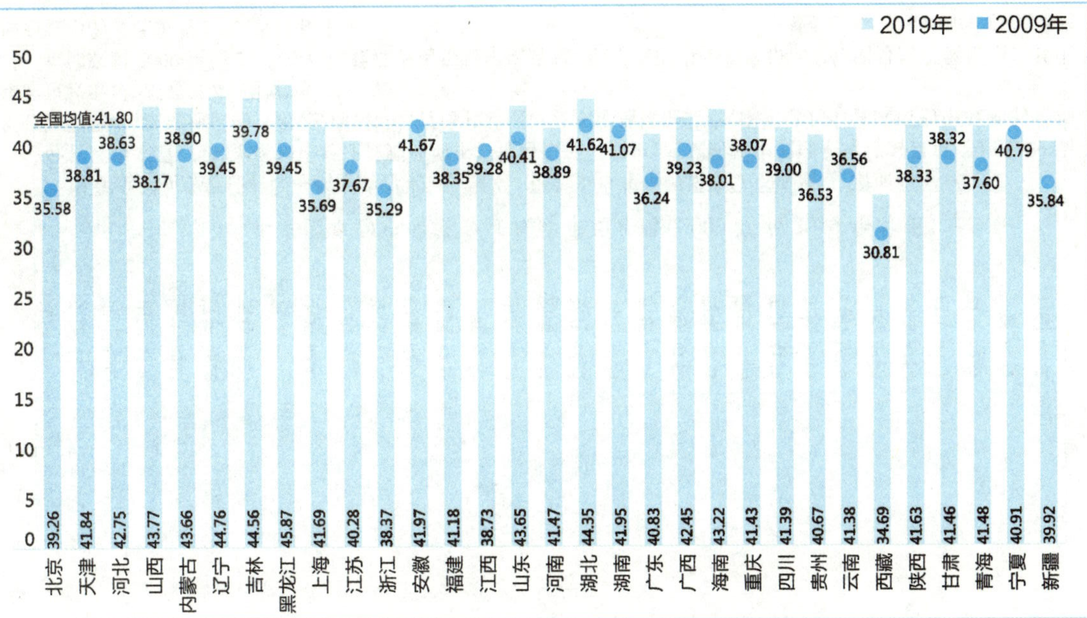

图 3.1a　各省区市小学学段专任教师平均年龄(2009 年和 2019 年对照)

数据说明：

教育部发展规划司，转引自曾晓东主编的《中国中小学教师发展报告(2012)》。

2019 年全国小学专任教师平均年龄为 41.80 周岁，相较 2009 年全国均值(38.59 周岁)增加 3.21 岁。

分省区市来看，2019 年西部地区小学专任教师平均年龄普遍偏低，其中西藏的小学教师平均年龄全国最低，为 34.69 周岁。除西藏外，浙江(38.37 周岁)、江西(38.73 周岁)、北京(39.26 周岁)和新疆(39.92 周岁)这四个省区市小学专任教师的平均年龄也较低。

分省区市比较 2009 年与 2019 年小学教师平均年龄变化情况，安徽、江西、湖南和宁夏这四个省区市小学专任教师的平均年龄几乎没有变化。其他省区市均有不同程度的增幅，其中，东北、西部以及部分东部地区的教师年龄变化相对明显，增幅较大。

＊数据来源：全国教师管理信息系统

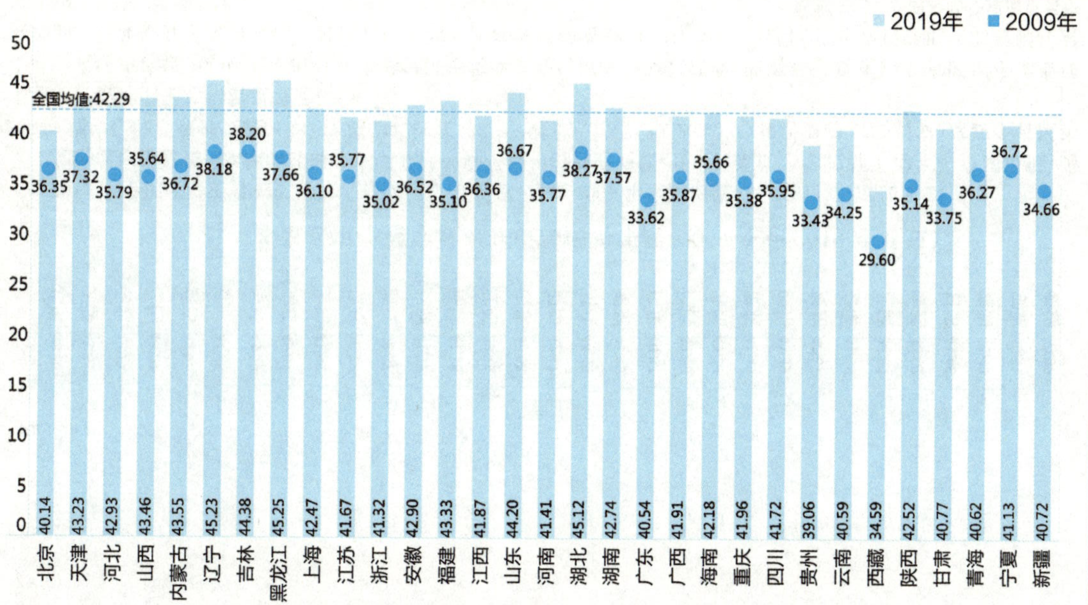

数据说明：

教育部发展规划司，转引自曾晓东主编的《中国中小学教师发展报告(2012)》。

图 3.1b　各省区市初中学段专任教师平均年龄(2009 年和 2019 年对照)

2019 年全国初中专任教师平均年龄为 42.29 周岁，相较 2009 年全国均值(35.88 周岁)增加 6.41 岁。

分省区市来看，西部地区初中专任教师平均年龄普遍偏低。其中，西藏的初中教师平均年龄最低，为 34.59 周岁。除西藏外，西部地区的贵州、云南、甘肃、青海和新疆以及东部地区的北京、广东这几个省区市初中教师的平均年龄也较低，均不超过 41 周岁。

整体观察 2009 年与 2019 年初中教师平均年龄变化情况，可以看出，各个省区市都有较明显的年龄增幅。其中增幅较小的省区市有北京、青海和宁夏。

＊数据来源：全国教师管理信息系统

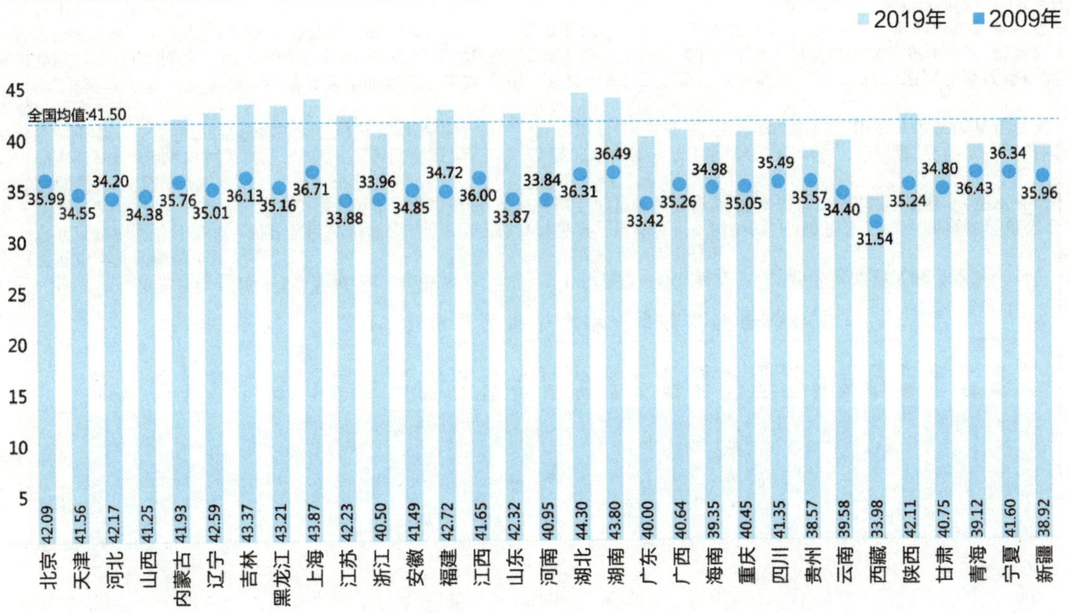

图 3.1c　各省区市高中学段专任教师平均年龄(2009 年和 2019 年对照)

2019 年高中教师的平均年龄为 41.50 周岁。相较 2009 年全国均值(34.80 周岁)增加 6.70 周岁。

分省区市来看,西部地区高中专任教师平均年龄普遍偏低。其中,西藏高中专任教师平均年龄全国最低,为 33.98 周岁。除西藏外,西部地区的贵州(38.57 周岁)、新疆(38.92 周岁)、青海(39.12 周岁)、云南(39.58 周岁)和东部地区的海南(39.35 周岁)这几个省区高中专任教师的平均年龄也较低,均不超过 40 周岁。

整体观察 2009 年与 2019 年高中教师平均年龄变化情况,可以看出,除西部地区的西藏(增幅最小,为 2.44 周岁)、贵州、青海和新疆四个省区外,其他各个省区市的高中专任教师平均年龄均有较明显的增幅。

* 数据来源:全国教师管理信息系统

数据说明:

教育部发展规划司,转引自曾晓东主编的《中国中小学教师发展报告(2012)》。

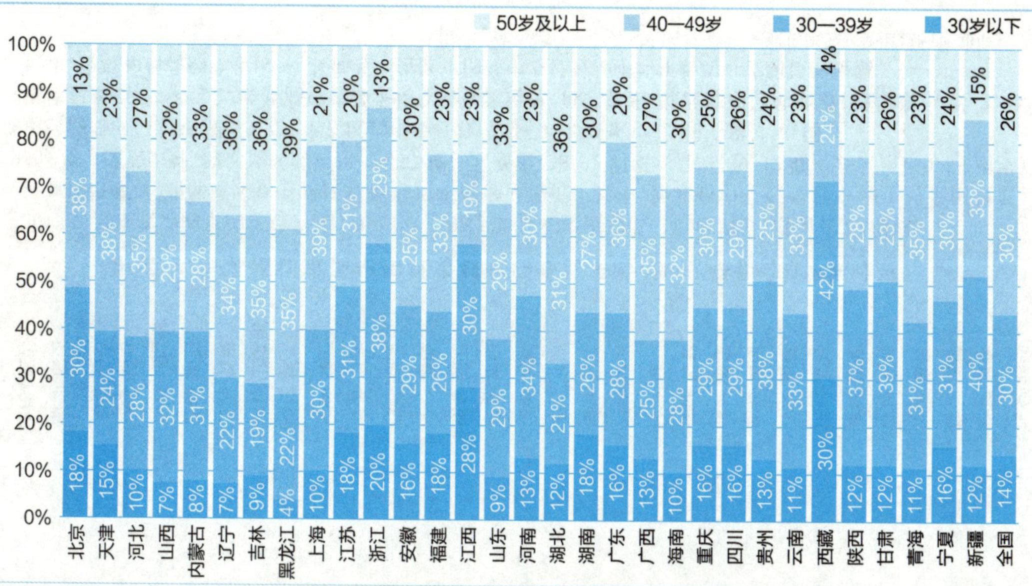

图 3.2a　2019 年各省区市小学学段专任教师年龄分布

2019 年我国小学专任教师以中年教师(30—49 周岁)为主,小学专任教师平均年龄在 30 至 49 岁之间的人数占比为 61%。30 岁以下的小学专任教师占比为 14%。

东北三省小学专任教师老龄化程度较明显,39 周岁以下的教师数量占比均低于全国均值,且 50 周岁及以上的教师数量偏多,占比均超过 35%。北京、江苏、浙江、广东、西藏以及新疆 50 周岁及以上的教师数量较少,均未超过 20%,其中西藏 50 周岁及以上的教师数量最少,仅占 4%。

西藏的青年教师(30 周岁以下)占比也是全国最高,为 30%,江西的青年教师占比也较高,为 28%。除西藏、江西之外,其他各省区市的小学专任教师中,青年教师的数量占比均未超过 20%,其中,山西、内蒙古、辽宁、吉林、黑龙江、山东 6 个省区青年教师占比都未超过 10%。

中、东部地区 30—39 周岁小学专任教师的数量占比超过 30%的有山西、江苏、浙江以及河南这 4 个省份,而西部地区除广西、重庆和四川外其他省区市 30—39 周岁的小学教师占比均超过(或等于)31%,且西部地区大部分省区市的教师在 30—39 周岁这个年龄阶段的数量占比均高于其他年龄阶段。中、东部地区 16 个省市中,北京、天津、上海等 9 个省份 40—49 岁的小学教师数量占比均高于其他年龄阶段。

＊数据来源:全国教师管理信息系统

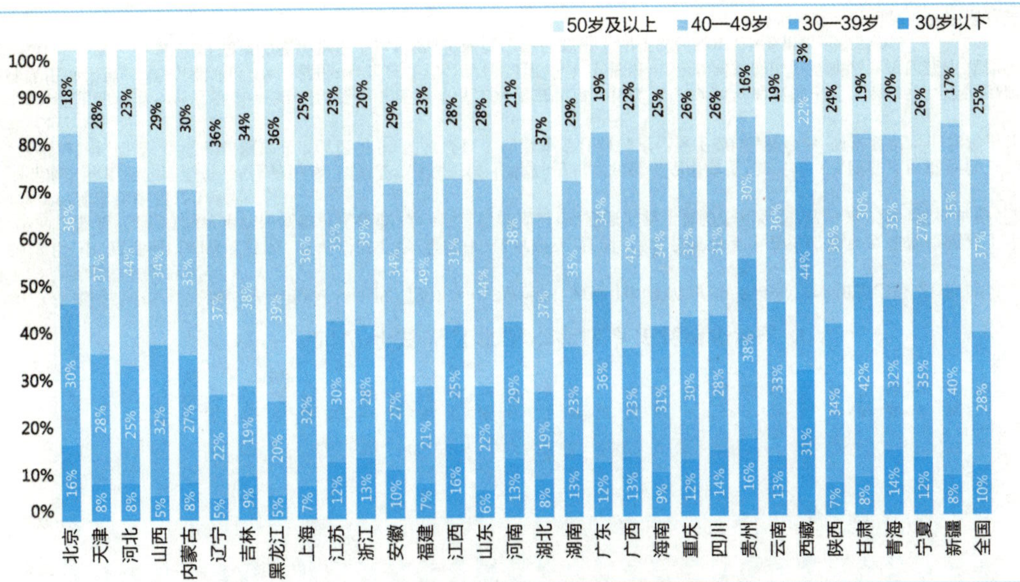

图 3.2b　2019 年各省区市初中学段专任教师年龄分布

2019 年我国初中专任教师以中年教师(30—49 周岁)为主,初中专任教师平均年龄在 30 至 49 岁之间的人数占比为 65%。30 岁以下的初中专任教师占比为 10%。

湖北 50 周岁及以上的初中教师数量占比最高,为 37%。东北三省以及内蒙古 50 周岁及以上的教师数量占比也较高,均超过(或等于)30%。西部地区中贵州、云南、西藏、甘肃、新疆以及东部地区的北京、广东 50 周岁及以上的初中专任教师数量占比较低,均未超过 20%,其中西藏 50 周岁及以上的教师比例最少,仅占 3%。

青年教师(30 周岁以下)占比中,西藏(31%)是全国最高的,除西藏外其他各省区市的青年教师的数量占比均低于(或等于)16%,全国共有 15 个省区市的青年教师数量占比低于全国均值(10%),其中,山西、辽宁和黑龙江三个省份的青年教师数量占比较低,均为 5%。

中、东部地区 30—39 周岁初中专任教师的数量占比超过全国均值(28%)的有北京、山西、上海、江苏、河南、广东和海南这 7 个省份。西部地区除四川、内蒙古、重庆、广西外,其他省份 30—39 周岁的初中专任教师占比均超过(或等于)32%。全国除湖北、广东、贵州、西藏、甘肃、宁夏、新疆外,其他省份 40—49 周岁的初中专任教师数量占比均高于其他年龄阶段。

＊数据来源:全国教师管理信息系统

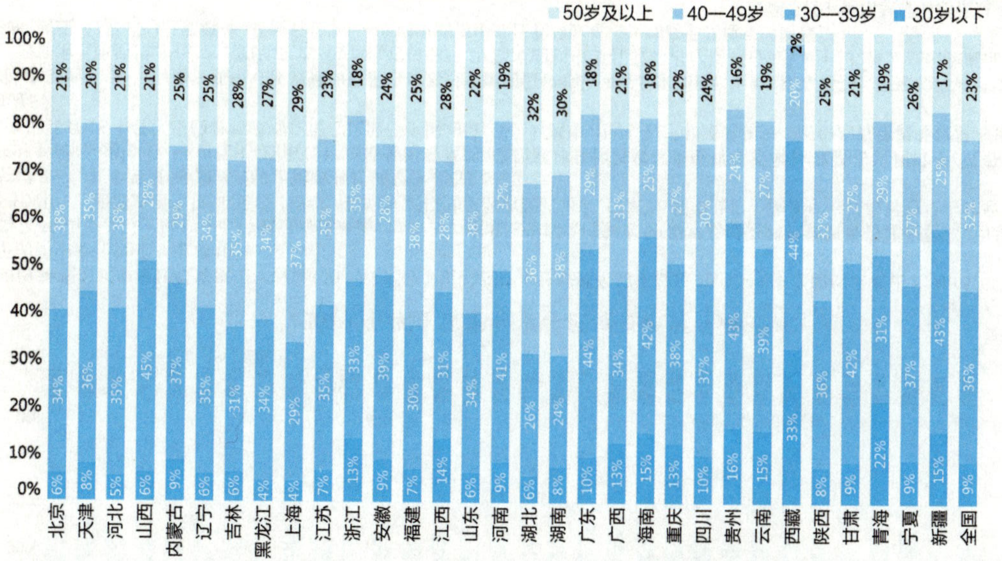

图 3.2c 2019 年各省区市高中学段专任教师年龄分布

2019 年我国高中专任教师以中年教师(30—49 周岁)为主,高中专任教师平均年龄在 30 至 49 岁之间的人数占比为 68%。30 岁以下的青年教师占比为 9%。

2019 年,中、东部地区的青年教师(30 周岁以下)数量较少,仅有浙江、江西、广东和海南 4 个省份的青年教师占比超过了全国均值(9%)。黑龙江、上海的青年专任教师占比较低,为 4%。西部地区中,西藏的青年教师占比全国最高,为 33%,其他省份(除青海外)青年教师占比未超过 16%。

中部地区除山西和河南外,其他省份 50 周岁及以上高中专任教师占比均超过了全国均值(23%)。东、西部地区的浙江、广东、海南、贵州、云南、西藏、青海和新疆这 8 个省区市 50 周岁及以上的高中专任教师占比低于 20%,西藏 50 周岁及以上的教师占比全国最低,仅有 2%。

上海、湖北和湖南 3 个省份 30—39 周岁高中专任教师占比未超过 30%,山西 30—39 周岁的教师占比达到 45%,接近山西高中教师队伍的半数。中、东部地区 16 个省份中,北京、河北、吉林、上海等 8 个省份 40—49 周岁的高中教师数量占比高于其他年龄阶段,另外 8 个省区市 30—39 周岁的教师数量占比最高,说明高中专任教师平均年龄与初中、小学相比更年轻化。

* 数据来源:全国教师管理信息系统

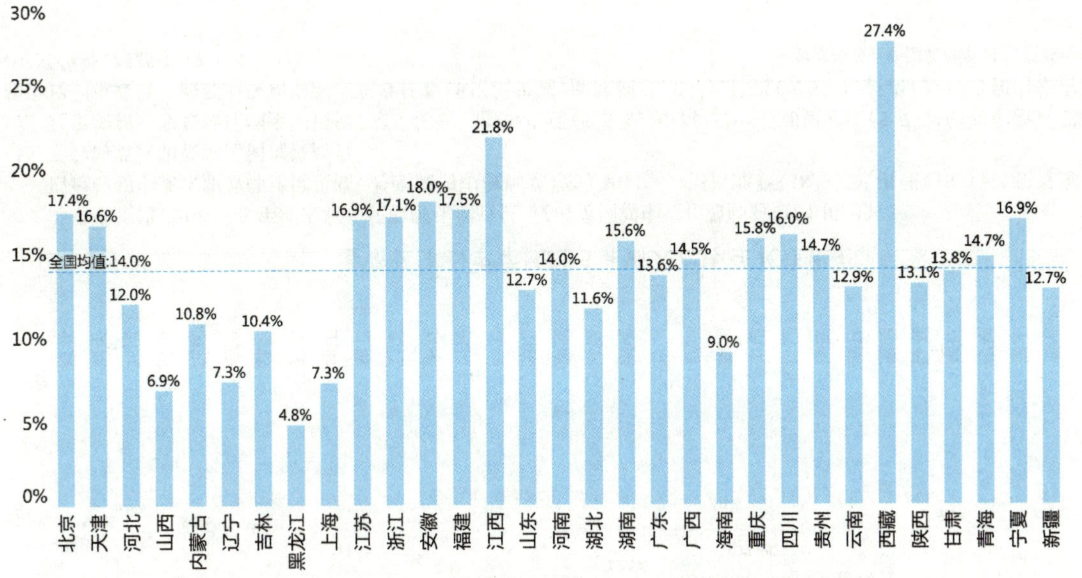

图 3.3a　各省区市小学学段近 5 年新入职专任教师比例

全国最近 5 年新入职小学专任教师数量占全体小学专任教师总数的 14.0%。

在全国各省区市中，西藏近 5 年来小学新入职教师比例最高，占西藏小学教师总数的 27.4%。此外，江西(21.8%)、安徽(18.0%)、福建(17.5%)、北京(17.4%)和浙江(17.1%)这 5 个省区市的新入职专任教师比例也较高。

黑龙江近 5 年新入职专任教师比例为 4.8%，全国最低。此外，山西(6.9%)、辽宁(7.3%)、上海(7.3%)和海南(9.0%)这几个省区市新入职的小学教师比例也都较低。

＊数据来源：全国教师管理信息系统

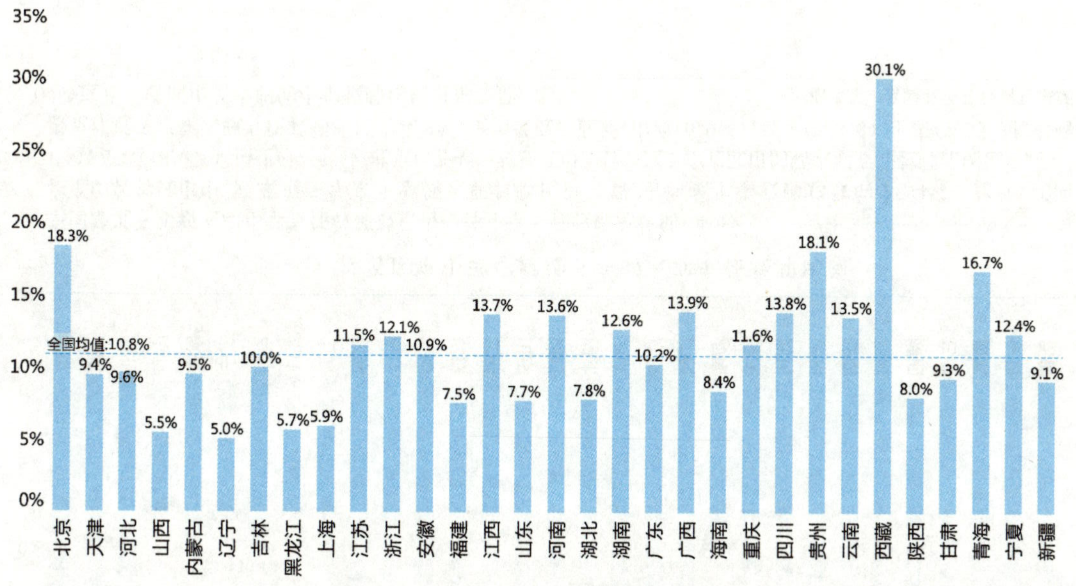

图 3.3b　各省区市初中学段近 5 年新入职专任教师比例

与小学相比，初中近 5 年新入职专任教师比例较低，仅占全国初中专任教师总数的 10.8%。

西藏的初中新入职教师比例最高，占西藏初中教师总数的 30.1%，此外，北京（18.3%）、贵州（18.1%）和青海（16.7%）的新入职教师比例也较高。

辽宁的新入职教师比例全国最低，为 5.0%。此外，山西（5.5%）、上海（5.9%）和黑龙江（5.7%）的初中新入职教师比例也较低。西部地区初中新入职专任教师比例较高，除陕西（8.0%）、甘肃（9.3%）、新疆（9.1%）和内蒙古（9.5%）外，都高于 12.0%。

＊数据来源：全国教师管理信息系统

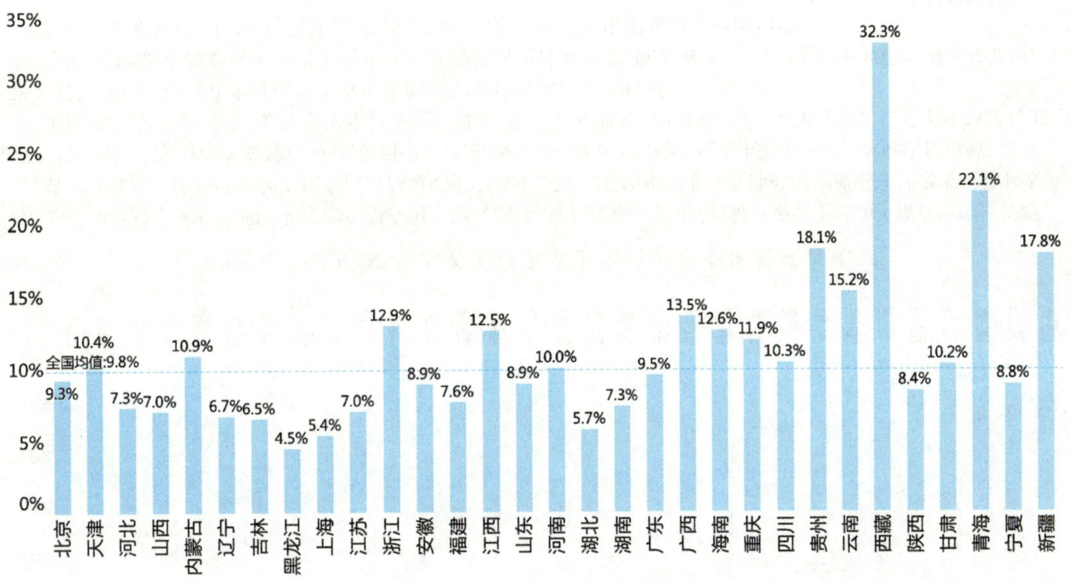

图 3.3c　各省区市高中学段近 5 年新入职专任教师比例

全国最近 5 年新入职普通高中专任教师占全体高中专任教师的 9.8%。西部地区略高于中部和东部地区。

在全国各省区市中，西藏近 5 年来高中新入职教师比例最高，占西藏高中教师总数的 32.3%。此外，同属西部地区的青海(22.1%)、贵州(18.1%)、新疆(17.8%)等地也远高于全国平均值。

最近 5 年新入职普通高中专任教师占全体高中专任教师比例最低的 5 个省份是：黑龙江(4.5%)、上海(5.4%)、湖北(5.7%)、吉林(6.5%)和辽宁(6.7%)。

＊数据来源：全国教师管理信息系统

指标图解：教师队伍空间稳定性

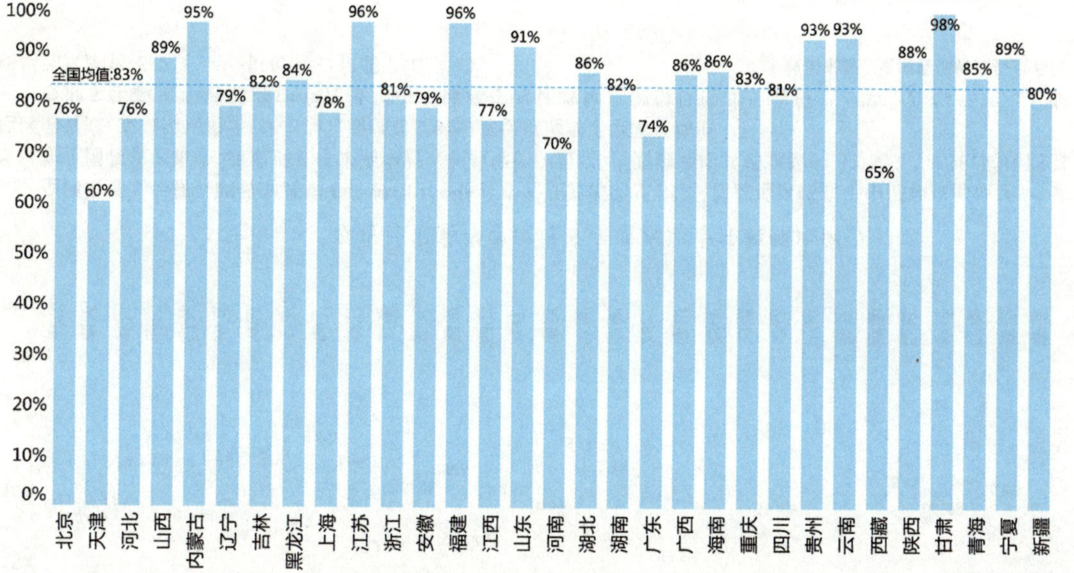

图 3.4a　2019 年各省区市本省出生的小学专任教师占比

2019 年全国小学专任教师中有 83%都在出生地入职，说明大部分小学专任教师从业者更倾向于留在出生地任教。

甘肃本省出生的小学教师占比全国最高，达到了 98%，只有 2%的小学专任教师的出生地不在甘肃省。除甘肃外，内蒙古(95%)、江苏(96%)、福建(96%)、贵州(93%)、云南(93%)这 5 个省份本地出生的小学专任教师占比也较高。

天津本地出生的小学教师占比全国最低，为 60%。除天津外，西藏(65%)、河南(70%)、广东(74%)、北京(76%)、河北(76%)这几个省区市本省出生的小学专任教师占比也较低。

分地区来看，西部地区本省出生的小学专任教师占比普遍较高，除西藏外均大于或等于 80%。中、东部地区的比例并无明显差异，其中山西、黑龙江、江苏、福建、山东、湖北、海南都超过了全国均值。

＊数据来源：全国教师管理信息系统

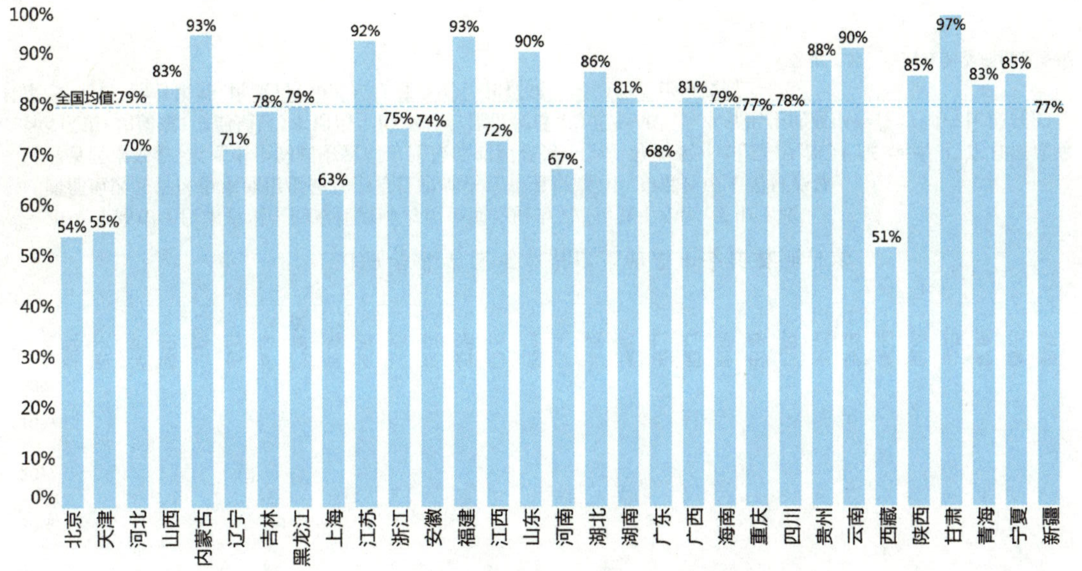

图 3.4b　2019 年各省区市本省出生的初中专任教师占比

2019 年我国本省出生的初中专任教师占比均值为 79%，比小学学段低 4%。

出生地为本省的初中专任教师占比最高和最低的两个省区市都在西部地区，分别是甘肃(97%)和西藏(51%)。除甘肃外，内蒙古、江苏、福建、山东和云南这 5 个省区市本地出生的初中专任教师占比也较高，均超过(或等于)90%。除西藏外，还有北京(54%)、天津(55%)、上海(63%)、河南(67%)和广东(68%)这 5 个省区市本地出生的初中专任教师占比较低。

整个西部地区出生地为本省的教师占比普遍较高，中、东部地区的比例差异不大。

＊数据来源：全国教师管理信息系统

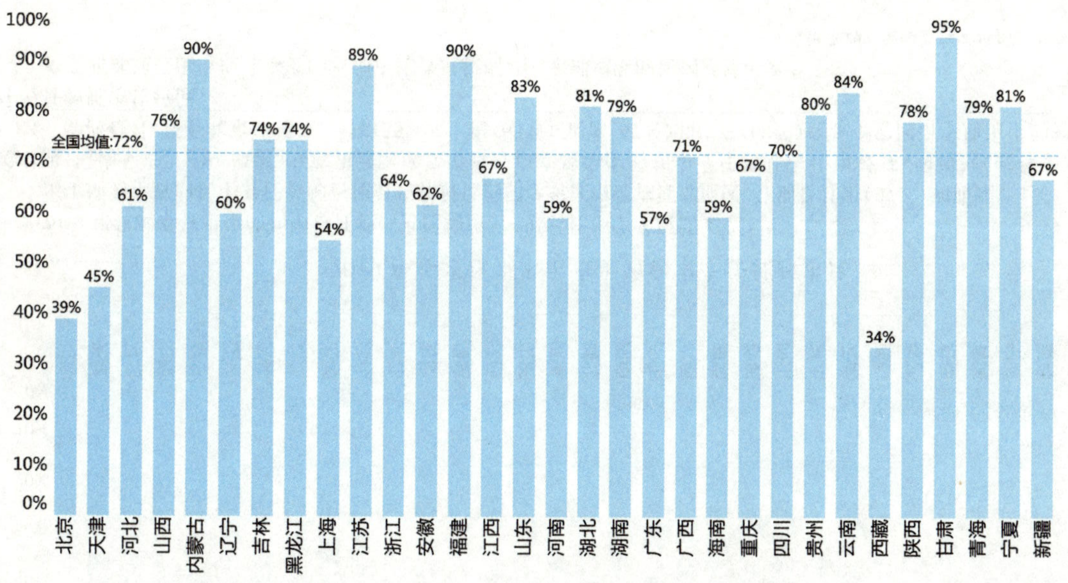

图 3.4c　2019 年各省区市本省出生的高中专任教师占比

2019 年高中学段本省出生的专任教师占比全国均值为 72%，低于小学、初中学段。

西部地区各省区市本地出生的高中专任教师占比普遍较高，中、东部地区无明显差异。

分省区市来看，本地出生的高中教师占比最低的西藏为 34%。除西藏外，北京、天津、上海、河南、广东和海南这 6 个省区市（均属东、中部地区）本地出生的教师占比也较低，均低于 60%。本省出生的高中专任教师占比最高的是甘肃（95%）。除甘肃外，内蒙古（90%）、江苏（89%）和福建（90%）的占比也较高。

＊数据来源：全国教师管理信息系统

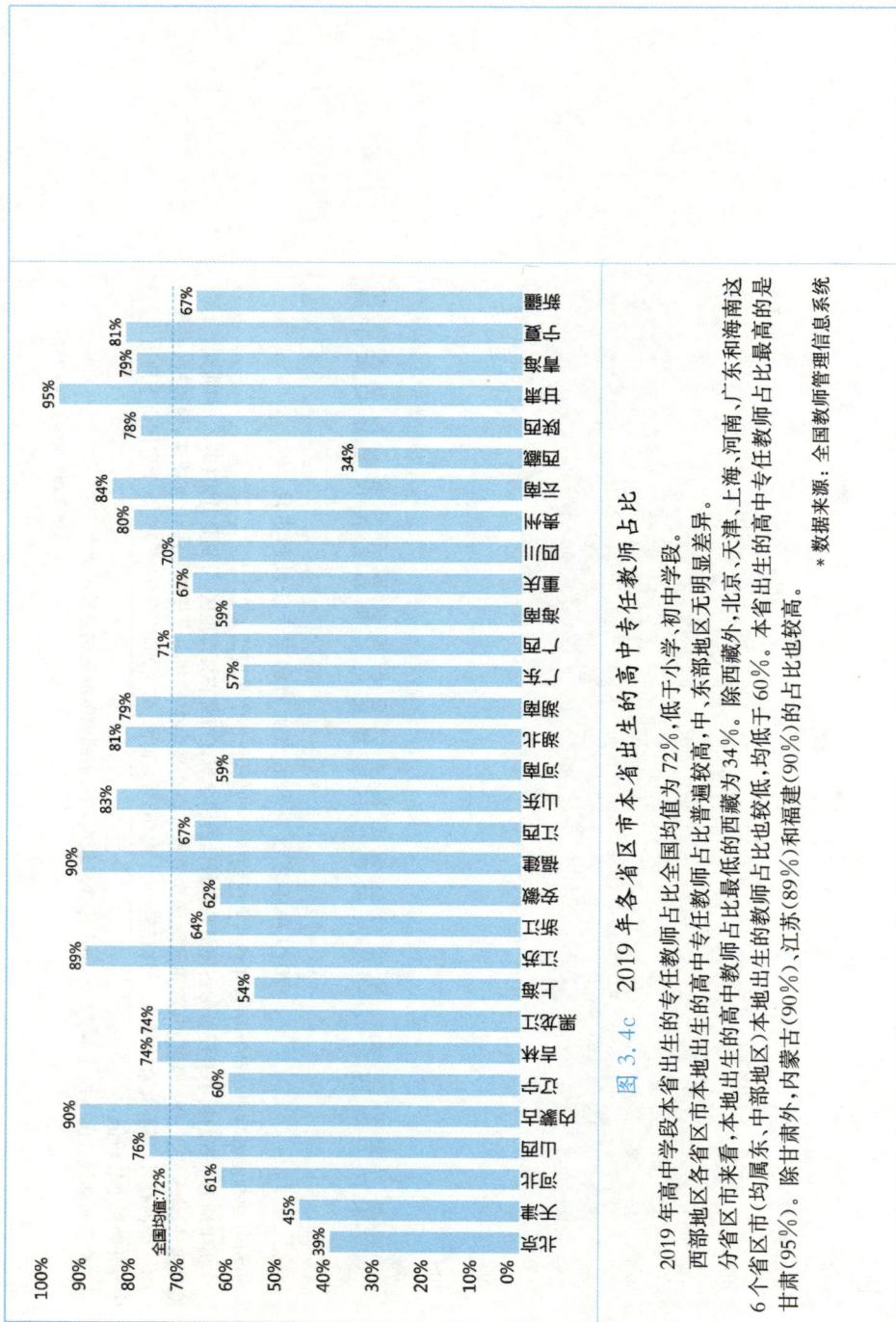

指标图解：教师队伍体制稳定性

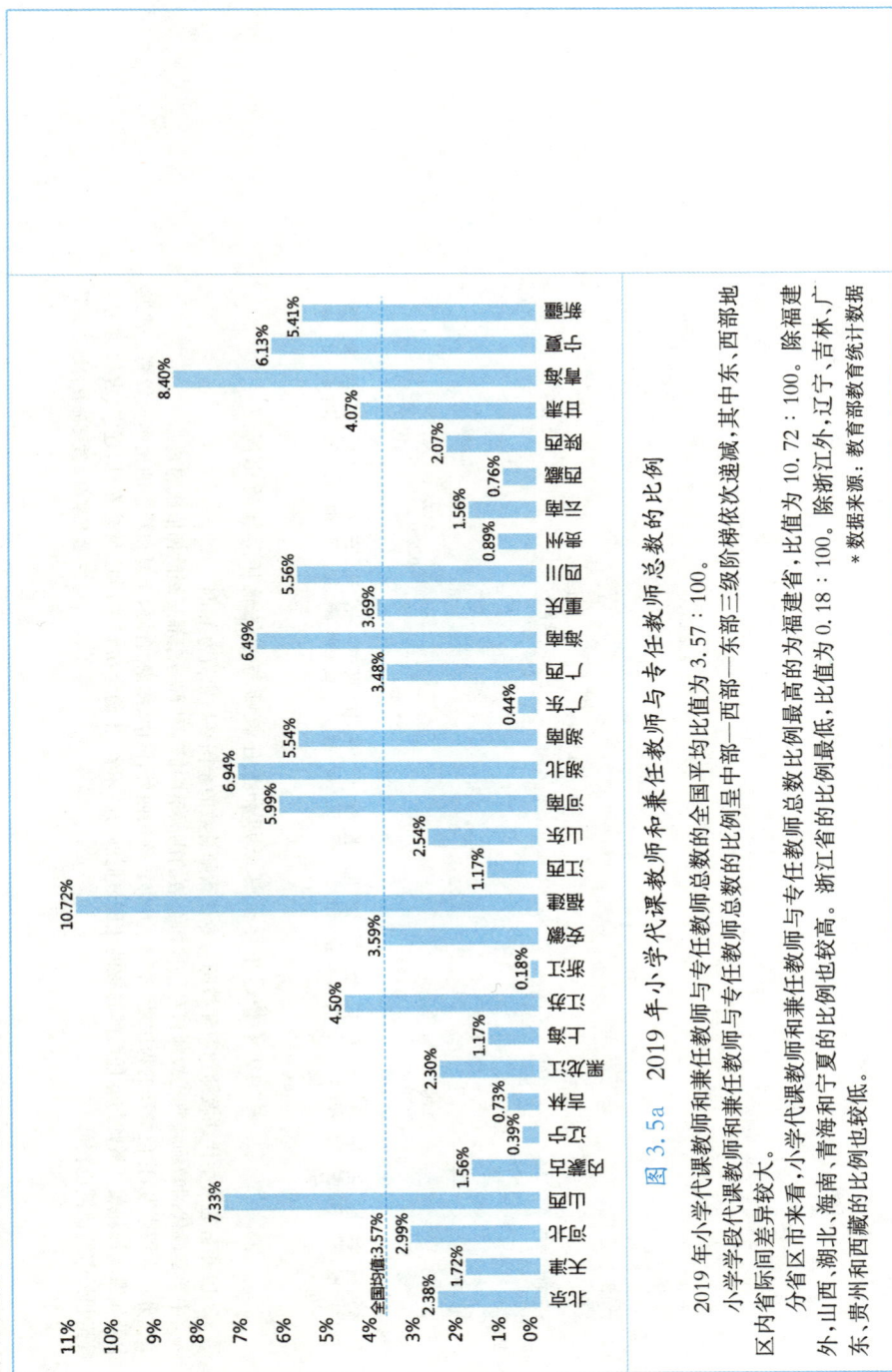

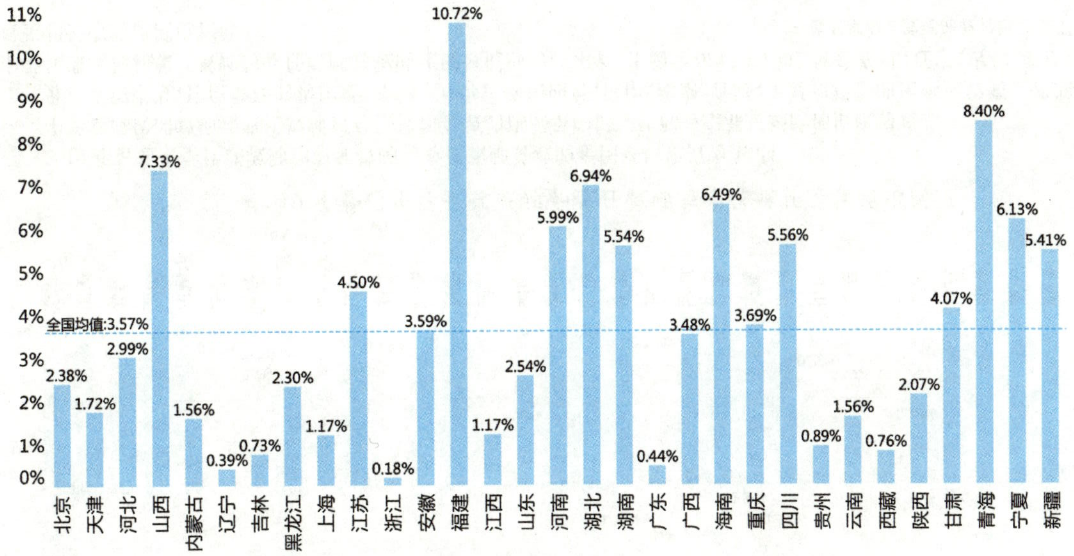

图 3.5a　2019 年小学代课教师和兼任教师与专任教师总数的比例

2019 年小学代课教师和兼任教师与专任教师总数的全国平均比值为 3.57∶100。

小学学段代课教师和兼任教师与专任教师总数的比例呈中部—西部—东部三级阶梯依次递减，其中东、西部地区内省际间差异较大。

分省区市来看，小学代课教师和兼任教师与专任教师总数比例最高的为福建省，比值为 10.72∶100。除福建外，山西、湖北、海南、青海和宁夏的比例也较高。浙江省的比例最低，比值为 0.18∶100。除浙江外，辽宁、吉林、广东、贵州和西藏的比例也较低。

＊数据来源：教育部教育统计数据

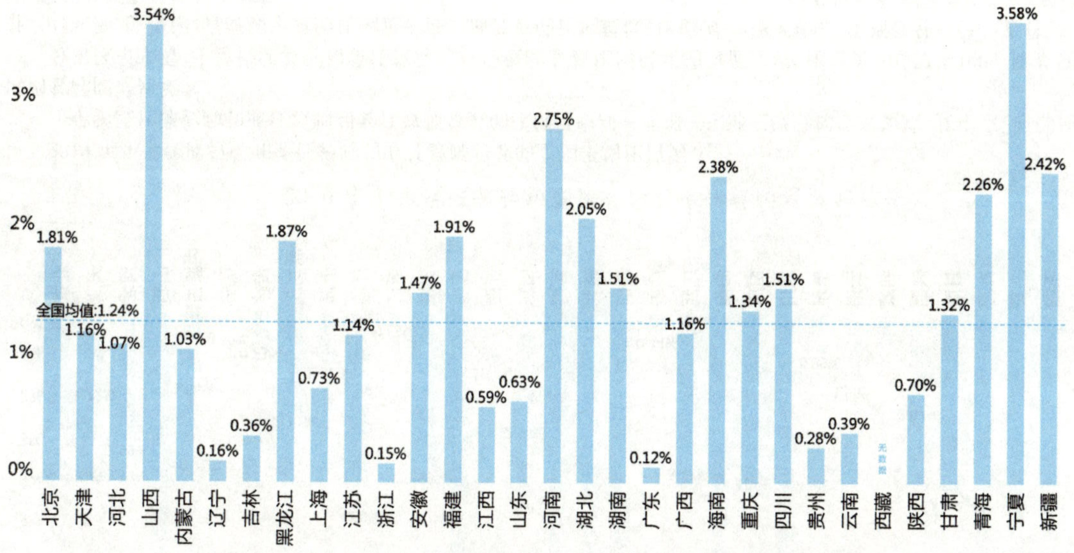

图 3.5b　2019 年普通中学代课教师和兼任教师与专任教师总数的比例

2019 年普通中学代课教师和兼任教师与专任教师总数的全国平均比值为 1.24∶100。

中学学段代课教师和兼任教师与专任教师总数的比例呈中部—西部—东部三级阶梯依次递减。

分省区市来看，比值最高的为宁夏(3.58∶100)。除山西外，河南、海南、青海、宁夏和新疆的比例也较高。普通中学代课教师和兼任教师与专任教师总数的比例最低的为广东省，比例为 0.12∶100。除广东外，辽宁、吉林、浙江、贵州和云南的比例也较低。

＊数据来源：教育部教育统计数据

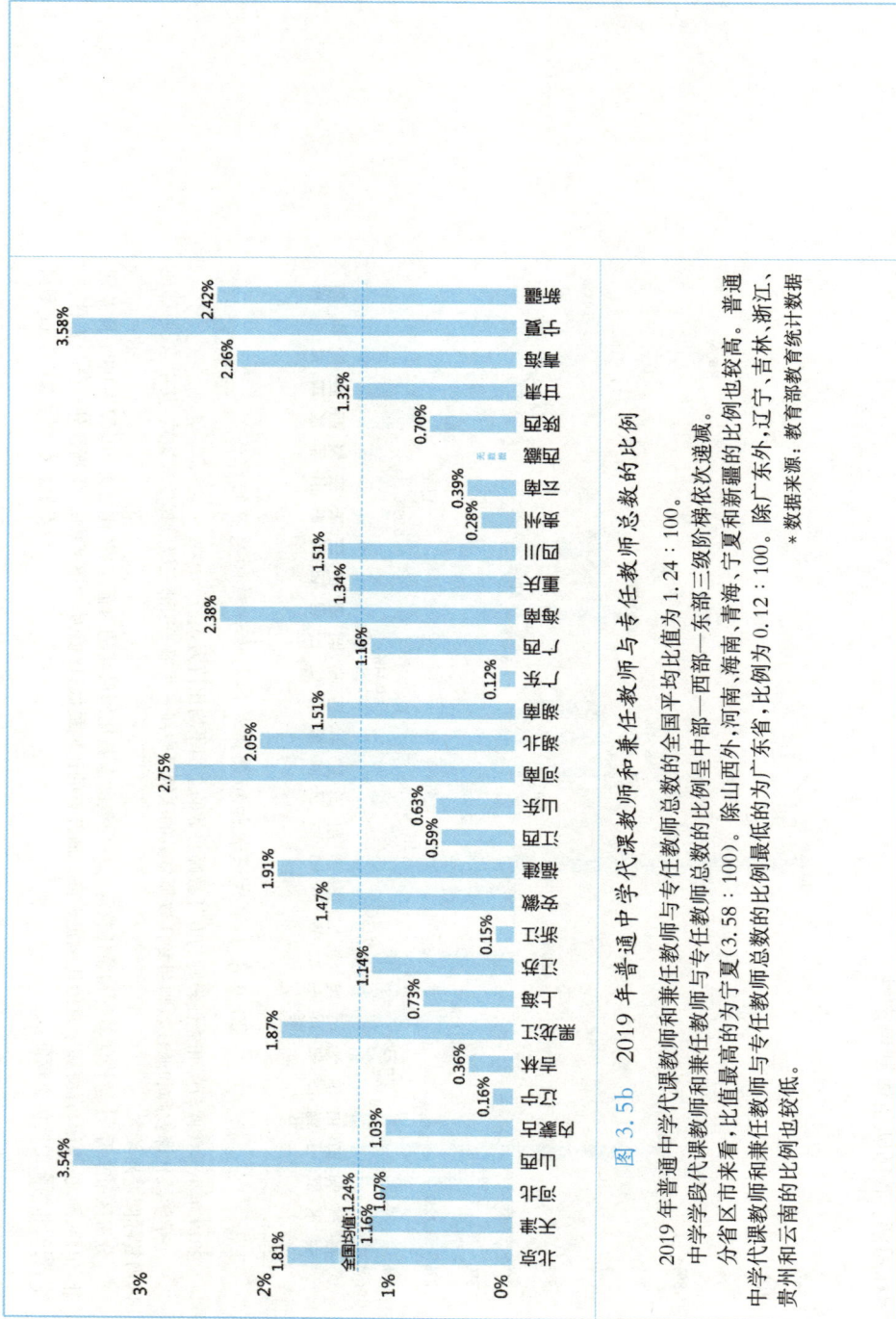

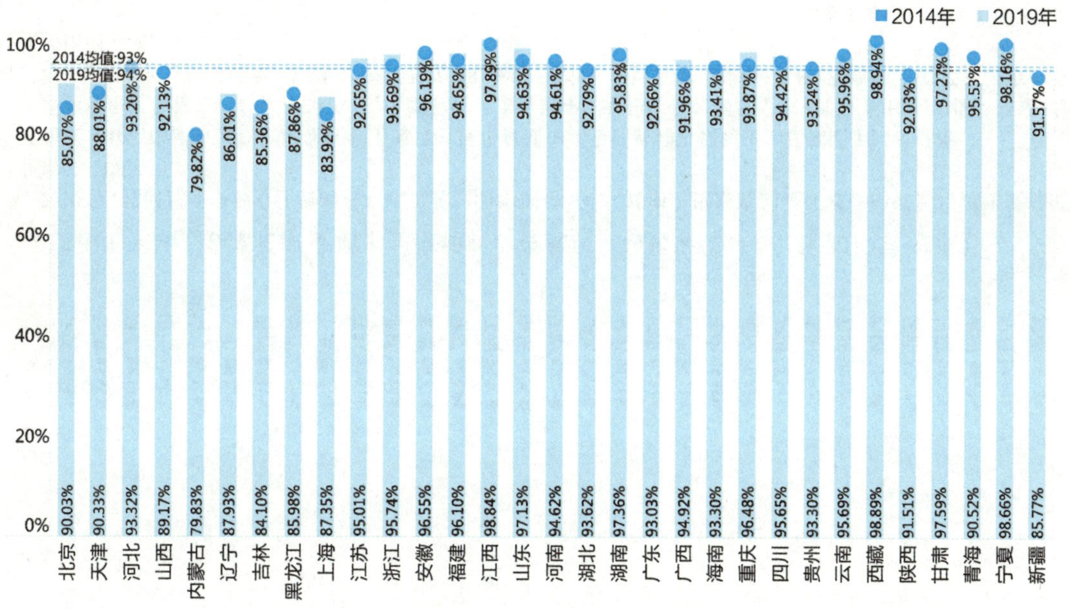

图 3.6a 各省区市小学学段专任教师占教职工的比例(2014 年和 2019 年对照)

2019 年，我国小学专任教师占教职工总数的比例为 94%，其中占比最高是西藏(98.89%)，占比最低的是内蒙古(79.83%)。

山西、内蒙古、辽宁、吉林、黑龙江、上海、新疆等省区市小学专任教师占教职工的比例低于国家标准。

从动态角度来看，2014 年至 2019 年，大多数省区市小学学段专任教师数量占教职工的比例保持稳定，全国平均值增加 1%(2014 年为 93%)。省区市间比较，北京涨幅最大，从 85.07%增长为 90.03%，说明北京的专任教师比重在增加；山西、吉林、黑龙江等 8 个省区市的专任教师比重均有不同程度的降低。

* 数据来源：教育部教育统计数据

政策依据：

在《人事部 教育部关于印发高等学校、义务教育学校、中等职业学校等教育事业单位岗位设置管理的三个指导意见的通知》(国人部发〔2007〕59 号)中对非教学岗位占教职工比例做出明确的规定，“普通小学教师岗位占岗位总量的比例一般不低于 90%，管理岗位、其他专业技术岗位和工勤技能岗位一般不超过 10%”；“普通初中教师岗位占岗位总量的比例一般不低于 85%，管理岗位、其他专业技术岗位和工勤技能岗位一般不超过 15%”；“普通高中教师岗位占学校岗位总量的比例一般不低于 85%，其他岗位原则上不超过 15%”。

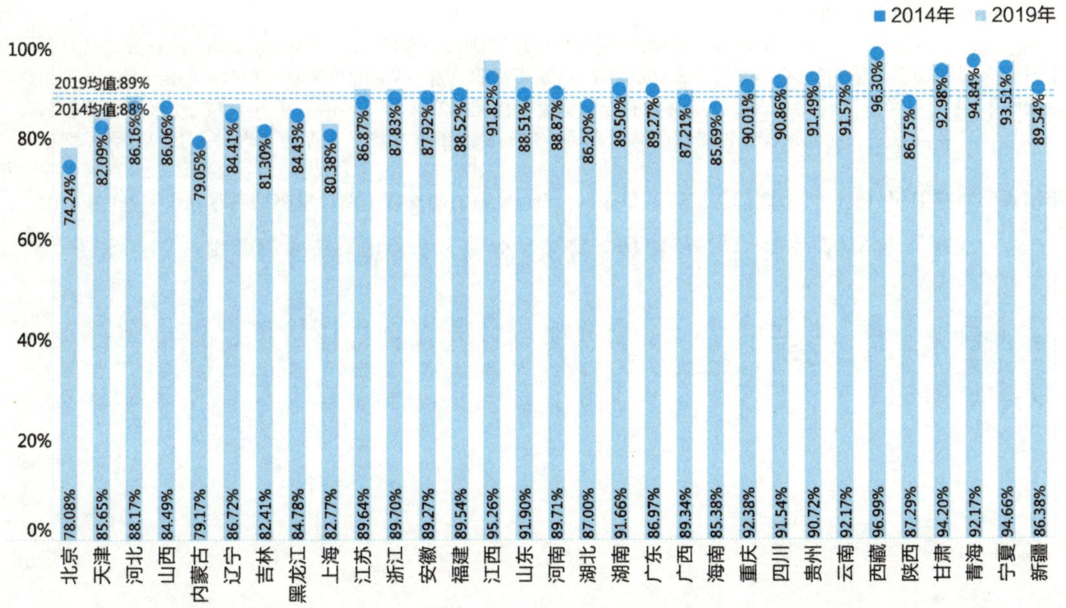

图 3.6b 各省区市普通中学专任教师占教职工的比例(2014 年和 2019 年对照)

2019 年,我国普通中学专任教师占教职工总数的比例是 89%,其中占比最高的是西藏(96.99%),占比最低的是北京(78.08%)。

北京、山西、内蒙古、吉林、黑龙江和上海等省区市普通中学专任教师占教职工的比例低于国家标准。

从动态角度来看,2014 年至 2019 年,大多数省区市普通中学学段专任教师数量占教职工的比例均保持稳定,分省区市来看,北京的涨幅最大,从 74.24%增长为 78.08%。同时,山西、广东、海南、贵州、青海和新疆等省区市的专任教师比例下降。

* 数据来源:教育部教育统计数据

政策依据:

在《人事部 教育部关于印发高等学校、义务教育学校、中等职业学校等教育事业单位岗位设置管理的三个指导意见的通知》(国人部发〔2007〕59 号)中对非教学岗位占教职工比例做出明确的规定,“普通小学教师岗位占岗位总量的比例一般不低于 90%,管理岗位、其他专业技术岗位和工勤技能岗位一般不超过 10%”;“普通初中教师岗位占岗位总量的比例一般不低于 85%,管理岗位、其他专业技术岗位和工勤技能岗位一般不超过 15%”;“普通高中教师岗位占学校岗位总量的比例一般不低于 85%,其他岗位原则上不超过 15%”。

第四章
教师队伍质量

中共中央、国务院发布的《关于全面深化新时代教师队伍建设改革的意见》提出，“到2035年，教师综合素质、专业化水平和创新能力大幅提升，培养造就数以百万计的骨干教师、数以十万计的卓越教师、数以万计的教育家型教师”。这一目标体现了教师队伍建设的质量导向。在以往受到数据有限条件制约的评价体系中，往往以教师队伍的平均学历水平来衡量教师队伍质量，但这不足以反映教师队伍质量的不同方面。多维度衡量教师队伍质量，需要对教师的资格、培养、能力素养、激励和评价体系有更全面的考察。教师的学历、教学经验、职称情况等客观的指标可以在一定层面上用来评估教师质量，除了从学历方面提高教师入职门槛外，还需注重已在职教师的教学、信息技术等能力的持续性培训以及县域间的教师交流轮岗比例的提高等方面的工作。

一、关于教师队伍质量的测量

（一）新时代推进教师队伍质量建设的工作要求简析

以习近平新时代中国特色社会主义思想为指导的教育重要论述将立德树人的成效作为检验学校一切工作的根本标准，把师德师风作为评价教师队伍素质的第一标准。要把这个“第一标准”落实在师德师风建设各项工作中，各级政府要主动适应教育现代化对教师队伍的新要求，着眼长远，立足当前，以提升教师教育质量为核心，推进教师教育创新、协调、绿色、开放、共享发展，从源头上加强教师队伍建设。

（1）关于师德师风建设。2019年，教育部等七部门印发了《关于加强和改进新时代师德师风建设的意见》的通知，其中建设目标提到“经过5年左右努力，基本建立起完备的师德师风建设制度体系和有效的师德师风建设长效机制。教师思想政治素质和职业道德水平全面提升，教师敬业立学、崇德尚美呈现新风貌”，通知要求全面加强教师队伍思想政治工作，大力提升教师职业道德素养，各地各校要把加强师德师风建设、弘扬尊师重教传统作为教师队伍建设的首要任务。

（2）关于教师教育。教师教育是教育事业的“工作母机”，是教师队伍的源头活水，有效的教师培养和培训可以帮助教师提升教学能力和综合素养。我国“国培计划”实施10年来，中央财政投入超过170亿元，培训教师超过1600万人次，全面提升了教师队伍工作能力。教育部等五部门关于印发《教师教育振兴行动计划（2018—2022年）》的通知中更是提到要创新教师教育模式，建设一批由地方政府统筹，教育、发展改革、财政、人力资源社会保障、编制等部门密切配合，高校与中小学协同开展教师培养培训、职前与职后相互衔接的教师教育改革实验区，带动区域教师教育综合改革，全面提升教师培养培训质量。

（二）教师队伍质量的测量

基于上述分析，本报告试图以师德师风、学历水平、教学经验、教师职称、信息技术应用能力、教师培训和师资均衡等指标来评价教师队伍质量。

（1）师德师风：师德师风建设是教师队伍建设的首要内容，也是近年来教师队伍建设的重点领域，本报告用师德师风合格率测量师德师风。

（2）学历水平：教师队伍学历水平采用平均受教育年限、本学段底线学历高一级达标率、乡村教师底线学历达标率和35岁及以下教师中研究生及以上学历的教师比例等具有一定区分度和不同政策指向性的多个指标进行描述。学历结构反映了教师的基本素质以及未来发展潜力，是衡量教师队伍水平的核心指标。

（3）教学经验：教学经验以教师教龄作为测量指标。

（4）教师职称：职称结构不仅反映教师队伍学识水平和胜任教育教学工作的能力层次，而且也是衡量学科层次和人才培养层次的重要参考。合理的职称结构对于教师激励和教师管理具有极其重要的意义。教师职称包含高级职称教师比例和中级及以上职称教师比例两个指标。

（5）信息技术应用能力：提升教师队伍的信息技术应用能力，是适应教育现代化发展的需要，是新时代教师队伍建设不可或缺的重要方面。信息技术应用能力分为“较弱”“一般”“良好”“熟练”“精通”这5个等级，将其分别赋值为20分、40

分、60 分、80 分、100 分，由此计算各地教师的信息技术应用能力平均分。

(6) 教师培训：教师培训是教育保障类和教育质量类指标，用于监测教师培训与教师质量提升情况。当前，教师培训用本学段专任教师自行填报的每年接受培训的平均学时来测量。

(7) 师资均衡：师资均衡测量指各省区市专任教师中进行过县域交流的人数占各省区市专任教师总数的比例，这一指标反映各地区促进师资配置均衡的制度保障。

（三）测算数据来源

鉴于教师队伍质量测量的难度，各项指标的测算数据基于多源异构数据，经数据清洗和口径统一，多维度地评价各地区教师队伍质量。其中，教师学历水平和教师职称等部分指标数据来自教育部教育事业发展统计数据，教师队伍师德师风、教学经验、信息技术应用能力、教师培训和师资均衡等指标数据来自全国教师管理信息系统数据库。

二、基于指标分析的研究发现

（一）主要结论

通过对中小学师德师风、学历水平、教学经验、教师职称、信息技术应用能力、教师培训和师资均衡等指标的测量分析，从不同视角评价教师队伍质量，数据分析结果表明：

(1) 全国中小学教师师德考核合格率达到了 99.5%以上，实现师德考核无死角。

(2) 义务教育阶段教师队伍平均受教育年限超过 15 年，普通高中教师平均受教育年限超过 16 年，意味着义务教育阶段教师队伍平均学历达到专科以上，普通高中教师队伍平均学历达到本科以上。

(3) 35 岁以下的中小学教师中，拥有研究生及以上学历的人数较少，说明高学历拥有者对教师行业或者中小学学段的教师职业并没有很高的积极性。在地区表现上，北京地区教师学历水平最高，远超其他地区。

(4) 中小学教师平均教龄达到 20 年左右，意味着我国教师队伍拥有丰富的教学经验。

(5) 初级及以下职称教师比例和高级职称教师比例这两个指标在省际间存在较大的差异，且职称结构分布的省际差异与教师队伍年龄结构无关，这说明各地区教师职称考核方案不尽相同，且对于职称政策的运用和职称结构的配置逻辑迥异。

(6) 全国中小学教师的信息技术应用能力得分均值较低，在一定程度上反映了我国中小学教师队伍的信息技术应用能力还需要进一步提升。

(7) 全国中小学教师的年均培训学时在学段之间几乎没有差异，在一定程度上反映了各学校教师培训的方式由政府部门统一安排，并且已成为相关部门的一项常规工作，但也要警惕较小的差异度是否也是该项工作流于形式的一种表现。

(8) 中小学教师交流轮岗比例在10%左右，各地区教师轮岗比例分布差异明显，呈西部—中部—东部依次递减。

(二) 主要指标分析

1. 师德师风

2019年，我国小学、初中和普通高中专任教师的师德考核合格率分别为99.90%、99.90%和99.91%。其中，北京、吉林的普通高中专任教师师德考核合格率达到了100%。全国范围内基本实现了师德考核全覆盖。

注：关于师德师风的数据可视化分析详见图4.1。

2. 学历水平

2019年，我国小学、初中和普通高中专任教师平均受教育年限分别为15.37年、15.88年和16.29年，均超过2009年《中华人民共和国教师法》规定的教师招聘学历标准。在地区表现上，北京、天津和江浙沪等地区中小学专任教师的平均受教育年限相对较高，而中西部地区的中小学专任教师平均受教育年限则较低。

中小学教师学历达标率接近全部合格，且专任教师学历呈不断上升态势。仅以学历最低的乡村地区学校而言，小学、初中乡村教师学历达标率就分别高达100%、98%，初中部分乡村地区的教师学历达标率还有一定的提升空间。

高一级学历教师比例在各学段之间差异较为明显，小学(专科及以上学历)和初中(本科及以上学历)高一级学历教师比例分别达到了97%和87%，而普通高中(硕士研究生及以上)高一级学历教师比例则明显低于小学和初中，仅为11%。此外，在小学教师中高于学历标准二级，即本科及以上教师占比达到63%。

小学、初中和普通高中35岁及以下专任教师中具有研究生及以上学历的比例分别为2.4%、7.1%和18.3%，说明即使是年轻教师队伍，小学和初中能够持有研究生及以上学历的教师也只占少数。在地区表现上，北京中小学35岁及以下专任教师队伍中具有研究生及以上学历的教师比例最高，小学、初中和普通高中的比例分别是16.7%、45.7%和63.2%，而西部地区35岁及以下中小学教师中具有研究生及以上学历的教师比例普遍较低。

注：关于学历水平的数据可视化分析详见图4.2a至图4.5c。

3. 教学经验

2019年，我国小学、初中和普通高中专任教师的平均教龄分别为20.50年、20.24年和18.59年。各地区分布情况基本呈现由东北—中部—东部—西部依次递减的四级阶梯。东北三省中小学教师的平均教龄较高，西藏较低，说明西藏的教师队伍整体年龄结构与其他地区相比更加年轻化。

分学段看，小学专任教师平均教龄最高的是黑龙江，最低的是西藏；初中专任教师平均教龄最高的是湖北，最低的是西藏；普通高中学段专任教师平均教龄最高的是湖北，最低的是西藏。

注：关于教学经验的数据可视化分析详见图4.6a至图4.6c。

4. 教师职称

小学、初中和普通高中专任教师队伍中拥有高级职称的教师比例分别为7.2%、19.9%和27.9%。其中，山西省小学专任教师队伍中拥有高级职称的教师比例最低，为1.8%，福建、广东和上海等6个地区的小学拥有高级职称的教师比例也低于4%；西藏地区初中专任教师队伍中拥有高级职称的教师比例最低，为8.8%，除西藏外，山西、上海和广东等8个地区初中专任教师队伍中拥有高级职称的教师比例也较低，均未超过15%；普通高中专任教师队伍中拥有高级职称的教师比例高于小学和初中，西藏最低，为14.6%，新疆、广西、山东和山西等地区专任教师队伍中拥有高级职称的教师比例也较低，为20%左右。

小学、初中和普通高中专任教师队伍中拥有初级及以下职称的教师比例分别为51.4%、39.5%和35.5%。中部地区小学专任教师中拥有初级及以下职称的教师比例较高，西部地区初中和普通高中专任教师中拥有初级及以下职称的教师比例较高。其中，新疆中小学专任教师中拥有初级及以下职称的教师比例最高，小学、初中和普通高中分别为69.4%、58.8%和58.2%；除新疆外，山西、河南、陕西和甘肃等地区的中小学专任教师队伍中拥有初级及以下职称的教师比例也比较高。

注：关于教师职称的数据可视化分析详见图4.7a至图4.8c。

5. 信息技术应用能力

2019年，我国小学、初中和普通高中专任教师的信息技术应用能力分别为68.17分、70.73分和73.94分。东部地区的中小学专任教师信息技术应用能力普遍高于中西部地区。其中，北京中小学教师的信息技术应用能力最强，小学、初中和普通高中分别为88.63分、90.46分和91.67分，远超其他地区的中小学教师信息技术应用能力得分；新疆中小学教师信息技术应用能力得分最低，其中小学教师信息技术应用能力亟待加强。

注：关于信息技术应用能力的数据可视化分析详见图4.9a至图4.9c。

6. 教师培训

我国中小学专任教师的年均培训学时在学段之间几乎没有差异，小学、初中和普通高中专任教师的年均培训学时分别为63.6小时、67.2小时和67.3小时。地区间差异较为明显，天津、新疆和上海的中小学专任教师培训学时高于其他地区，尤其是天津，中小学教师平均年培训学时超过200小时，远高于其他地区；广东中小学专任教师培训学时全国最短，各学段年均培训学时均未超过35小时。

注：关于教师培训的数据可视化分析详见图4.10a至图4.10c。

7. 师资均衡

2019年，我国小学、初中和普通高中专任教师的交流轮岗比例分别是12.3%、11.1%和8.1%。当前，我国中小学专任教师轮岗交流比例仍然偏低，需要进一步加强教师轮岗，缩小校际差异，提升整体教育质量。中西部地区的中小学专任教师交流轮岗比例普遍高于东部地区，东部地区的北京和上海中小学专任教师交流轮岗比例位居全国最后。

注：关于师资均衡的数据可视化分析详见图4.11a至图4.11c。

指标图解：师德师风

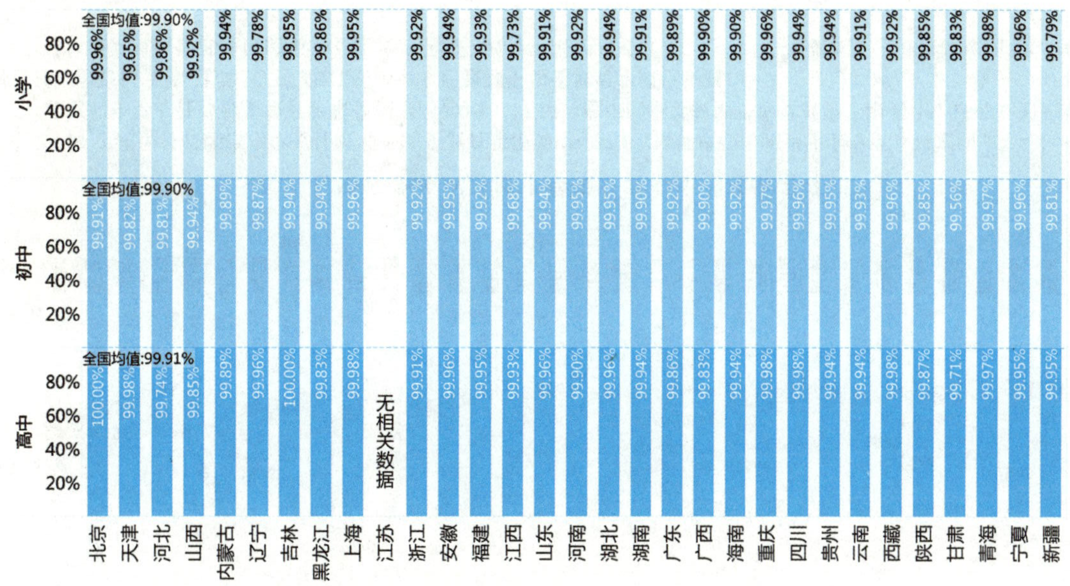

图 4.1　2019 年各省区市中小学师德考核合格教师比例

2019 年各省区市中小学专任教师师德考核合格率分别为小学 99.90%、初中 99.90%、高中 99.91%。

除江苏（无相关数据）外，各省区市的小学、初中教师师德考核合格教师比例均达到 99.50%以上。北京、吉林的高中教师师德考核合格率达到了 100%。全国范围内基本实现了师德考核全覆盖。

＊数据来源：全国教师管理信息系统

政策依据：

教育部等七部门印发《关于加强和改进新时代师德师风建设的意见》（教师〔2019〕10 号）；《新时代中小学教师职业行为十项准则》（教师〔2018〕16 号）。

指标图解：学历水平

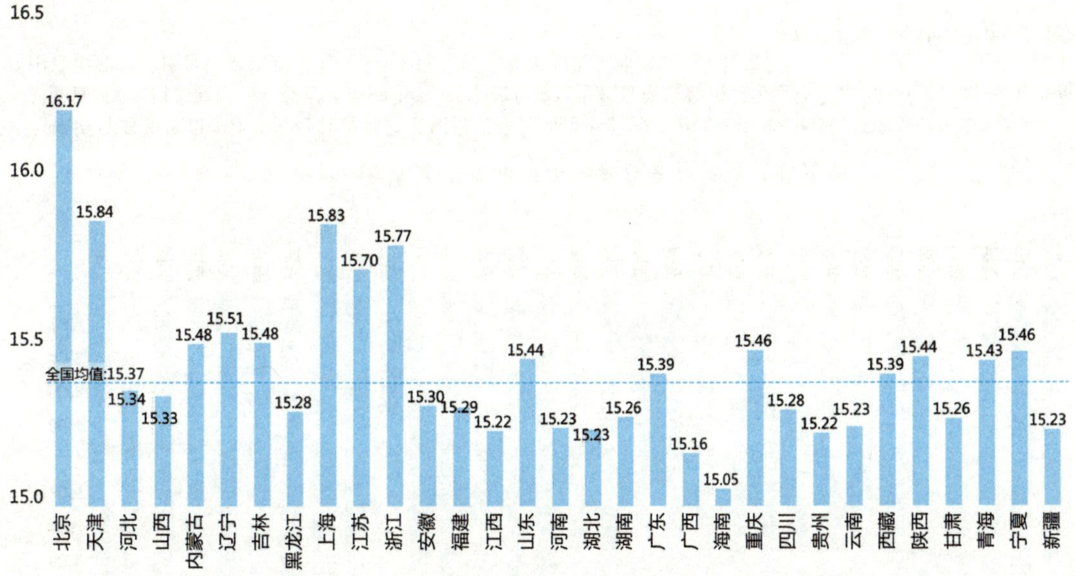

图 4.2a　2019 年各省区市小学专任教师平均受教育年限

2019 年我国各省区市小学专任教师平均受教育年限为 15.37 年，换算成学历相当于大专至本科之间。

北京的小学专任教师受教育年限全国最高，为 16.17 年。海南的小学教师平均受教育年限为 15.05 年，全国最低。除北京外，天津、上海、江苏、浙江的小学专任教师平均受教育年限也较高。

整体上，中部、西部地区的小学专任教师平均受教育年限相对较低。

* 数据来源：全国教师管理信息系统

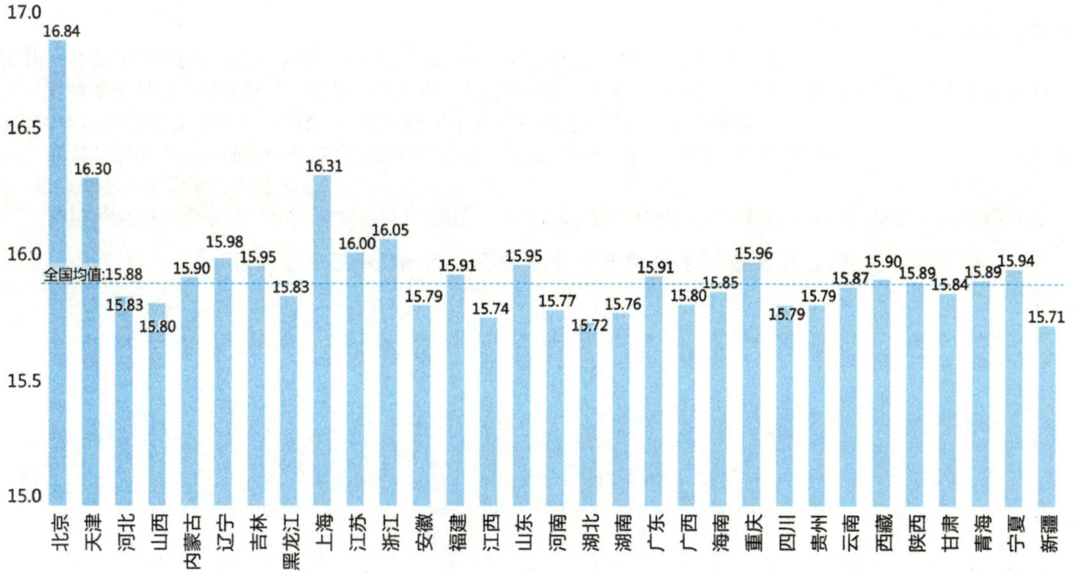

图 4.2b　2019 年各省区市初中专任教师平均受教育年限

2019 年全国平均的初中专任教师受教育年限为 15.88 年，换算成学历相当于大专至本科之间，更接近于本科。

北京初中专任教师受教育年限全国最高，为 16.84 年。新疆初中专任教师平均受教育年限为 15.71 年，全国最低。除北京外，天津、上海、江苏和浙江 4 个省区市初中专任教师受教育年限也较高，均超过(或等于)16 年。

整体上，中西部地区的初中专任教师平均受教育年限相对较低，整个中部地区以及西部地区的广西、四川、贵州、甘肃、新疆等地初中专任教师平均受教育年限在全国均值以下。

*数据来源：全国教师管理信息系统

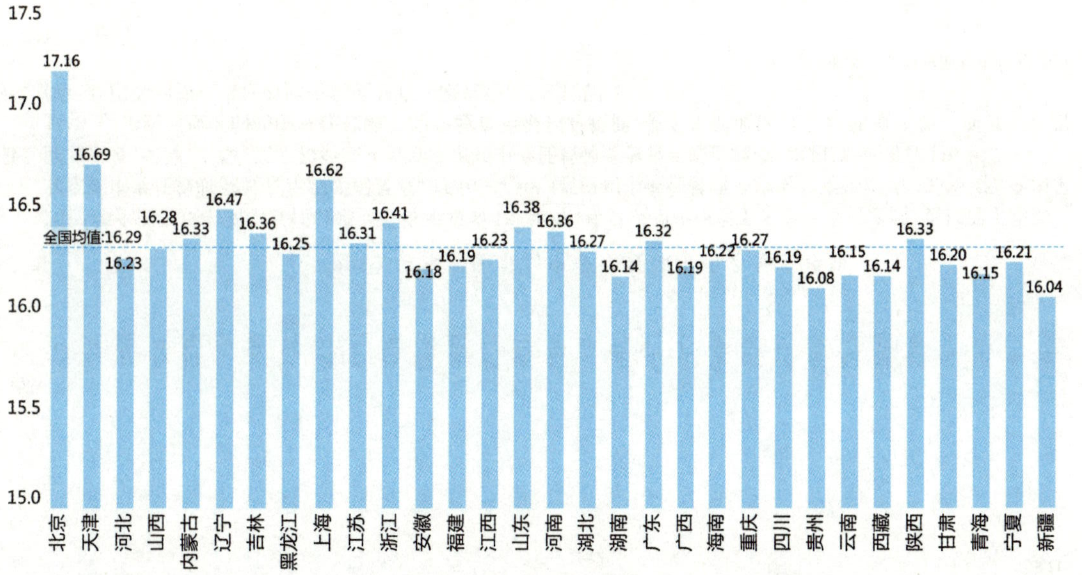

图 4.2c　2019 年各省区市高中专任教师平均受教育年限

2019 年我国高中专任教师的平均受教育年限为 16.29 年，且所有省市的高中教师平均受教育年限均超过了 16 年，换算成学历均达到了本科水平。

北京的高中专任教师平均受教育年限全国最高，为 17.16 年。除北京外，天津（16.69 年）、辽宁（16.47 年）、上海（16.62 年）和浙江（16.41 年）这 4 个省区市高中专任教师平均受教育年限也较高。

新疆高中教师平均受教育年限为 16.04 年，为全国最低。整体上，中部、西部地区高中专任教师平均受教育年限相对较低，除新疆外，贵州、西藏、湖南、青海的高中专任教师平均受教育年限也较低。

* 数据来源：全国教师管理信息系统

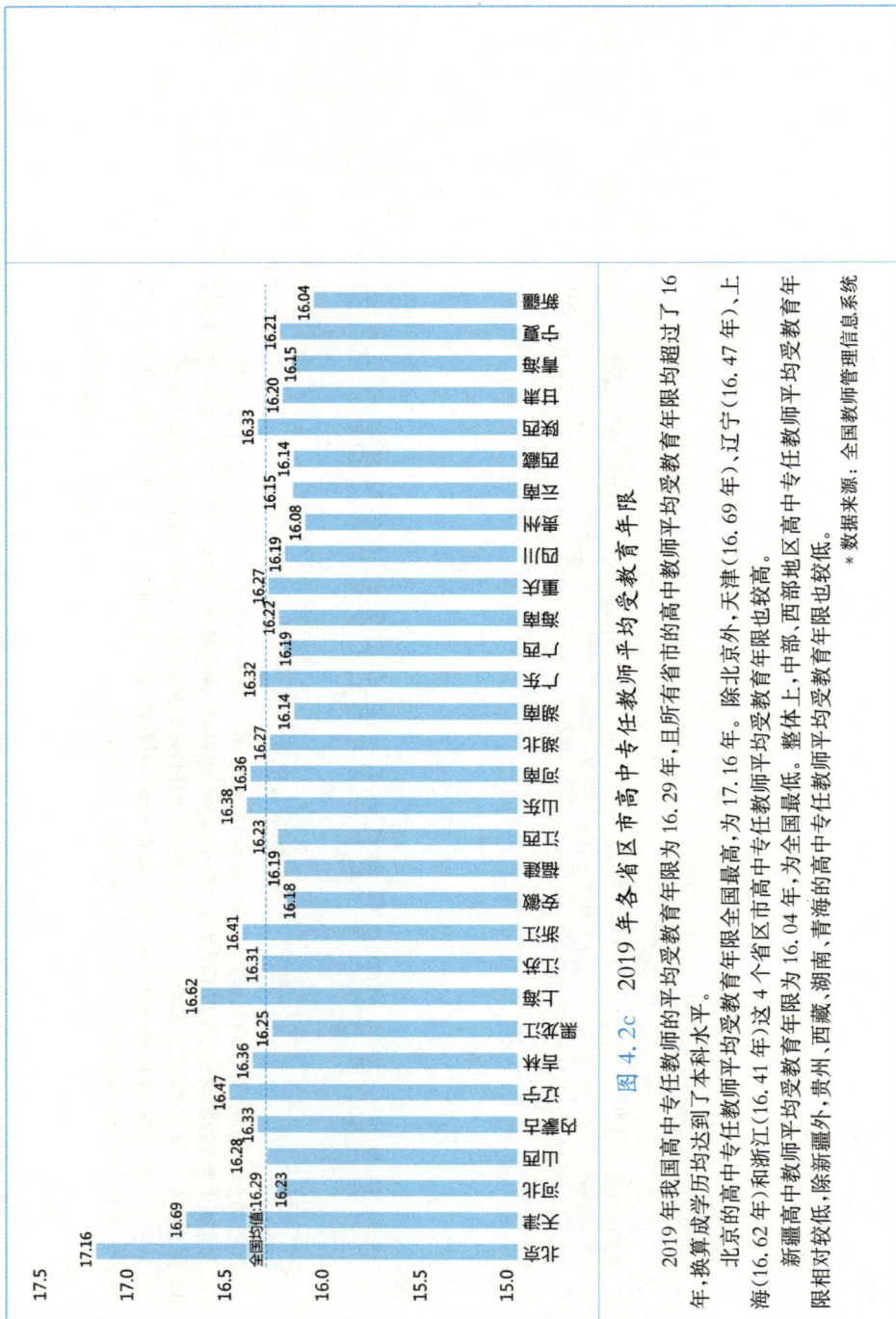

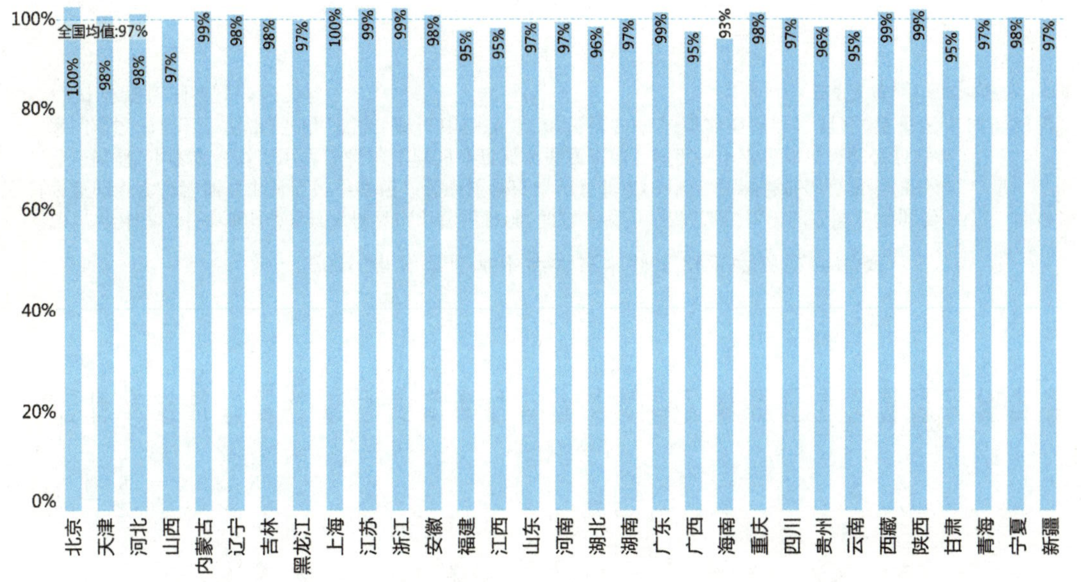

图 4.3a　2019 年各省区市小学学段高一级学历教师比例

2019 年小学高一级学历教师比例全国平均值为 97%。随着高等教育的普及，小学教师的学历层次有所提高，已普遍高于底线学历标准。

分省区市来看，小学高一级学历教师比例的分布基本呈现由东部—东北—西部—中部依次递减的四级阶梯。

在东部地区，北京、上海的比例全国最高，为 100%。但是，福建、海南的比例低于全国均值，分别为 95%、93%。西部地区的比例内部差异比较大，其中内蒙古、西藏和陕西最高，均为 99%；而广西、云南和甘肃的比例较低，均为 95%。

＊数据来源：国家统计局

政策依据：

《中华人民共和国教师法》(2009 年修订)第三章、第十一条规定：取得小学教师资格，应当具备中等师范学校毕业及其以上学历；取得初级中学教师资格，应当具备高等师范专科学校或者其他大学专科毕业及其以上学历；取得高级中学教师资格，应当具备高等师范院校本科或者其他大学本科毕业及其以上学历。

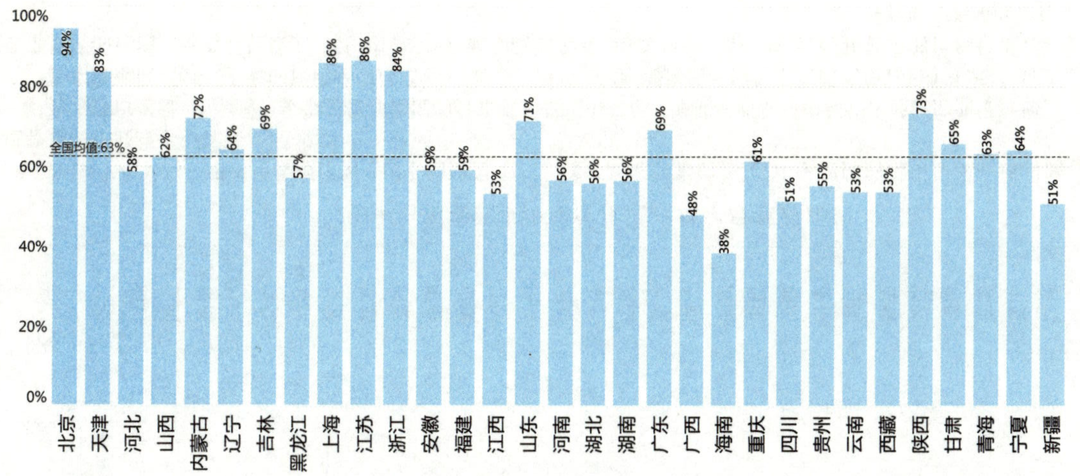

图 4.3b 2019 年各省区市小学学段本科及以上学历教师比例

2019 年小学专任教师中，拥有本科及以上学历教师(即高于学历标准二级)比例的全国平均值为 63%。即全国超过半数的小学教师拥有本科及以上学历。其中比例最高的是北京(94%)，比例最低的是海南(38%)。

分地区看，小学本科及以上学历教师比例的分布基本呈现东部—西部—中部依次递减的分布趋势。

东部地区中，北京、天津、上海、江苏、浙江比例较高，均超过 80%。西部地区除广西外，各省区市比例均超过 50%，其中陕西比例最高，为 73%。

* 数据来源：教育部教育统计数据

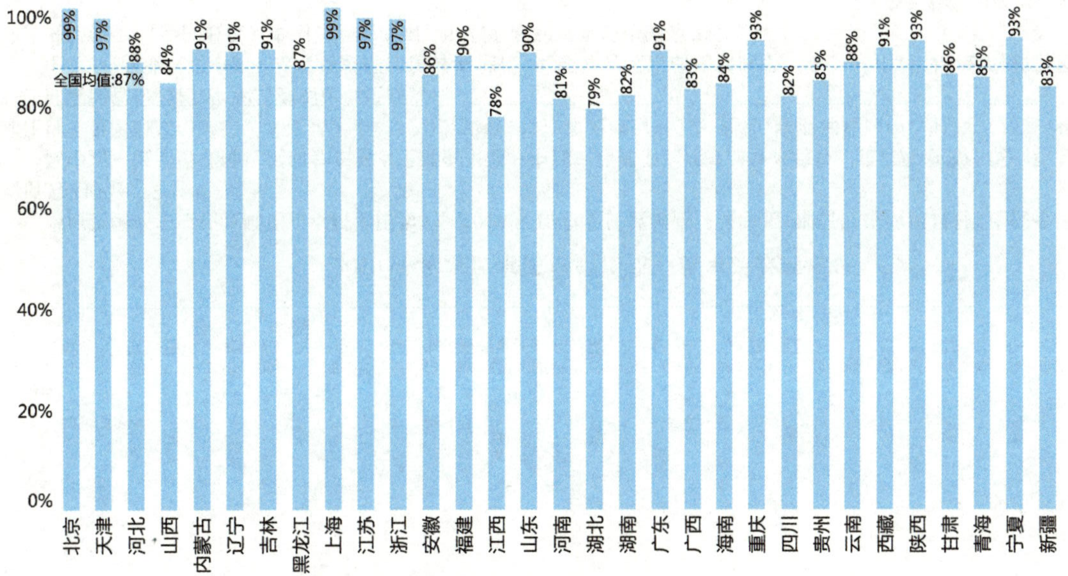

图 4.3c　2019 年各省区市初中学段高一级学历教师比例

2019 年初中高一级学历教师比例全国均值为 87%，说明随着高等教育的普及，初中教师的学历层次有所提高，已普遍高于底线学历标准。

分省区市来看，初中学段高一级学历教师比例的分布基本呈现由东部—西部—中部依次递减的分布趋势。在东部地区，北京、上海的比例全国最高，为 99%，而江西、湖北等中部地区的省份，初中教师中的本科比例尚不足 80%。

*数据来源：国家统计局

政策依据：

《中华人民共和国教师法》(2009 年修订)第三章、第十一条规定：取得小学教师资格，应当具备中等师范学校毕业及其以上学历；取得初级中学教师资格，应当具备高等师范专科学校或者其他大学专科毕业及其以上学历；取得高级中学教师资格，应当具备高等师范院校本科或者其他大学本科毕业及其以上学历。

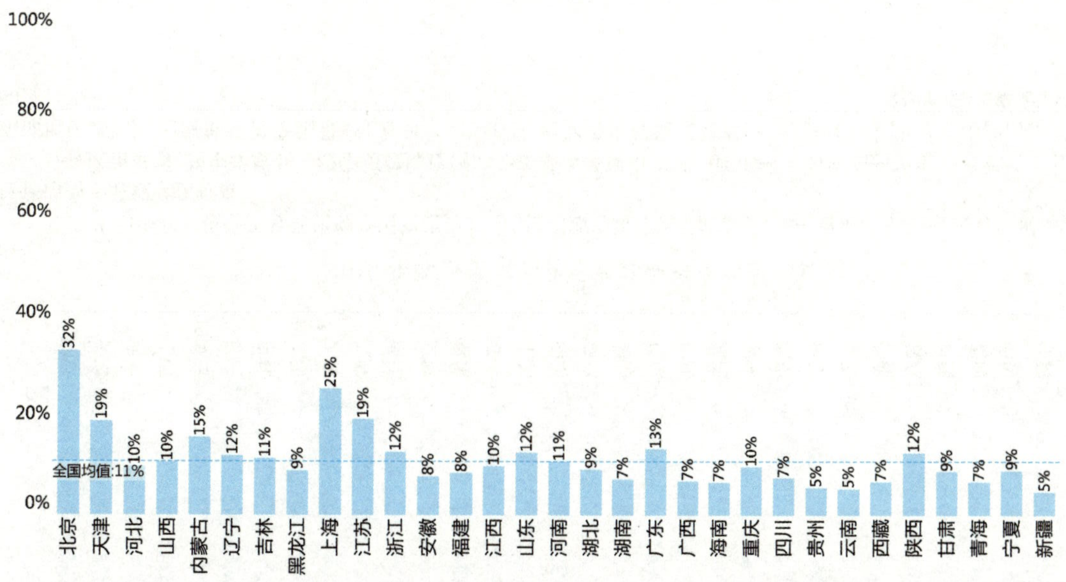

图 4.3d　2019 年各省区市高中学段高一级学历教师比例

当前我国高中专任教师仍以本科学历为主。2019 年高中专任教师高一级学历(即研究生学历)教师比例全国均值为 11%。

高中高一级学历教师比例的分布基本呈现由东部—中部—西部依次递减的分布趋势。北京高中高一级学历教师比例为全国最高(32%)。其次是上海(25%)、江苏(19%)和天津(19%)。此外,在西部地区中,内蒙古(15%)相对西部其他省份,研究生学历教师比例更高。

中部、西部地区高中高一级学历教师比例普遍偏低,大部分省区市的比例低于 10%。其中,贵州、云南和新疆的比例仅为 5%,全国最低。湖南、广西、海南、四川、西藏和青海的比例为 7%。

＊数据来源:国家统计局

政策依据:

《中华人民共和国教师法》(2009 年修订)第三章、第十一条规定:取得小学教师资格,应当具备中等师范学校毕业及其以上学历;取得初级中学教师资格,应当具备高等师范专科学校或者其他大学专科毕业及其以上学历;取得高级中学教师资格,应当具备高等师范院校本科或者其他大学本科毕业及其以上学历。

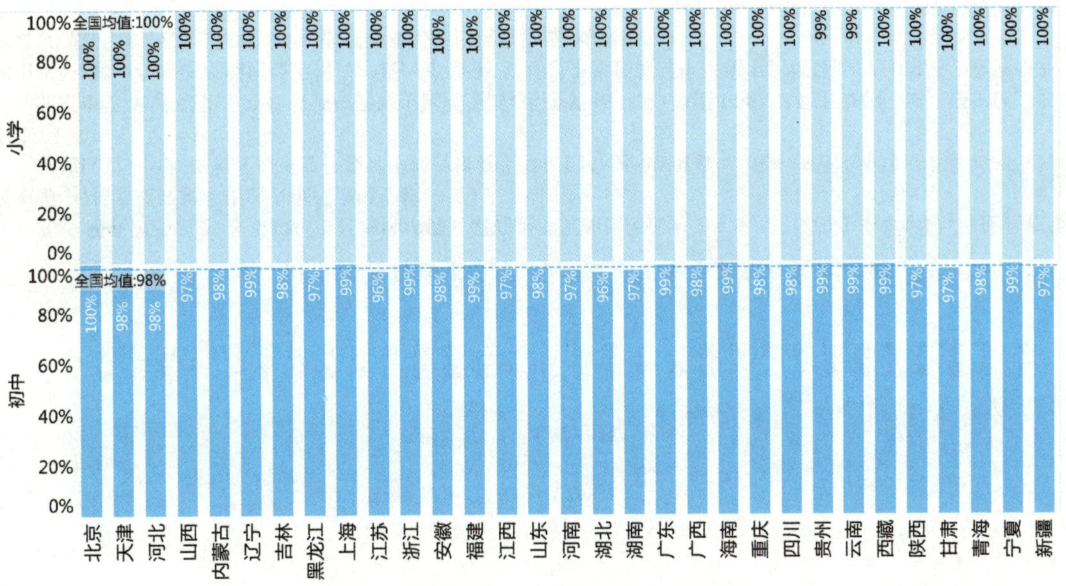

图 4.4　2019 年各省区市中小学乡村专任教师学历达标率

2019 年我国乡村中小学专任教师学历达标率分别为小学 100%、初中 98%。

几乎所有省区市的乡村小学专任教师学历达标率都达到了 100%，只有贵州和云南为 99%。这说明随着教育层次的提升，小学教师学历水平需达到高中层次这一底线要求已经得到了全面落实，在乡村地区也能够基本实现全覆盖。乡村初中专任教师学历达标率最高的为北京(100%)，最低的是江苏和湖北，均为 96%。

* 数据来源：国家统计局

政策依据：

《教育部等六部门关于加强新时代乡村教师队伍建设的意见》(教师〔2020〕5 号)。

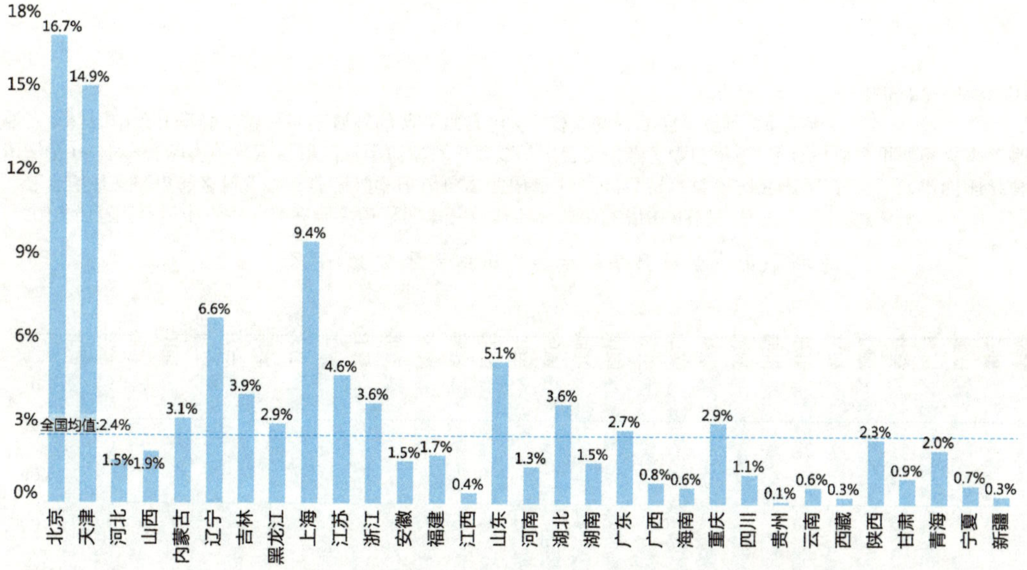

图 4.5a 2019 年各省区市小学 35 岁及以下专任教师研究生比例

2019 年我国小学 35 岁及以下专任教师中拥有研究生学历的比例仅为 2.4%。这说明在小学学段，即使是在年轻教师中，持有研究生学历的人也只占极少数。

分地区看，小学 35 岁及以下专任教师中拥有研究生学历的分别为东北部 4.16%、东部 3.93%、中部 1.31%、西部 1.04%。

北京小学 35 岁及以下专任教师中研究生比例最高，达到了 16.7%。天津(14.9%)、上海(9.4%)、辽宁(6.6%)和山东(5.1%)在全国范围内处于领先。贵州小学 35 岁及以下专任教师中研究生比例最低，为 0.1%。除贵州外，甘肃、广西、宁夏、云南、海南、江西、西藏和新疆的比例也较低，均未超过 1%。

* 数据来源：全国教师管理信息系统

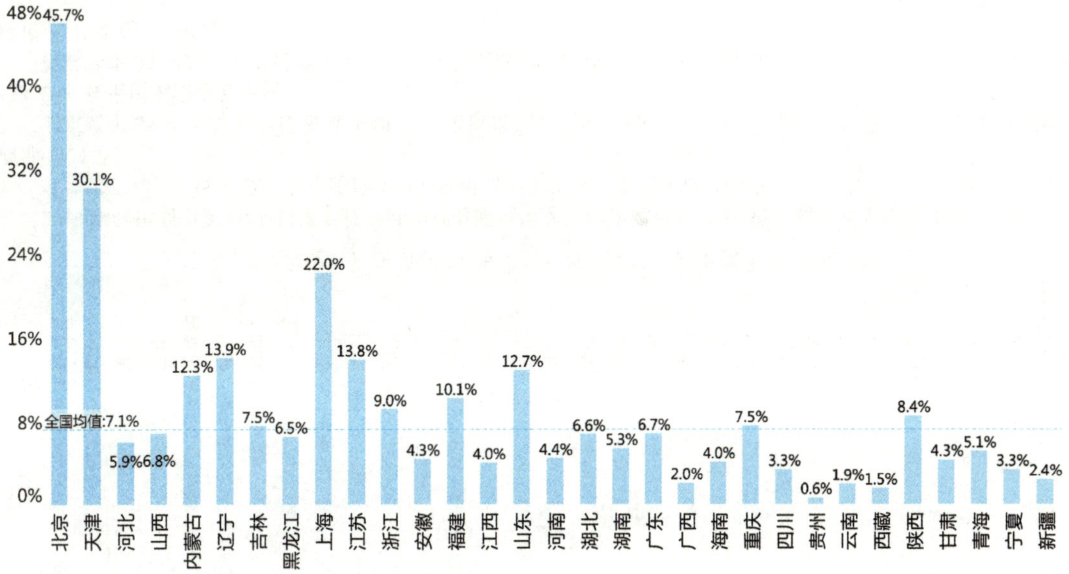

图 4.5b　2019 年各省区市初中 35 岁及以下专任教师研究生比例

2019 年我国初中 35 岁及以下专任教师中拥有研究生学历的比例为 7.1%。

分地区看，初中 35 岁及以下专任教师中拥有研究生学历的比例分别为东部 10.84%、东北 8.60%、中部 4.59%、西部 3.47%。

北京初中 35 岁及以下专任教师中研究生比例最高，达到了 45.7%。天津(30.1%)、上海(22.0%)、辽宁(13.9%)和江苏(13.8%)在全国范围内处于领先。贵州初中 35 岁及以下专任教师中研究生比例最低，为 0.6%。除贵州外，新疆、广西、云南和西藏的比例也较低，均未超过 3%。

＊数据来源：全国教师管理信息系统

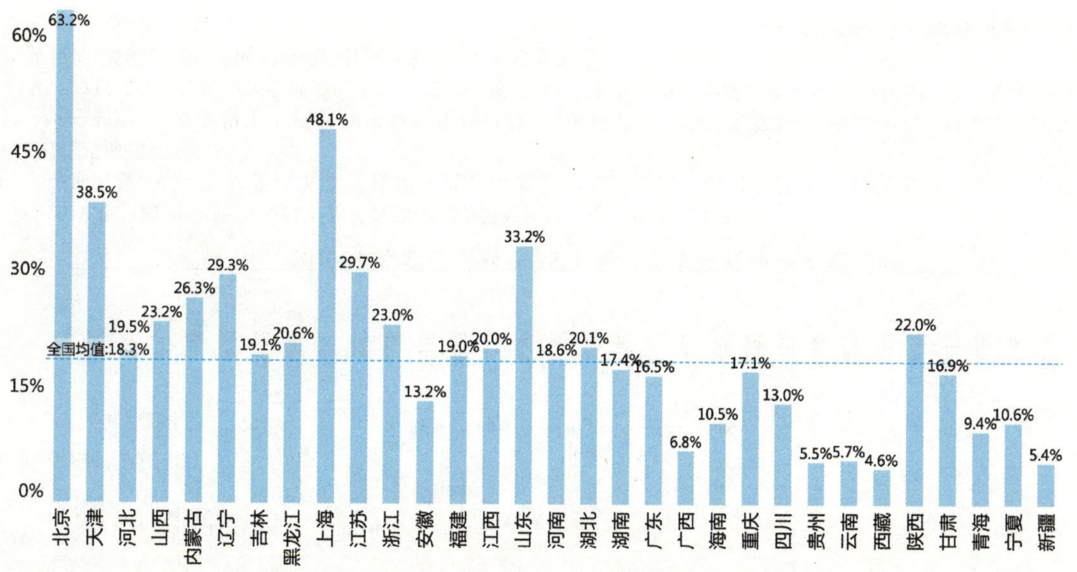

图 4.5c　2019 年各省区市高中 35 岁及以下专任教师研究生比例

2019 年我国高中 35 岁及以下专任教师中拥有研究生学历的比例为 18.3%，高于初中和小学的比例。

分地区看，高中 35 岁及以下专任教师中拥有研究生学历的分别为东部 21.80%、东北 20.76%、中部 16.65%、西部 11.18%。

北京高中 35 岁及以下专任教师中研究生比例最高，达到了 63.2%。上海（48.1%）、天津（38.5%）和山东（33.2%）在全国范围内处于领先。

西藏高中 35 岁及以下专任教师中研究生比例最低，为 4.6%。除西藏外，青海、广西、云南、贵州和新疆的比例也较低，均未超过 10%。

＊数据来源：全国教师管理信息系统

指标图解：教学经验

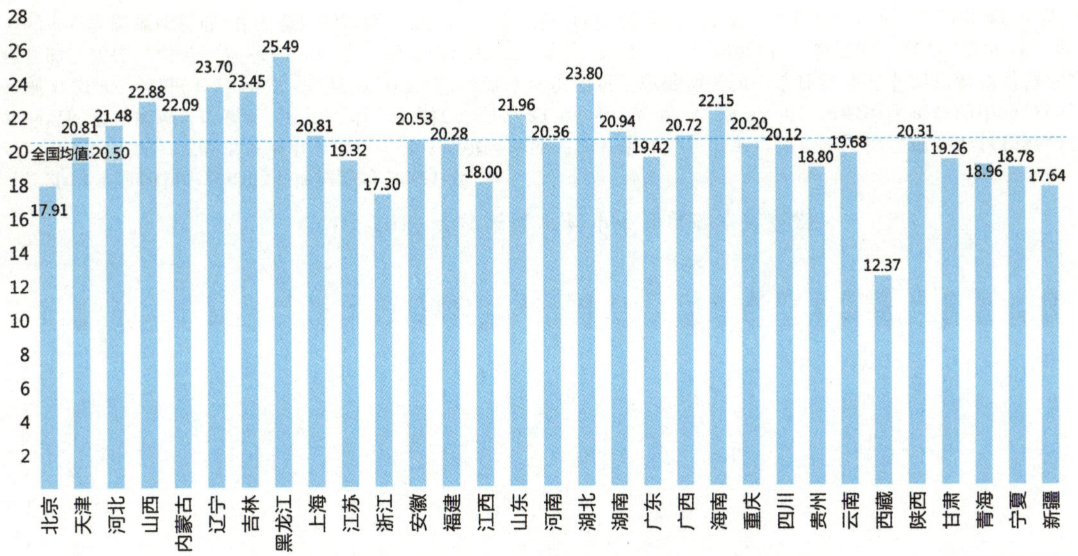

图 4.6a　2019 年各省区市小学专任教师平均教龄

2019 年全国小学教师的平均教龄为 20.50 年。

各省区市的分布基本呈现由中部—东部—西部依次递减的三级阶梯。教师年龄结构呈现老龄化趋势，东北地区小学教师的平均教龄是最高的，辽宁、吉林、黑龙江分别为 23.70 年、23.45 年、25.49 年。中部地区较高的山西、湖北分别为 22.88 年、23.80 年，最低的江西为 18.00 年，安徽、河南、湖南则在均值附近。东部的平均教龄相对较低，较高的天津（20.81 年）、河北（21.48 年）、上海（20.81 年）、山东（21.96 年）、海南（22.15 年）在均值以上，较低的北京、浙江在 18 年以下。西部的平均教龄整体较低，其中最高的内蒙古为 22.09 年，其余基本都在均值以下，最低的西藏为 12.37 年。

＊数据来源：全国教师管理信息系统

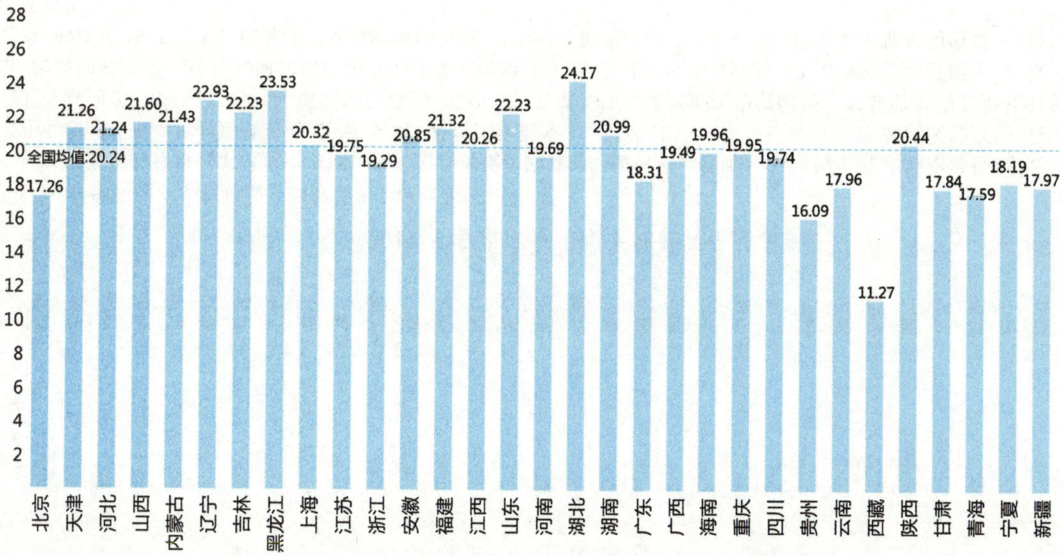

图 4.6b　2019 年各省区市初中专任教师平均教龄

2019 年全国初中教师的平均教龄为 20.24 年。

各省区市的分布基本呈现由中部—东部—西部依次递减的分布特征。由于教师年龄结构呈现老龄化趋势，东北地区的平均教龄是最高的，辽宁、吉林、黑龙江分别为 22.93 年、22.23 年、23.53 年。中部地区较高的山西、湖北分别为 21.60 年和 24.17 年，安徽、江西、河南、湖南则在均值附近。东部地区初中专任教师的平均教龄相对较低，较高的天津(21.26 年)、河北(21.24 年)、福建(21.32 年)、山东(22.23 年)在均值以上，最低的北京为 17.26 年。西部的平均教龄整体较低，其中最高的内蒙古为 21.43 年，最低的西藏为 11.27 年。　＊数据来源：全国教师管理信息系统

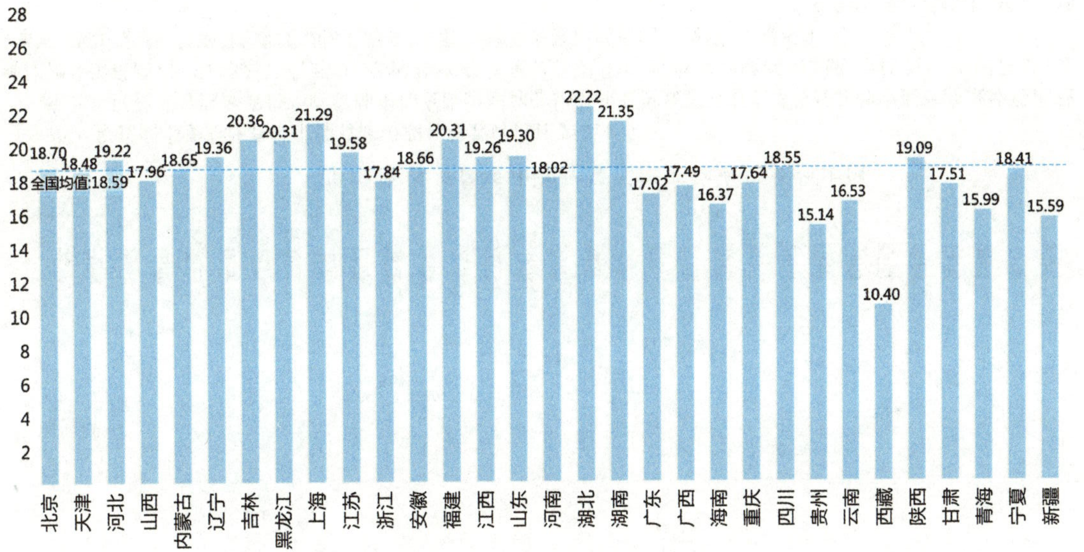

图 4.6c　2019 年各省区市高中专任教师平均教龄

2019 年全国高中教师的平均教龄为 18.59 年，最高的是湖北（22.22 年），最低的是西藏（10.40 年）。

各省区市的分布基本呈现由中部—东部—西部依次递减的三级阶梯。东北地区高中专任教师平均教龄是最高的，辽宁、吉林、黑龙江分别为 19.36 年、20.36 年、20.31 年。中部地区较高的湖北、湖南分别为 22.22 年、21.35 年。东部地区高中专任教师平均教龄最高的是上海（21.29 年），较低的浙江、广东、海南分别为 17.84 年、17.02 年、16.37 年，低于全国均值。西部的平均教龄则是最低的，只有内蒙古和陕西刚达到全国均值。

＊数据来源：全国教师管理信息系统

指标图解：教师职称

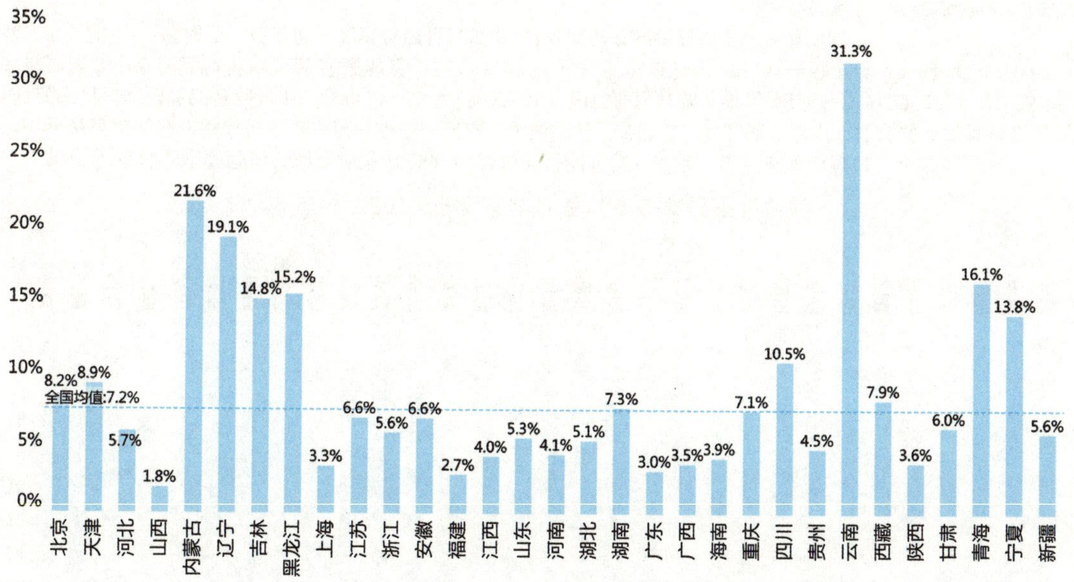

图 4.7a　2019 年各省区市小学学段高级职称专任教师比例

2019 年我国小学专任教师中拥有高级职称的教师占比为 7.2%。

东北地区及部分西部省份小学教师中拥有高级职称的比例相对更高。云南小学专任教师中拥有高级职称的教师比例全国最高，为 31.3%。东部、中部的比例整体偏低。其中山西小学学段高级职称专任教师比例最低，为 1.8%。除山西外，海南、陕西、广西、上海、广东和福建等省区市的比例也较低，均低于 4%。

＊数据来源：全国教师管理信息系统

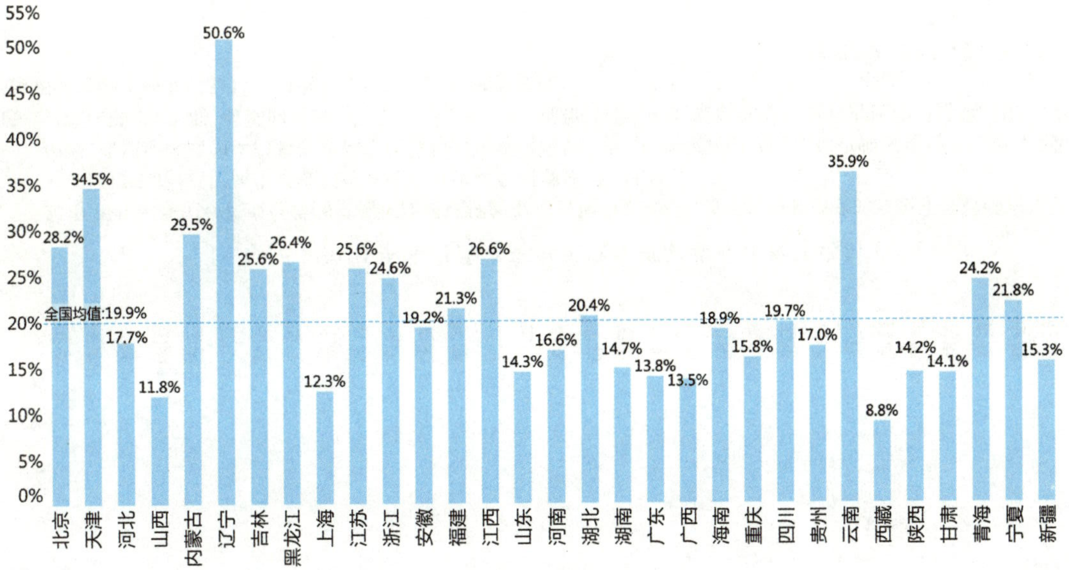

图 4.7b　2019 年各省区市初中学段高级职称专任教师比例

2019 年我国初中学段专任教师中拥有高级职称的教师占比为 19.9%，高于小学的比例。

分省区市来看，辽宁初中高级职称专任教师比例为全国最高，达到 50.6%。中部地区和西部地区初中学段高级职称专任教师比例整体较低，大多数省份比例低于全国均值。其中，西藏的比例为全国最低，为 8.8%。除西藏外，湖南(14.7%)、陕西(14.2%)、甘肃(14.1%)、广西(13.5%)和山西(11.8%)这 5 个省区市初中高级职称专任教师比例较低。东部地区的上海(12.3%)和广东(13.8%)的初中高级职称教师占比也较低。

＊数据来源：教育部教育统计数据

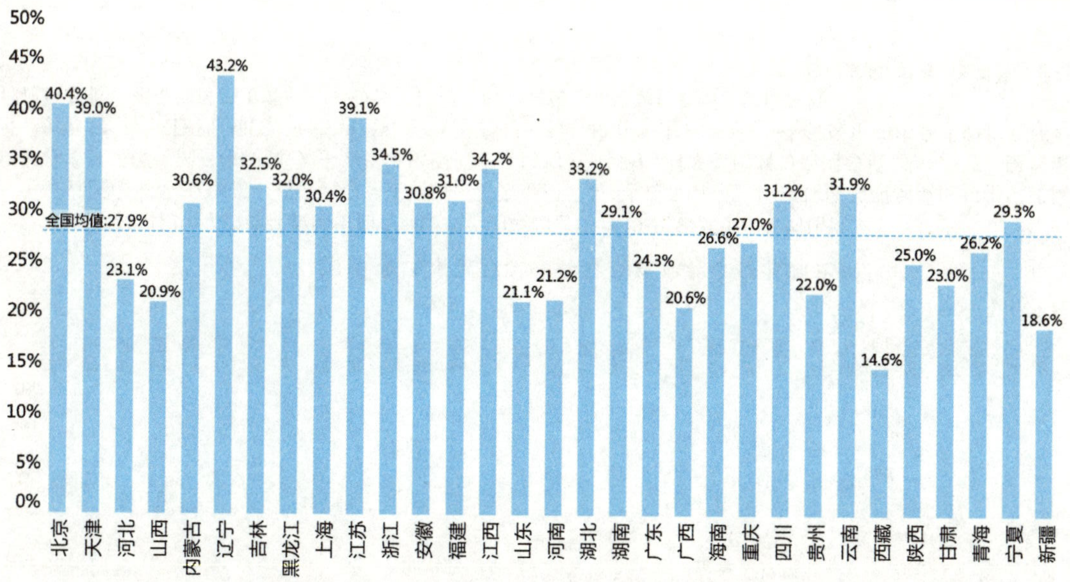

图 4.7c　2019 年各省区市高中学段高级职称专任教师比例

2019 年我国高中学段专任教师中拥有高级职称的教师占比为 27.9%，高于初中和小学的高级职称教师占比。分省区市来看，辽宁高中高级职称专任教师比例全国最高，为 43.2%。

中部、西部地区高中学段高级职称专任教师占比普遍偏低。其中，西藏高中高级职称教师占比为 14.6%，全国最低。除西藏外，中部、西部的甘肃、贵州、河南、山西、广西和新疆高中高级职称专任教师占比均未达到 24%。此外，东部地区的河北（23.1%）和山东（21.1%）的比例也较低。

＊数据来源：教育部教育统计数据

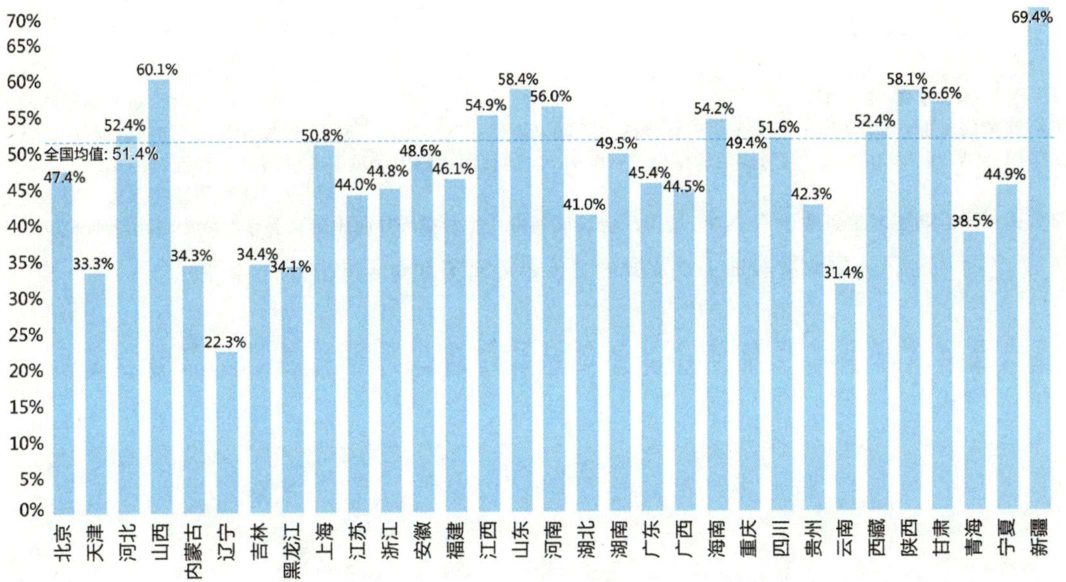

图 4.8a　2019 年各省区市小学学段初级及以下职称教师比例

2019 年我国小学学段专任教师中拥有初级及以下职称的教师占比为 51.4%。

分省区市来看，辽宁小学初级及以下职称的专任教师比例全国最低，为 22.3%。

新疆的比例最高，为 69.4%。除新疆外，山西（60.1%）、山东（58.4%）、陕西（58.1%）、甘肃（56.6%）和河南（56.0%）这 5 个省份小学教师中拥有初级及以下职称的教师比例也较高。

＊数据来源：教育部教育统计数据

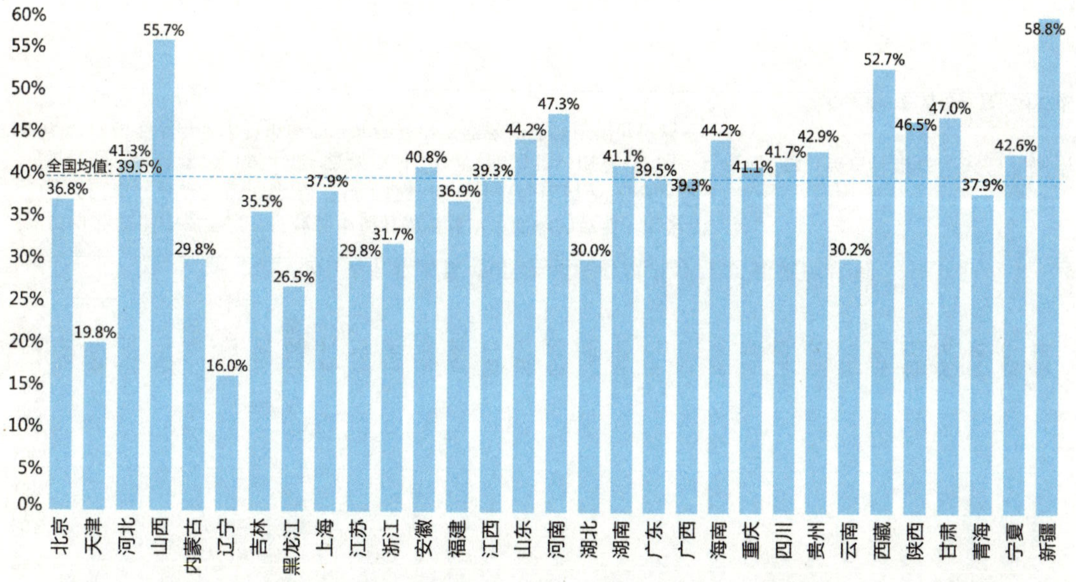

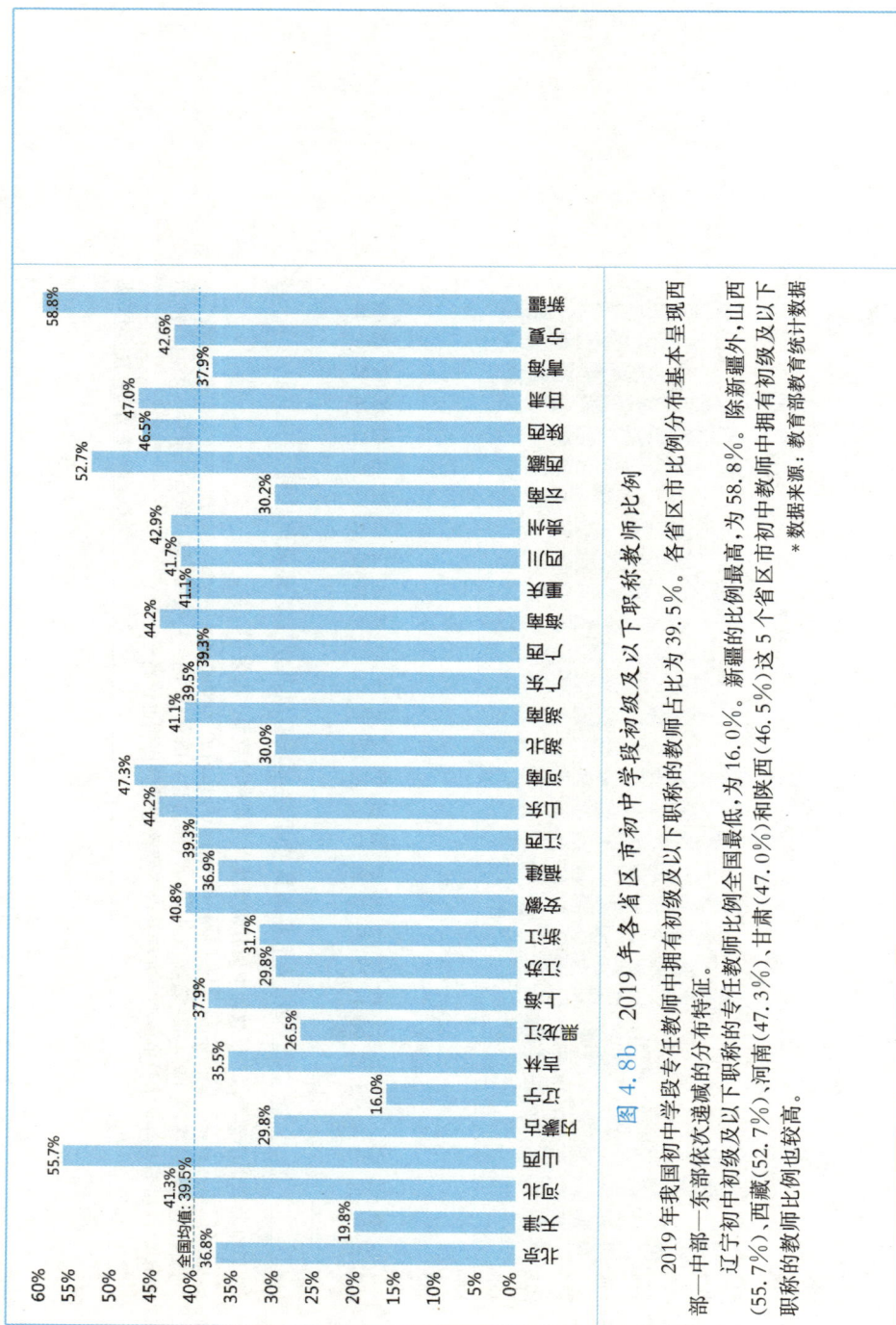

图 4.8b　2019 年各省区市初中学段初级及以下职称教师比例

2019 年我国初中学段专任教师中拥有初级及以下职称的教师占比为 39.5%。各省区市比例分布基本呈现西部—中部—东部依次递减的分布特征。

辽宁初中初级及以下职称的专任教师比例全国最低，为 16.0%。新疆的比例最高，为 58.8%。除新疆外，山西(55.7%)、西藏(52.7%)、河南(47.3%)、甘肃(47.0%)和陕西(46.5%)这 5 个省区市初中教师中拥有初级及以下职称的教师比例也较高。

＊数据来源：教育部教育统计数据

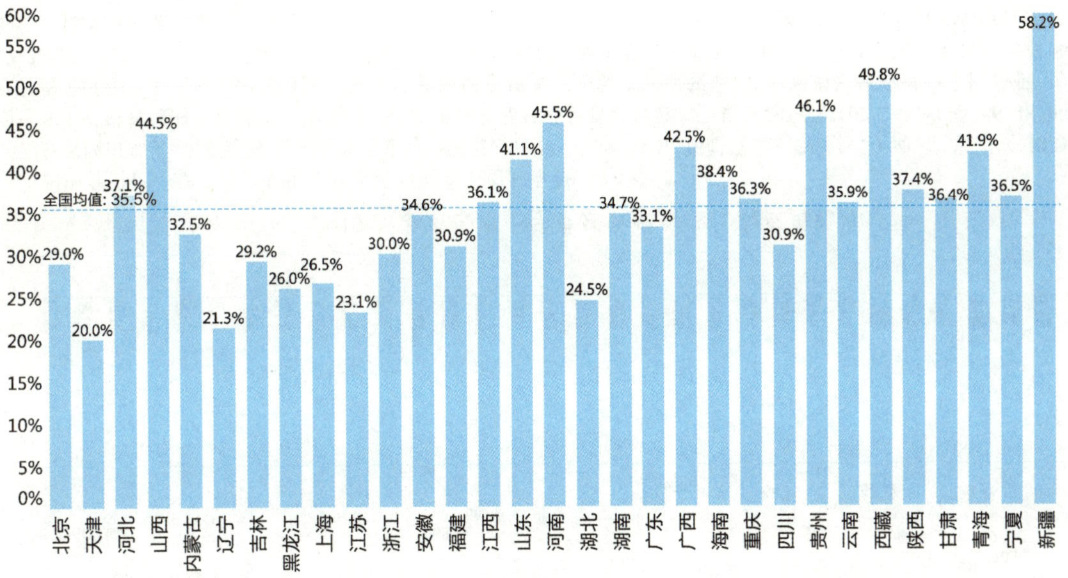

图 4.8c　2019 年各省区市高中学段初级及以下职称教师比例

2019 年我国高中学段专任教师中拥有初级及以下职称的教师占比为 35.5%，低于小学、初中学段的比例。各省区市比例分布基本呈现西部—中部—东部依次递减的分布特征。

天津高中初级及以下职称的专任教师比例全国最低，为 20.0%。新疆的比例最高，为 58.2%。除新疆外，西藏(49.8%)、贵州(46.1%)、河南(45.5%)、山西(44.5%)和广西(42.5%)这 5 个省区市高中教师中拥有初级及以下职称的教师比例也较高。

＊数据来源：教育部教育统计数据

指标图解：信息技术应用能力

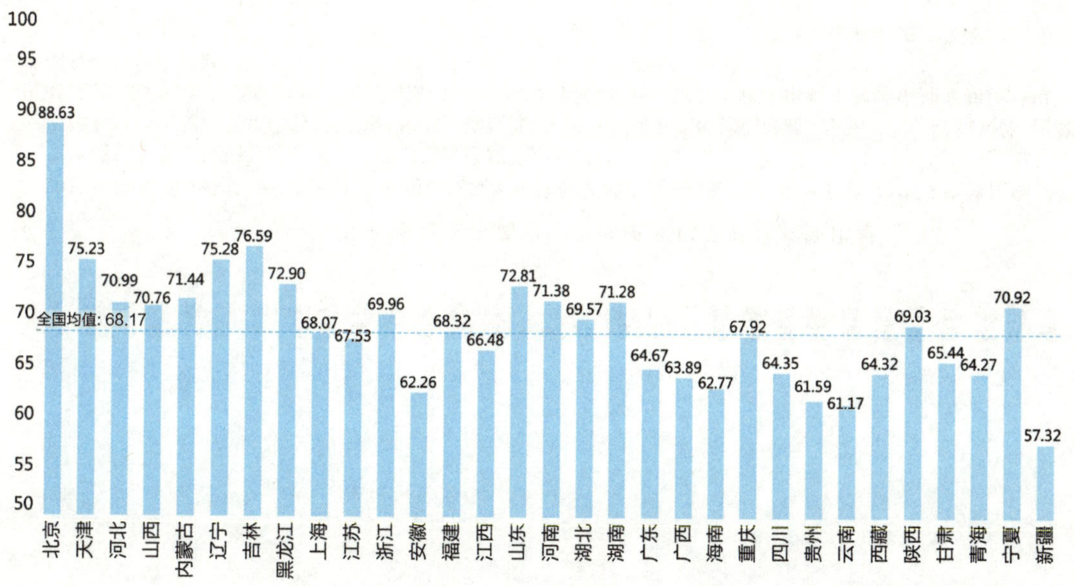

图 4.9a　2019 年各省区市小学专任教师信息技术应用能力

2019 年全国小学专任教师信息技术应用能力平均分为 68.17 分。

分省区市来看，东部地区北京教师得分为全国第一，达到了 88.63 分，但是同为东部地区，上海、江苏、广东和海南这 5 个省份教师的分数低于全国均值。中部地区的整体分值较高且分布更集中，但安徽（62.26）、江西（66.48）的教师得分低于全国均值。西部地区小学专任教师信息技术应用能力普遍较弱，其中新疆教师的得分全国最低，为 57.32 分。四川（64.35）、西藏（64.32）、青海（64.27）、广西（63.89）、贵州（61.59）和云南（61.17）这 6 个省区市教师的信息技术应用能力未达到 65 分。

＊数据来源：全国教师管理信息系统

政策依据：

《教育部办公厅关于印发〈中小学教师信息技术应用能力标准（试行）〉的通知》（教师厅〔2014〕3 号）对教师在教育教学和专业发展中应用信息技术提出了基本要求和发展性要求。

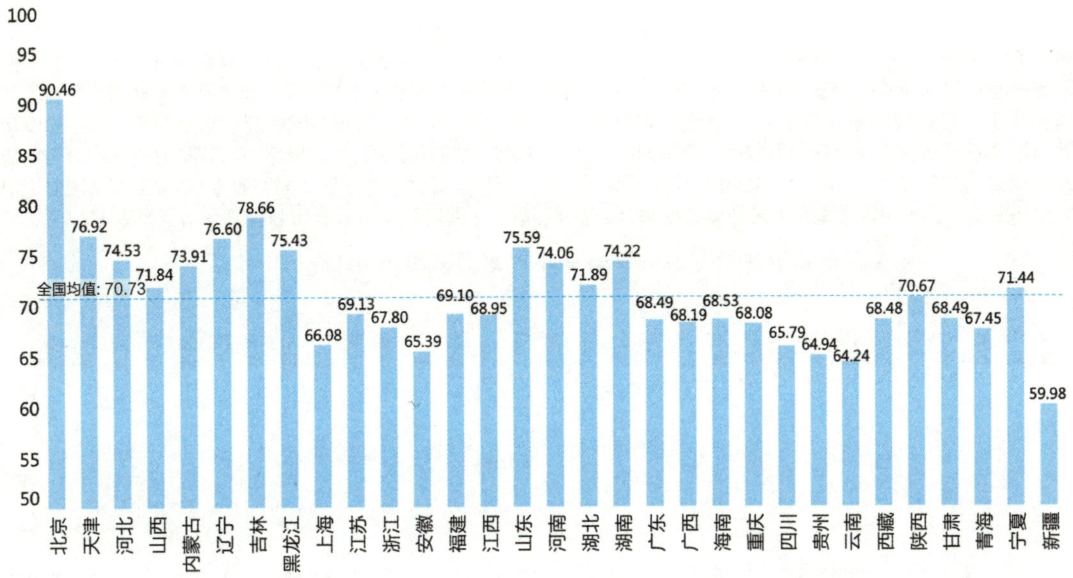

图 4.9b　2019 年各省区市初中专任教师信息技术应用能力

2019 年全国初中专任教师的信息技术应用能力平均分为 70.73 分。

东部地区的北京分值全国第一，达到了 90.46 分，远高于全国均值。但是同为东部地区，上海、江苏、浙江、福建、广东和海南这 6 个省份教师得分低于全国均值。中部地区整体分值较高且分布更集中，但仍有安徽(65.39)和江西(68.95)这两省教师得分低于全国均值。西部地区初中教师信息技术应用能力普遍较弱，除内蒙古和宁夏外，其他省份教师得分均低于全国均值，其中四川、贵州、云南和新疆教师得分均未达到 66 分。新疆教师得分全国最低，为 59.98 分。

*数据来源：全国教师管理信息系统

政策依据：

《教育部办公厅关于印发〈中小学教师信息技术应用能力标准(试行)〉的通知》(教师厅〔2014〕3 号)对教师在教育教学和专业发展中应用信息技术提出了基本要求和发展性要求。

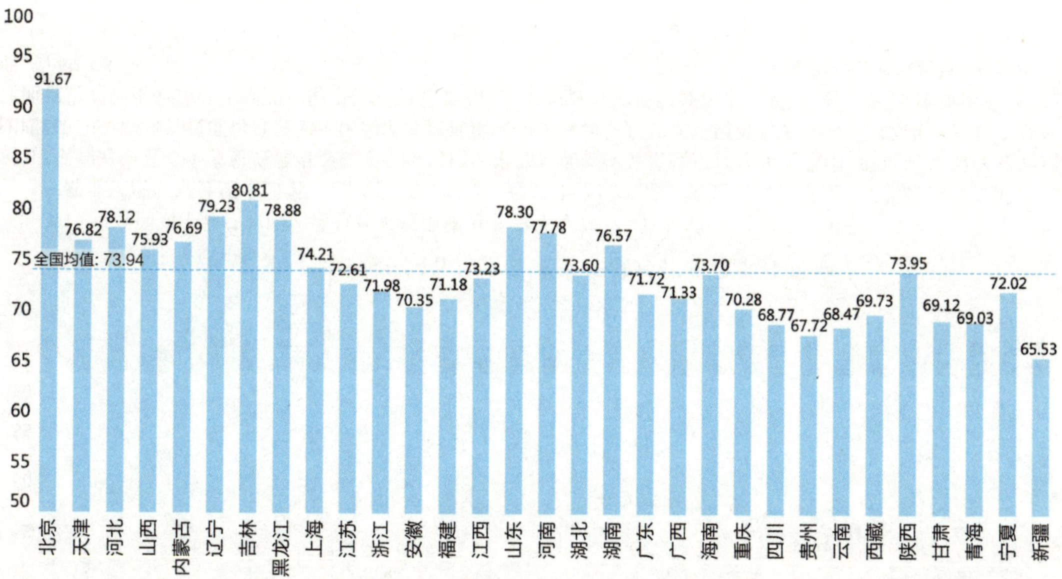

图 4.9c　2019 年各省区市高中专任教师信息技术应用能力

2019 年全国高中专任教师的信息技术应用能力平均分数为 73.94 分。各省区市基本呈现由东部—中部—西部依次递减的分布趋势，东部地区中北京高中教师的信息技术应用能力得分全国第一，达到了 91.67 分；但是同为东部地区，江苏、浙江、福建、广东和海南这 5 个省份教师的得分低于全国均值。中部地区的高中教师信息技术应用能力相较于东部地区整体较低，其中，安徽(70.35)、江西(73.23)和湖北(73.60)这 3 个省份教师的得分低于全国均值。西部地区高中专任教师信息技术应用能力普遍较弱，西藏、甘肃、青海、四川、云南、贵州和新疆的教师得分未达到 70 分。其中，新疆教师的得分全国最低，为 65.53 分。

＊数据来源：全国教师管理信息系统

政策依据：

《教育部办公厅关于印发〈中小学教师信息技术应用能力标准(试行)〉的通知》(教师厅〔2014〕3 号)对教师在教育教学和专业发展中应用信息技术提出了基本要求和发展性要求。

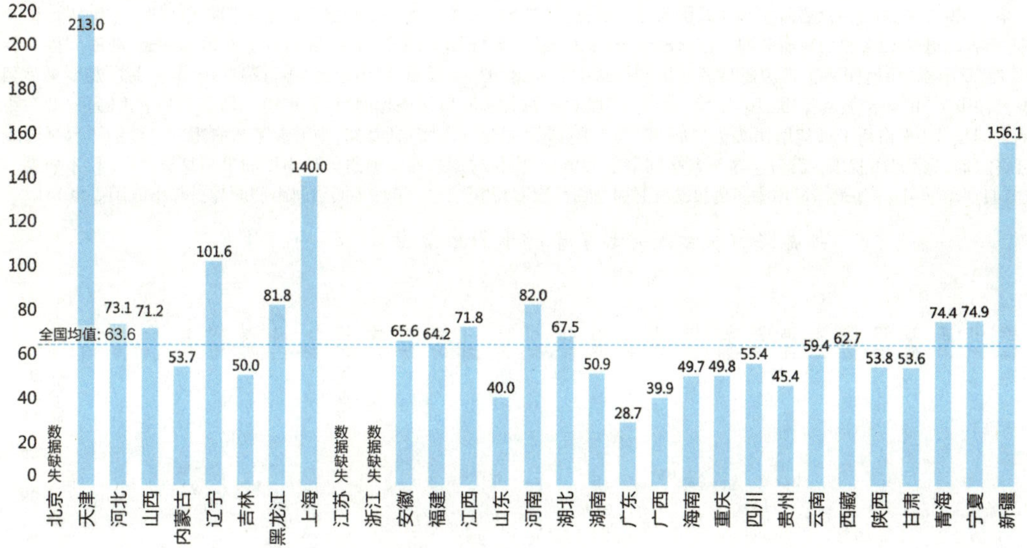

图 4.10a 2019 年各省区市小学专任教师年均培训学时

2019 年全国小学教师的年均培训学时为 63.6 小时(北京、江苏、浙江三省市培训学时数据缺失，未计入均值计算)。

整体来看，全国各省区市的小学专任教师年均培训学时差异较大。相较于中部地区，东、西部地区的内部差异性更明显。东部地区中天津小学教师的年均培训学时最高，达到了 213.0 小时，是全国均值的 3 倍以上，辽宁、上海小学教师的年均培训学时也较高，分别为 101.6 小时和 140.0 小时。山东和广东的培训学时较少，均低于或等于 40 个小时，其中广东小学教师当年只培训了 28.7 小时。中部地区的各省份内部差异不大，分布较集中，除湖南外，山西、安徽、江西、河南、湖北的培训学时都超过了全国均值，集中在 65 至 82 小时之间。西部地区培训学时最高的是新疆，达到了 156.1 小时，除了新疆，青海和宁夏也超过了全国均值，分别为 74.4 小时和 74.9 小时。其他省份的培训学时介于 45 至 65 小时之间。

＊数据来源：全国教师管理信息系统

政策依据：

《教育部关于大力加强中小学教师培训工作的意见》(教师〔2011〕1 号)。

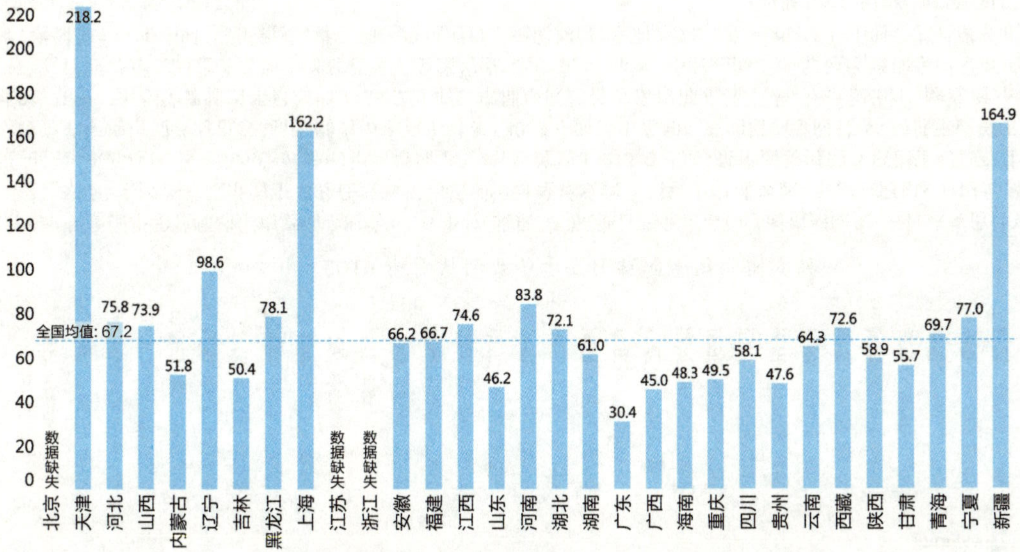

政策依据：

《教育部关于大力加强中小学教师培训工作的意见》（教师〔2011〕1号）。

图 4. 10b　2019 年各省区市初中专任教师年均培训学时

2019 年全国初中专任教师的年均培训学时为 67. 2 小时（北京、江苏、浙江三省市培训学时数据缺失，未计入均值计算）。

整体来看，全国各省区市的初中教师培训学时分布较分散，各省区市之间差异较大。相较于中部地区，东、西部地区的内部差异性更明显。东部地区天津初中教师的培训学时最高，达到了 218. 2 小时，是全国均值的 3 倍以上，上海的培训学时也较高，达到了 162. 2 小时。山东、广东和海南的培训学时较少，均低于 50 小时，其中广东当年只培训 30. 4 小时。中部地区各省内部差异不大，分布较集中，其中山西、江西、河南、湖北 4 个省份的培训学时都超过了全国均值，集中在 72 至 84 小时之间。安徽、湖南的培训学时较低，未超过全国均值，集中在 60 至 67 小时之间。西部地区培训学时最高的是新疆，达到了当年 164. 9 小时，是全国均值的 2 倍以上。除了新疆，西藏、青海和宁夏也超过了全国均值，分别为 72. 6、69. 7 和 77. 0 小时。广西的培训学时最少，仅有 45. 0 小时，其他省份都介于 47 至 65 小时之间。

＊数据来源：全国教师管理信息系统

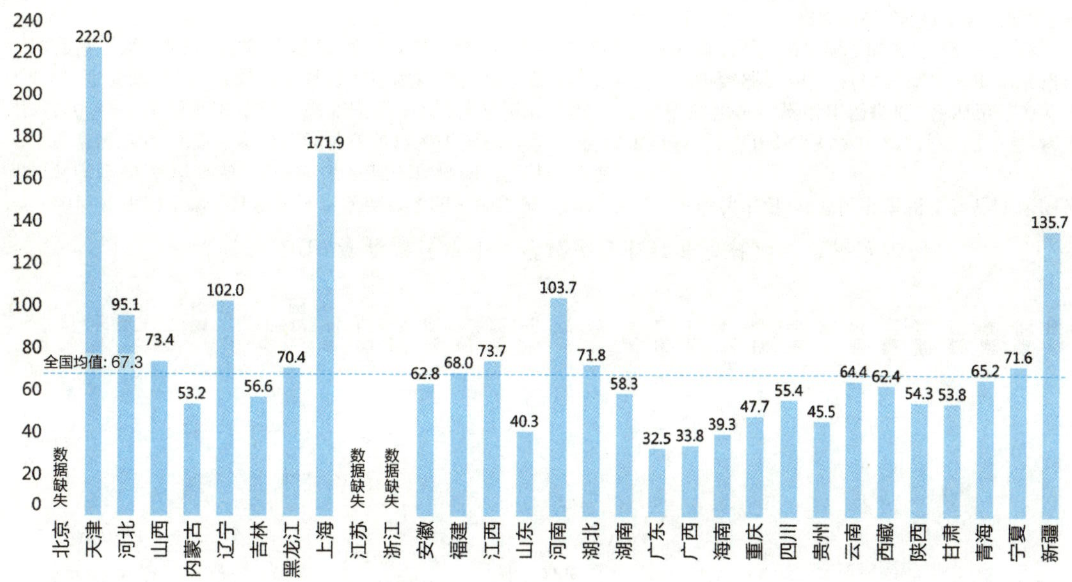

图 4.10c　2019 年各省区市高中专任教师年均培训学时

2019 年全国高中教师的年均培训学时为 67.3 小时(北京、江苏、浙江三省市培训学时数据缺失,未计入均值计算)。整体来看,全国各省区市的高中教师培训学时分布较分散,各省区市之间差异较大。

相较于中部地区,东、西部地区的内部差异性更明显。东部地区天津高中教师培训学时最高,达到了 222.0 小时,是全国均值的 3 倍以上,上海高中教师的培训学时也较高,达到了 171.9 小时;山东、广东和海南的培训学时较少,接近或低于 40 小时。中部地区各省内部差异不大且分布较集中,山西、江西、河南、湖北 4 个省份教师的年均培训学时都超过了全国均值,其中河南的培训学时最长,达到了 103.7 小时;安徽和湖南的培训学时较低,未超过全国均值。西部地区培训学时最高的是新疆,达到了 135.7 小时,是全国均值的 2 倍以上;除了新疆,还有宁夏超过了全国均值,为 71.6 小时,广西培训学时最短,为 33.8 小时。

＊数据来源:全国教师管理信息系统

政策依据:

《教育部关于大力加强中小学教师培训工作的意见》(教师〔2011〕1 号)。

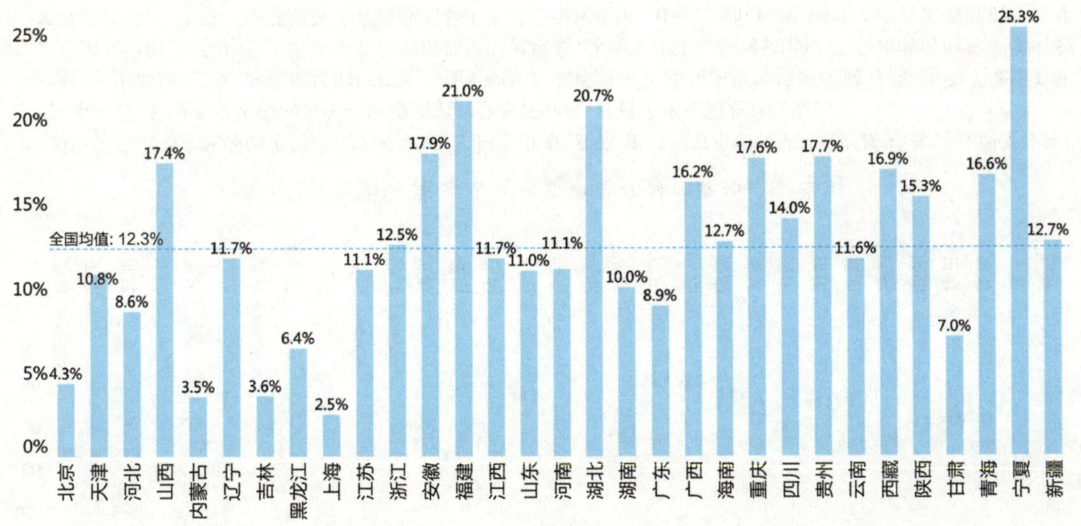

图 4.11a　2019 年各省区市小学学段专任教师参与教师交流轮岗比例

2019 年全国小学专任教师参与交流轮岗的教师比例平均为 12.3%。整体来看，各省区市之间教师轮岗比例分布差异明显，呈现由西部—中部—东部依次递减的三级阶梯分布。

分省区市看，宁夏小学专任教师交流轮岗比例全国第一，但同属西部地区的内蒙古(3.5%)、甘肃(7.0%)和云南(11.6%)未达到全国均值。东北三省中，吉林和黑龙江的小学专任教师交流轮岗比例较低，分别为 3.6%和 6.4%。东部地区的小学教师交流轮岗比例整体偏低且差异性较明显，除福建、浙江和海南外，其他省区市均未超过全国均值。其中北京、河北、上海、广东均未超过 10%，上海的小学专任教师交流轮岗比例全国最低，仅为 2.5%。

＊数据来源：全国教师管理信息系统

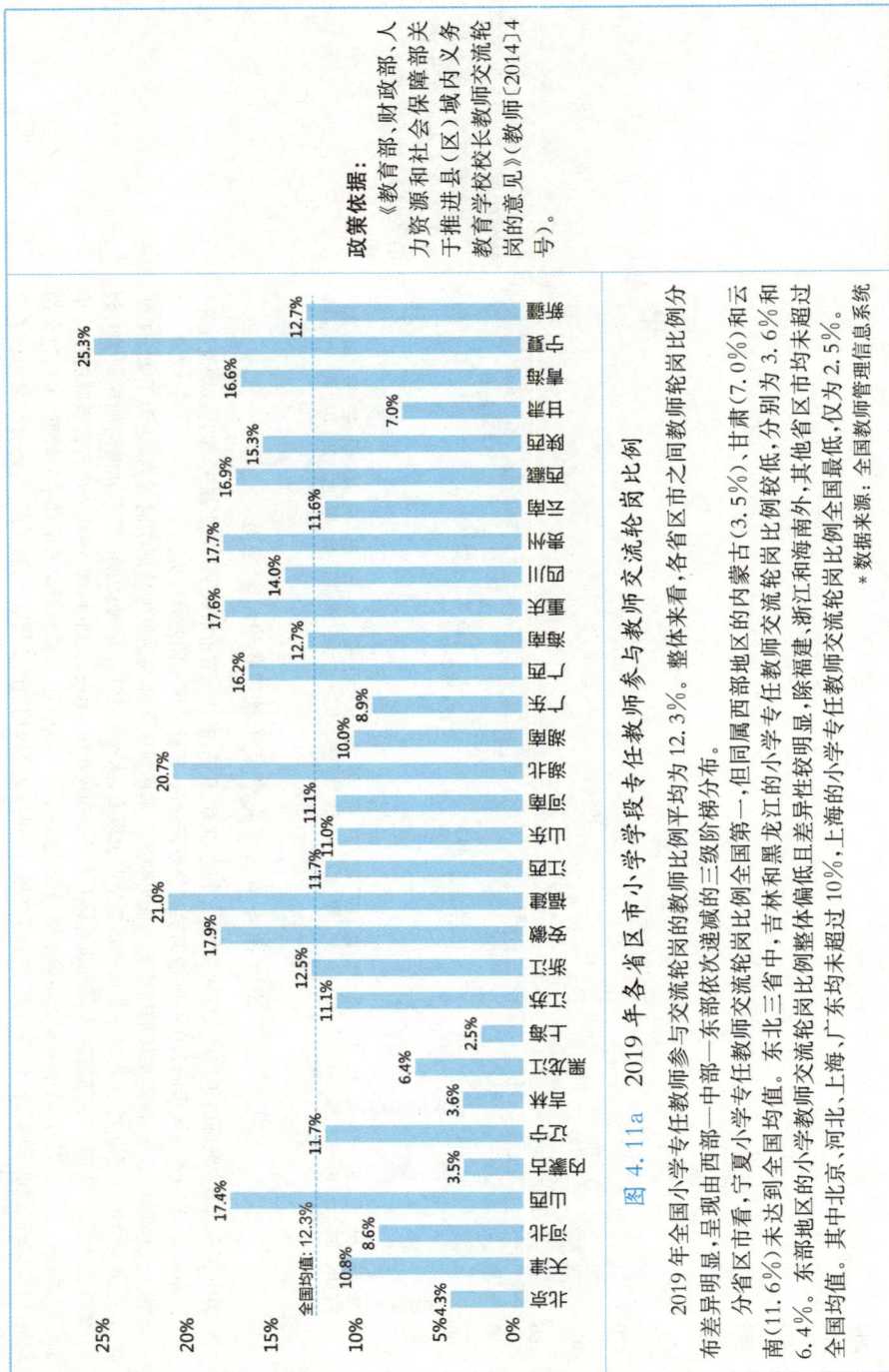

政策依据：

《教育部、财政部、人力资源和社会保障部关于推进县(区)域内义务教育学校校长教师交流轮岗的意见》(教师〔2014〕4 号)。

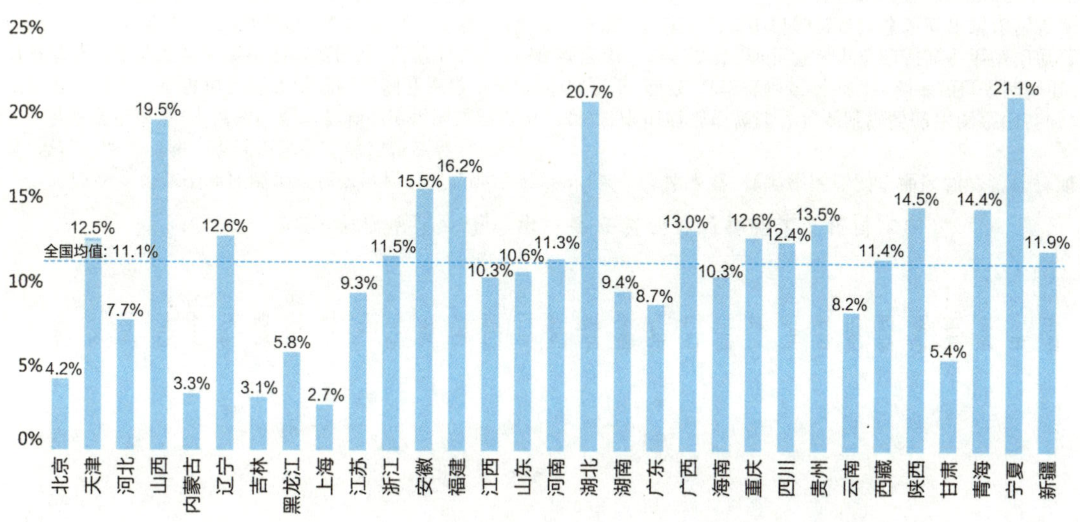

图 4.11b　2019 年各省区市初中学段专任教师参与教师交流轮岗比例

2019 年全国初中专任教师参与交流轮岗的教师比例平均为 11.1%，略低于小学。整体来看，教师轮岗比例在地区间差异明显，呈现由西部—中部—东部依次递减的三级阶梯分布。

分省区市来看，宁夏初中教师交流轮岗比例全国较高，达到了 21.1%，但同属西部地区的内蒙古(3.3%)、甘肃(5.4%)和云南(8.2%)未达到全国均值。中部地区除江西和湖南外其他省份的比例均高于全国均值。东北三省中吉林和黑龙江的初中专任教师交流轮岗比例较低，分别为 3.1%和 5.8%。东部地区的初中教师交流轮岗比例整体偏低，除福建、天津、辽宁和浙江外，其他省份初中教师的交流轮岗比例均低于全国均值，其中上海和北京的比例分别为 2.7%和 4.2%。

＊数据来源：全国教师管理信息系统

政策依据：

《教育部、财政部、人力资源和社会保障部关于推进县(区)域内义务教育学校校长教师交流轮岗的意见》(教师〔2014〕4 号)。

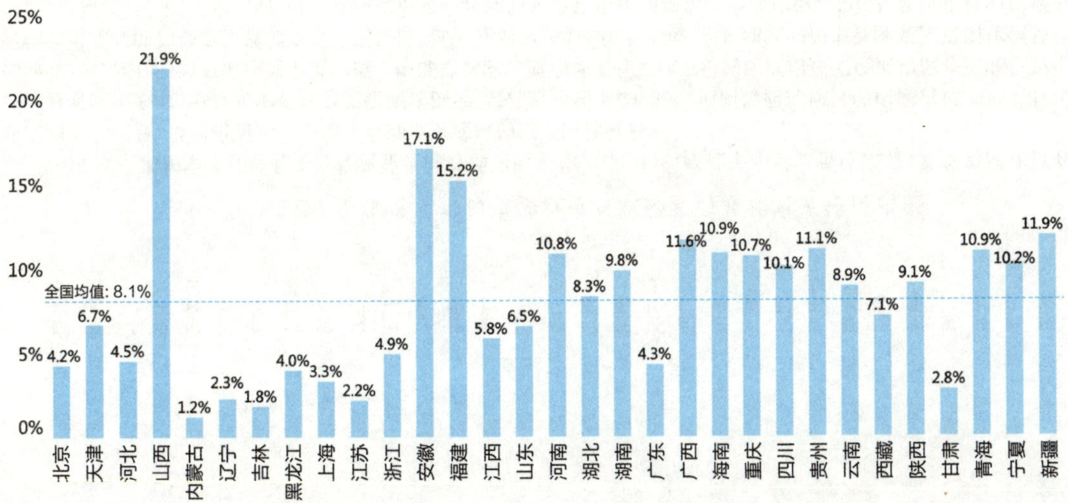

图 4.11c　2019 年各省区市高中学段专任教师参与教师交流轮岗比例

2019 年全国高中专任教师参与交流轮岗的教师比例为 8.1%。整体来看，教师轮岗比例在地区间差异性较明显，呈现中部—西部—东部依次递减的趋势分布。

分省区市来看，中部地区高中教师交流轮岗比例整体较高，其中山西高中教师参与交流轮岗的比例全国最高，达到了 21.9%。西部地区的轮岗交流比例分布较均衡，其中内蒙古、西藏、甘肃教师交流轮岗比例未超过全国均值，内蒙古高中教师交流轮岗比例全国最低，仅为 1.2%。东部地区中，北京、天津、河北等 8 个省份都低于全国均值且在 7%以下，上海和江苏的比例均低于 4%，分别为 3.3%和 2.2%。东北三省高中教师参与教师交流轮岗比例整体较低，分别为辽宁 2.3%、吉林 1.8%、黑龙江 4.0%。

＊数据来源：全国教师管理信息系统

政策依据：

《教育部、财政部、人力资源和社会保障部关于推进县(区)域内义务教育学校校长教师交流轮岗的意见》(教师〔2014〕4 号)。

第五章 教师职业吸引力

习近平总书记提出坚持把教师队伍建设作为基础工作。2018 年 1 月，中华人民共和国成立以来中共中央首次专门颁发关于教师工作的文件，即《中共中央、国务院关于全面深化新时代教师队伍建设改革的意见》，提出了一系列提升教师地位的政策，把教师队伍建设作为教育投入重点予以优先保障，完善中小学教师待遇保障机制，不断提高教师工资待遇，大力提升乡村教师待遇。针对中小学教师职业吸引力不足的现实困境，各级政府相继出台了一系列政策，包括规范各类检查、考核、评比、填表及各类社会性事务，清理与教育教学无关的活动，切实减轻中小学教师的不合理负担；出台中小学教育惩戒规则，保障和规范教师依法履行教育教学和管理职责，解决对学生不敢管、不善管问题，促进学生全面发展、健康成长；健全教师国家荣誉表彰体系，构建新时代尊师文化，弘扬中华民族尊师重教、崇智尚学的优良传统等。目的就是为教师提供良好的工作条件，不断提高教师地位和待遇，提升教师职业吸引力，真正让教师成为令人羡慕的职业。

一、关于教师职业吸引力的测量

我们建构了一个以教师职业群体为中心、评价教师职业地位的“投入—产出模型”。在这个模型中，教师职业吸引力包括教师工作投入和教师职业回报两个方面，该模型用教师工作时间与工作负担指标衡量教师工作投入，用教师工资和教师相对工资水平衡量教师职业回报。适度的工作投入、合理且有保障的收入回报，能体现教师政策中以人为本的价值立场。

（一）关于教师工作投入

教师工作投入以教师工作时间与工作负担指标来衡量。

（1）教师工作时间是教学课时和非教学时间的加总。教学课时是指教师用于教学活动的工作时间，非教学时间是指用于非教学任务的工作时间，包括备课和行政工作等。

（2）教师工作负担测量的是在学校中不兼任校长、中层等管理职务的教师每周的非教学时间。

（二）关于教师职业回报

教师职业回报包含教师工资水平和教师相对工资水平两个指标。

（1）教师工资用来衡量教师待遇和福利方面政策的落实情况，评价教师待遇与薪酬合理性。高素质的教师队伍需要与之相称的收入回报，教师工资（年收入）测量的是教师总收入的绝对值。

（2）教师相对工资是影响个人进入和留在教师队伍的重要因素，衡量进入教师职业的机会成本。在联合国教科文组织和OECD的测量中，教师相对工资水平是指教师工资与具有相同受教育程度工作者的工资的比值。我国教师政策普遍采取义务教育阶段教师工资收入不低于当地公务员工资收入水平的政策目标。由于我国区域间存在不均衡，教师工资评价中需要充分考虑各个地区的社会经济发展现状，构建适合于区域间比较的教师相对工资评价指标。目前我们采取国家统计局发布的统计数据中的城镇单位就业人员平均工资这一指标，作为计算教师相对工资的比值的分母。

二、基于指标分析的研究发现

（一）主要结论

基于教师职业吸引力模型，对教师工作投入和教师职业回报开展量化分析，数据分析结果表明：

（1）小学专任教师的每周工作时长高于初中和普通高中教师。

（2）西部地区的中小学专任教师非教学时间相对较长，教学负担偏重，一定程度上反映了西部地区教师资源不足，专任教师除教学外，还需承担更多的教学活动以外的其他校内工作。

(3) 具有高级职称的中小学教师教学时间普遍低于具有高级以下职称的教师，义务教育阶段具有高级职称的教师工作总时长也低于具有高级以下职称的教师，普通高中二者工作总时长相当。

(4) 中小学入职5年内新教师每周的教学课时数要普遍高于老教师，在义务教育阶段二者工作总时长相当，普通高中则是老教师的工作总时长更多。

(5) “十三五”期间，各地区中小学教师队伍年均收入均实现了增长。

(二) 主要指标分析

1. 教师工作时间

教师总工作时间由课时数和非授课教学相关活动时间以及非教学任务时间构成。其中：

(1) 课时数：2019年，我国小学、初中和普通高中专任教师平均每周课时数分别为14.7节、12.2节和12.3节，小学专任教师周课时数要高于初中和普通高中专任教师，而初中和普通高中专任教师周课时数大致相当。分地区看，义务教育阶段西部地区专任教师每周课时数相对东部和中部地区的更多，普通高中则是分布较为平均。云南、河南、西藏、湖北等地教师每周课时数普遍高于全国平均水平。

(2) 非教学时间：非教学时间是指教师承担的行政及其他与教育教学活动不直接相关的时间，与教学课时数、教学相关时间共同构成教师工作时间，折合课时数计算，2019年全国小学、初中和普通高中专任教师非教学时间分别是3.8节、3.1节和2.8节。

注：关于教师工作时间的数据可视化分析详见图5.1至图5.3。

2. 教师工作时间的群体差异

按照教师职称对不同群组教师的工作时间差异进行分析，2019年，我国中小学专任教师中具有高级以下职称的教师课时数要普遍高于具有高级职称的教师，并且这一特征普遍存在于各学段和各地区之间。分学段看，小学具有高级以下职称的教师每周课时数为14.8节，具有高级职称的教师每周课时数为12.9节；初中具有高级以下职称的教师每周课时数为12.4节，具有高级职称的教师每周课时数为11.3节；普通高中具有高级以下职称的教师每周课时数为12.5节，具有高级职称的教师每周课时数为11.8节。分地区看，义务教育阶段具有高级职称的教师与具有高级以下职称的教师每周课时数差异最大的是上海，小学和初中分别差 4.8 节课和 2.1 节课；普通高中差异最大的是云南，具有高级以下职称的教师比具有高级职称的教师每周课时数要多 1.4 节课。

注：教师工作时间的群体差异数据可视化分析详见图 5.4a 至图 5.4c。

3. 教师工资和教师相对工资水平

2019 年，我国城镇地区中小学教师的平均工资①为 85 794 元，和城镇单位就业人员平均工资(82 413 元)的比值是 1.04。东部地区城镇中小学教师平均工资相对较高，中部地区相对较低。

分学段看，城镇小学教师平均工资为 85 054 元，和城镇单位就业人员平均工资(82 413 元)的比值是 1.03，东部地区城镇小学教师平均工资相对较高，中部地区相对较低，西部部分地区教师工资高于中部地区；中学(初中和普通高中)教师的平均工资是 91 696 元，和城镇单位就业人员平均工资(82 413 元)的比值是 1.11，东部地区城镇中学教师平均工资相对较高，中部地区相对较低。

分地区看，城镇中小学教师年平均工资最高的是北京，为 178 464 元，相比本市其他 18 个行业大类，中小学教师平均工资排名在第 7 位；城镇中小学教师工资排名靠前的地区还有安徽、云南、西藏和青海，均排在 19 个行业中的第 2 位；而全国经济最发达地区之一上海的中小学教师相对工资水平却较低，排在第 12 位。

2014 年至 2019 年间，中小学教师平均工资均有不同程度的增长。其中，教师工资增长最多的是北京，小学和中学教师分别增长 86 301 元和 86 247 元，涨幅分别为 97%和 91%；小学教师平均工资增长幅度最大的是云南，从 42 814 元增长至 103 270 元，涨幅为 141%；中学教师平均工资增长幅度最大的是西藏，从 61 798 元增长至 137 708 元，涨幅为 123%；5 年来，教师工资涨幅最小的是上海，小学教师为 27%，中学教师为 30%。

注：关于教师工资的数据可视化分析详见图 5.5a 至图 5.7c。

---

① 中小学教师工资数据出自《中国劳动统计年鉴》，在“城镇单位就业人员和工资总额”表单中教育行业下属的“初等教育”和“中等教育”数据，这里所指的中小学教师工资是初等教育教师工资和中等教育教师工资经计算后的加权平均数。

指标图解：教师工作量

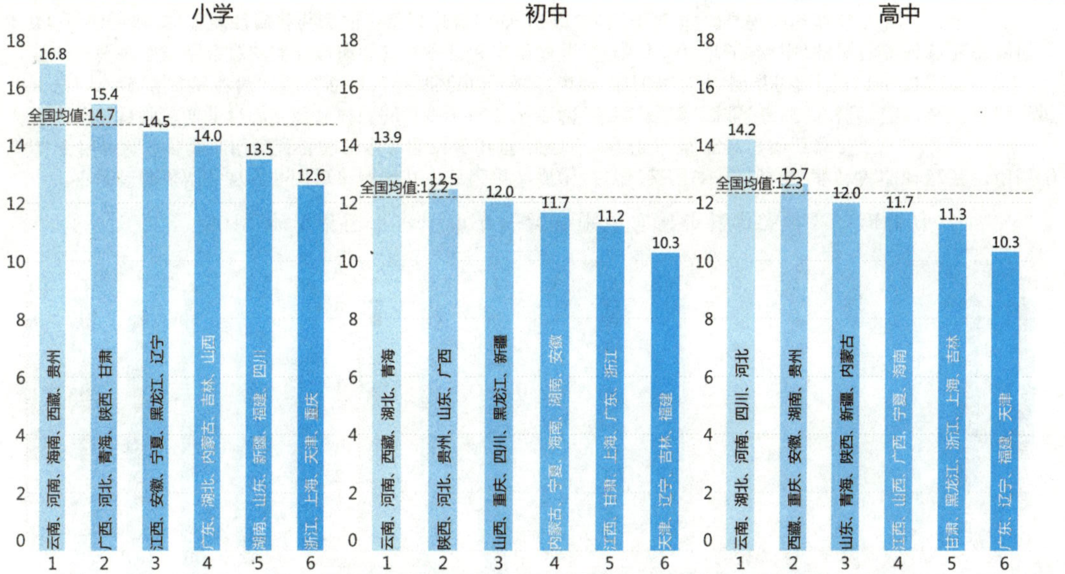

图 5.1　2019 年各省区市中小学专任教师平均每周教学课时数分组排序

小学专任教师平均每周教学课时数最高的五个省区市为云南、河南、海南、西藏和贵州，周课时数五省均值为 16.8 节，平均周课时数最少的四个省区市是浙江、上海、天津和重庆，周课时数五省均值为 12.6 节。

初中专任教师平均每周教学课时数最高的五个省区市为云南、河南、西藏、湖北和青海，周课时数五省均值为 13.9 节，平均周课时数最少的五个省区市是天津、辽宁、吉林和福建，周课时数四省均值为 10.3 节。

高中专任教师平均每周教学课时数最高的五个省区市为云南、湖北、河南、四川和河北，周课时数五省均值为 14.2 节，平均周课时数最少的四个省区市是广东、辽宁、福建和天津，周课时数四省均值为 10.3 节。

由于北京、江苏部分数据缺失，未列入排序。

＊数据来源：全国教师管理信息系统

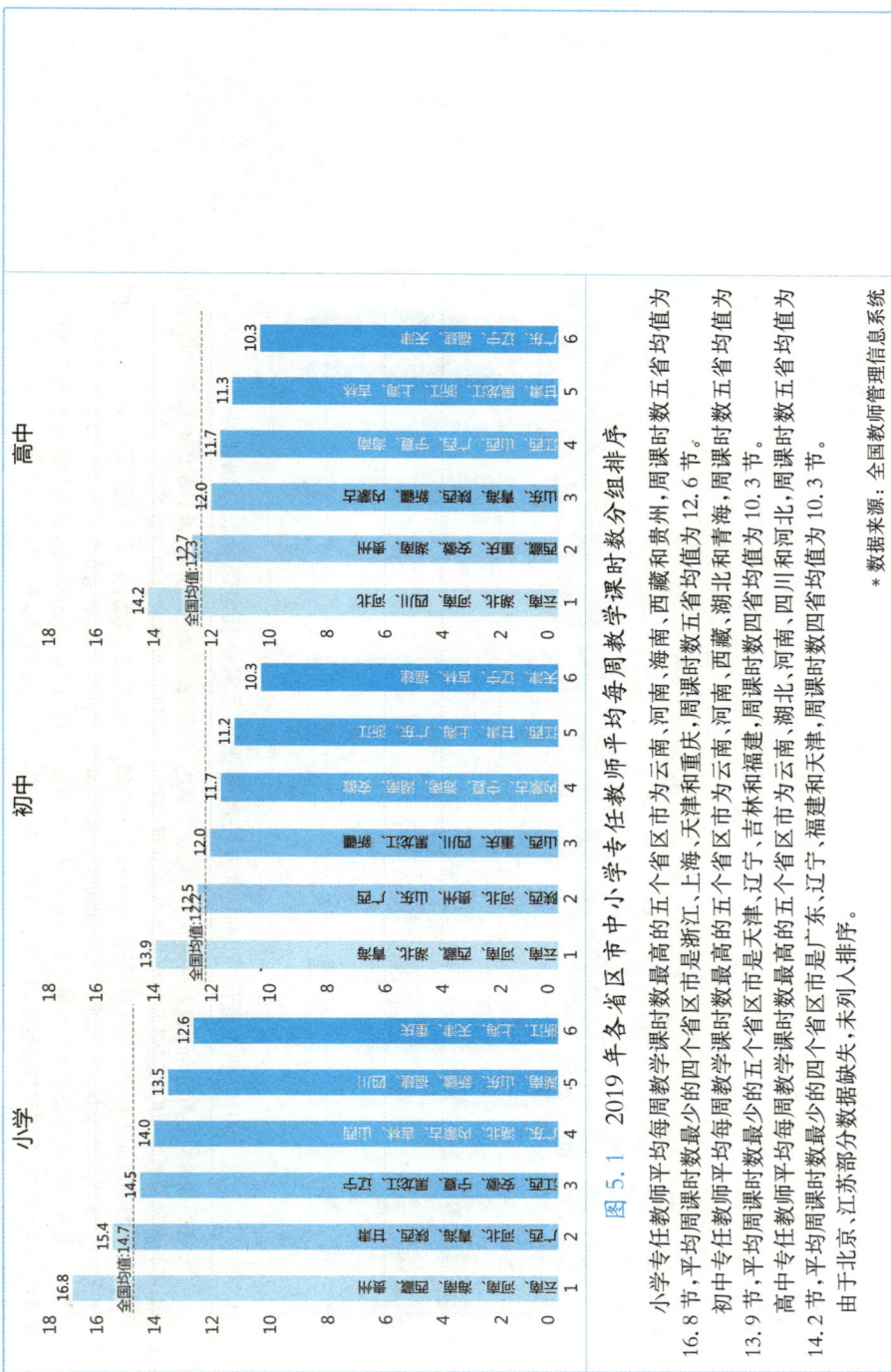

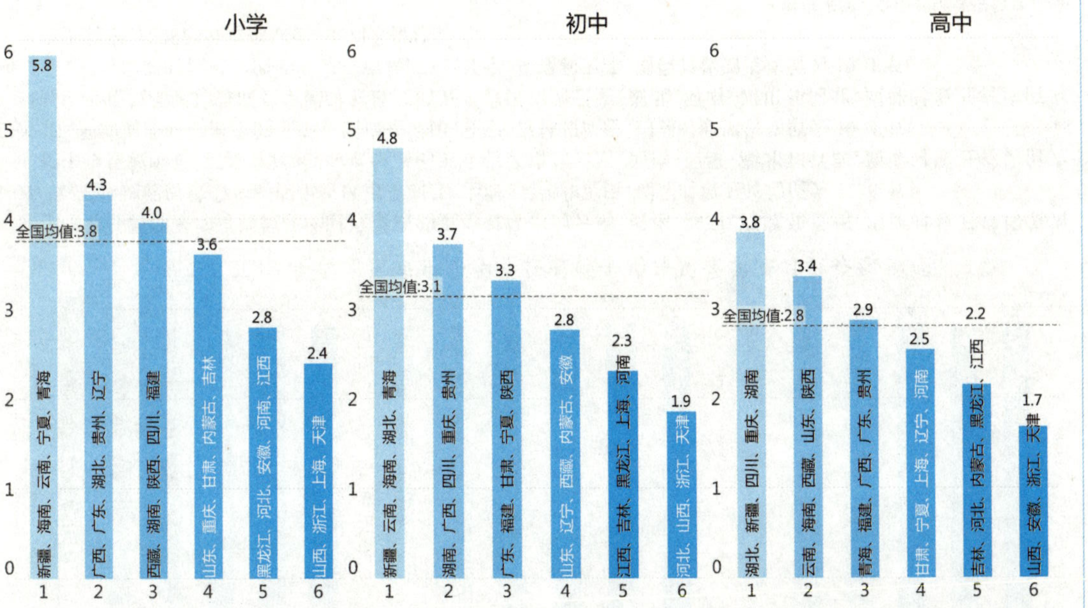

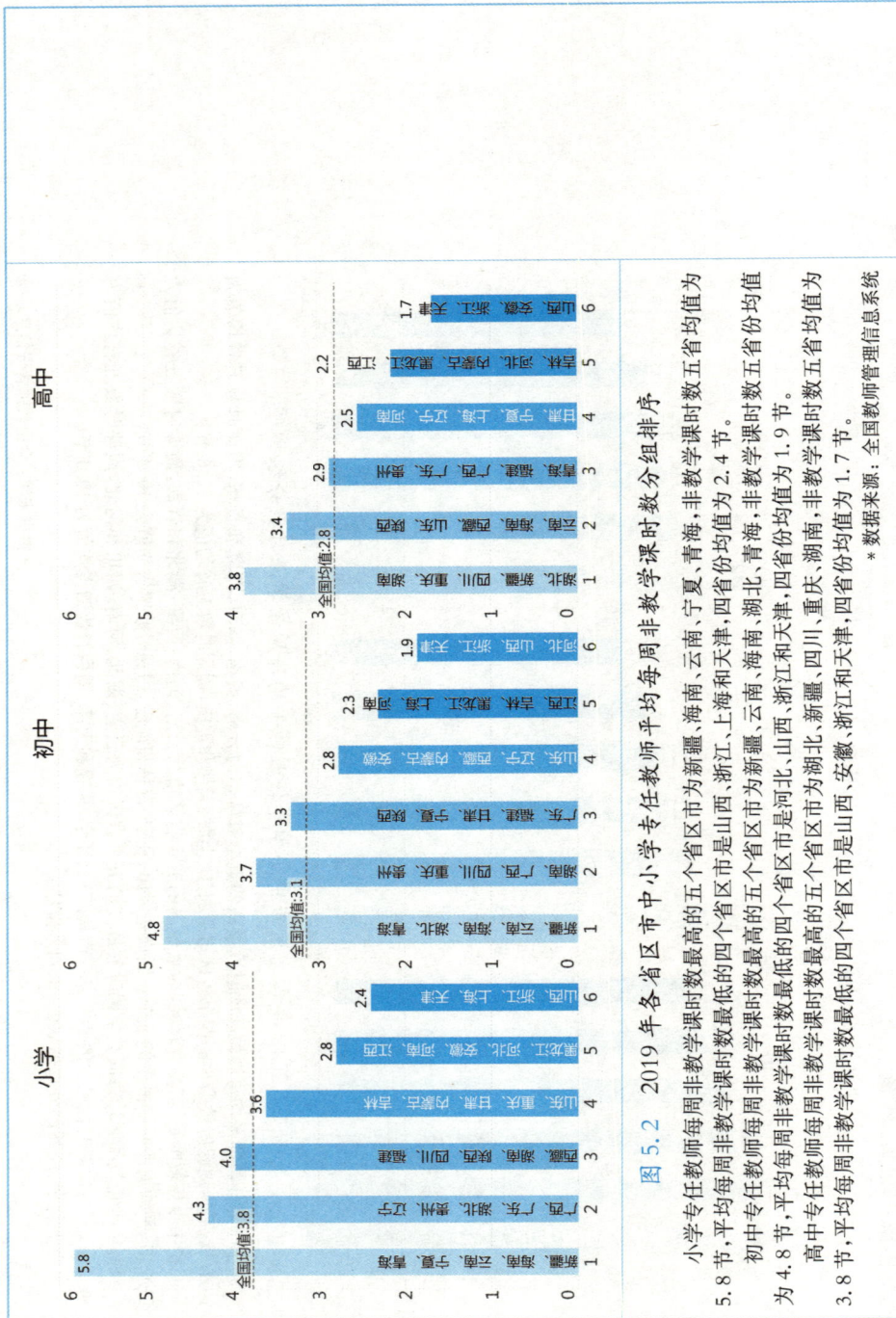

图 5.2　2019 年各省区市中小学专任教师平均每周非教学课时数分组排序

小学专任教师每周非教学课时数最高的五个省区市为新疆、海南、云南、宁夏、青海，非教学课时数五省均值为 5.8 节，平均每周非教学课时数最低的四个省区市是山西、浙江、上海和天津，四省份均值为 2.4 节。

初中专任教师每周非教学课时数最高的五个省区市为新疆、云南、海南、湖北、青海，非教学课时数五省份均值为 4.8 节，平均每周非教学课时数最低的四个省区市是河北、山西、浙江和天津，四省份均值为 1.9 节。

高中专任教师每周非教学课时数最高的五个省区市为湖北、新疆、四川、重庆、湖南，非教学课时数五省均值为 3.8 节，平均每周非教学课时数最低的四个省区市是山西、安徽、浙江和天津，四省份均值为 1.7 节。

＊数据来源：全国教师管理信息系统

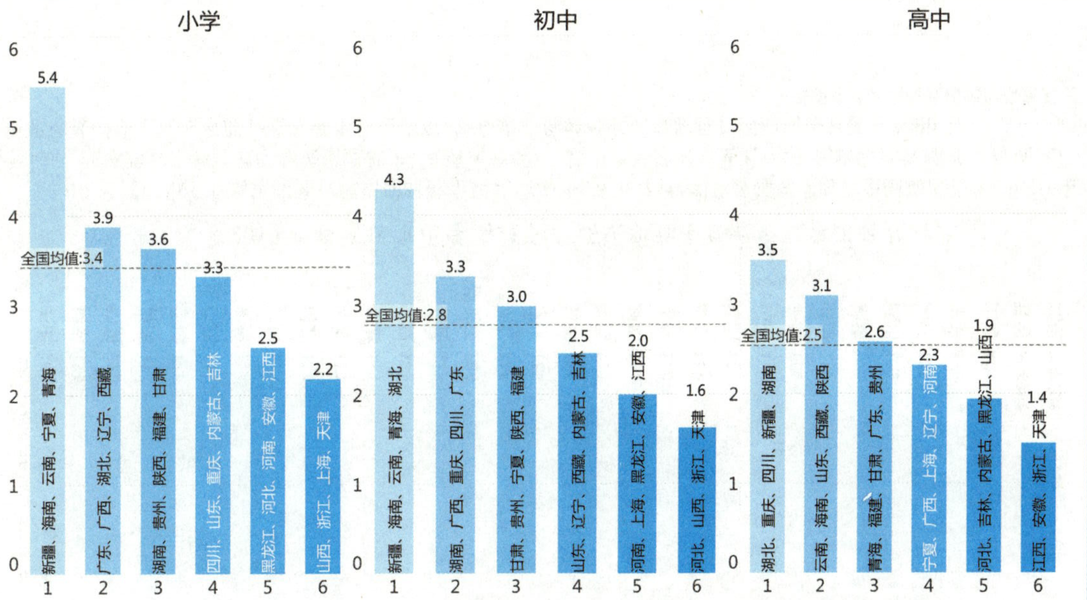

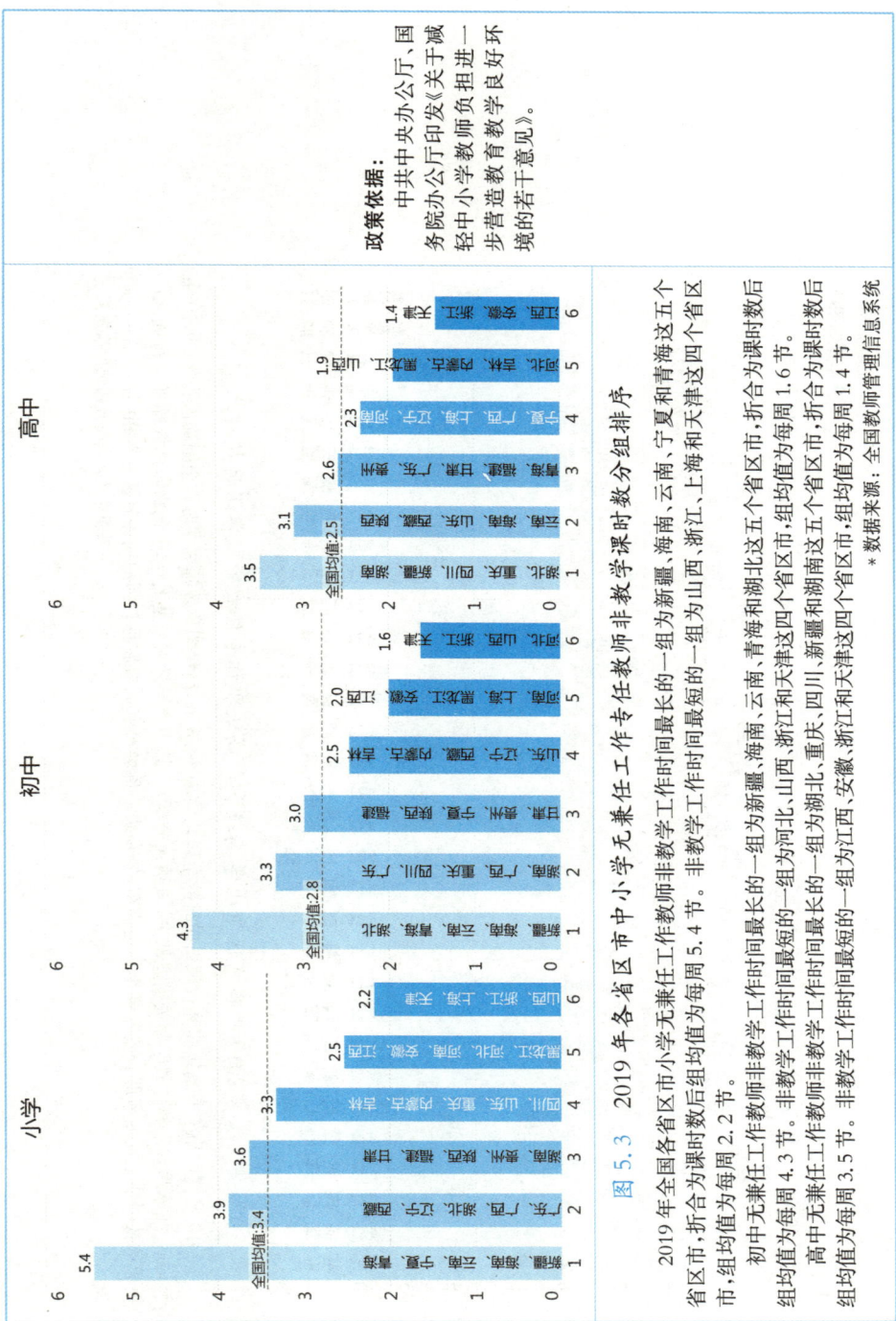

图 5.3　2019 年各省区市中小学无兼任工作专任教师非教学课时数分组排序

2019 年全国各省区市小学无兼任工作教师非教学工作时间最长的一组为新疆、海南、云南、宁夏和青海这五个省区市，折合为课时数后组均值为每周 5.4 节。非教学工作时间最短的一组为山西、浙江、上海和天津这四个省区市，组均值为每周 2.2 节。

初中无兼任工作教师非教学工作时间最长的一组为新疆、海南、云南、青海和湖北这五个省区市，折合为课时数后组均值为每周 4.3 节。非教学工作时间最短的一组为河北、山西、浙江和天津这四个省区市，组均值为每周 1.6 节。

高中无兼任工作教师非教学工作时间最长的一组为湖北、重庆、四川、新疆和湖南这五个省区市，折合为课时数后组均值为每周 3.5 节。非教学工作时间最短的一组为江西、安徽、浙江和天津这四个省区市，组均值为每周 1.4 节。

* 数据来源：全国教师管理信息系统

政策依据：

中共中央办公厅、国务院办公厅印发《关于减轻中小学教师负担进一步营造教育教学良好环境的若干意见》。

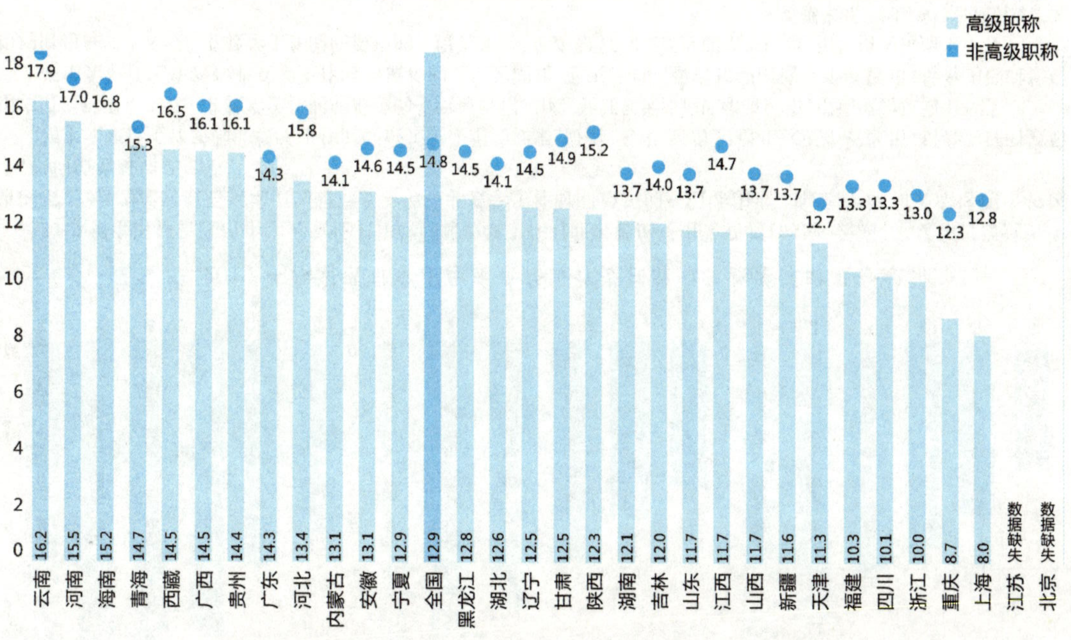

图 5.4a　2019 年各省区市小学高级和非高级职称专任教师教学课时数对比

2019 年我国小学非高级职称教师周课时数全国均值为 14.8 节，高级职称教师周课时数全国均值为 12.9 节（由于北京、江苏两省市教育教学相关信息缺失，未纳入分析）。其中差异最大的是上海，非高级职称教师平均每周比高级职称教师多上 4.8 节课。差异最小的是广东，非高级职称教师和高级职称教师的周课时量基本相同。

＊数据来源：全国教师管理信息系统

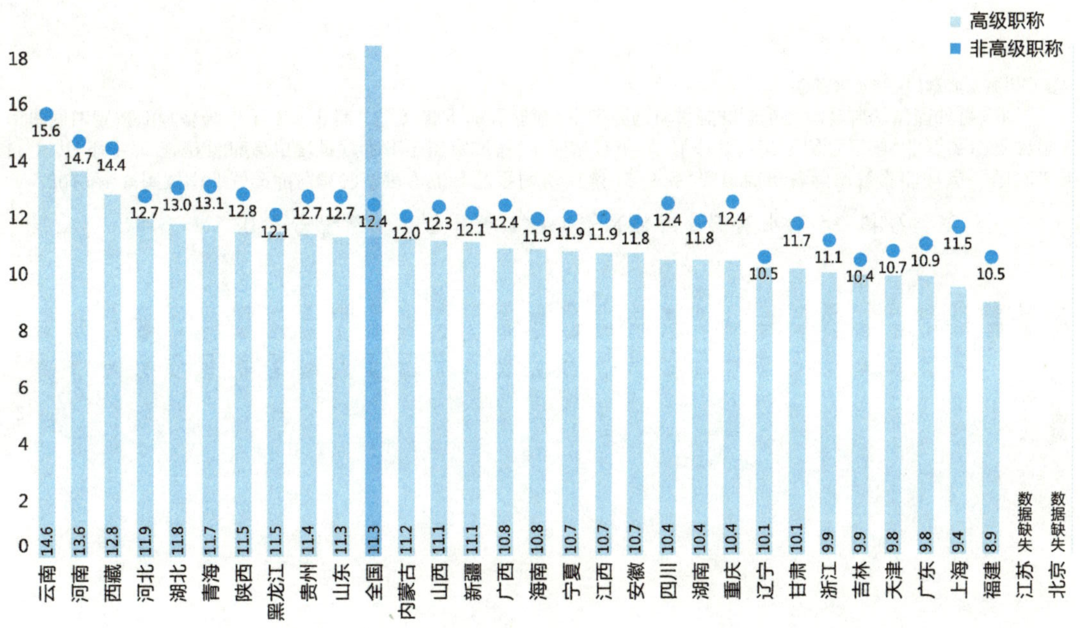

图 5.4b　2019 年各省区市初中高级和非高级职称专任教师教学课时数对比

2019 年我国初中非高级职称教师周教学课时数全国均值为 12.4 节，高级职称教师周教学课时数全国均值为 11.3 节（由于北京、江苏两省市教育教学相关信息缺失，未纳入分析）。其中差异最大的是上海，非高级职称教师平均每周比高级职称教师多上 2.1 节课。差异最小的是辽宁，非高级职称教师平均每周比高级职称教师多上 0.4 节课。

＊数据来源：全国教师管理信息系统

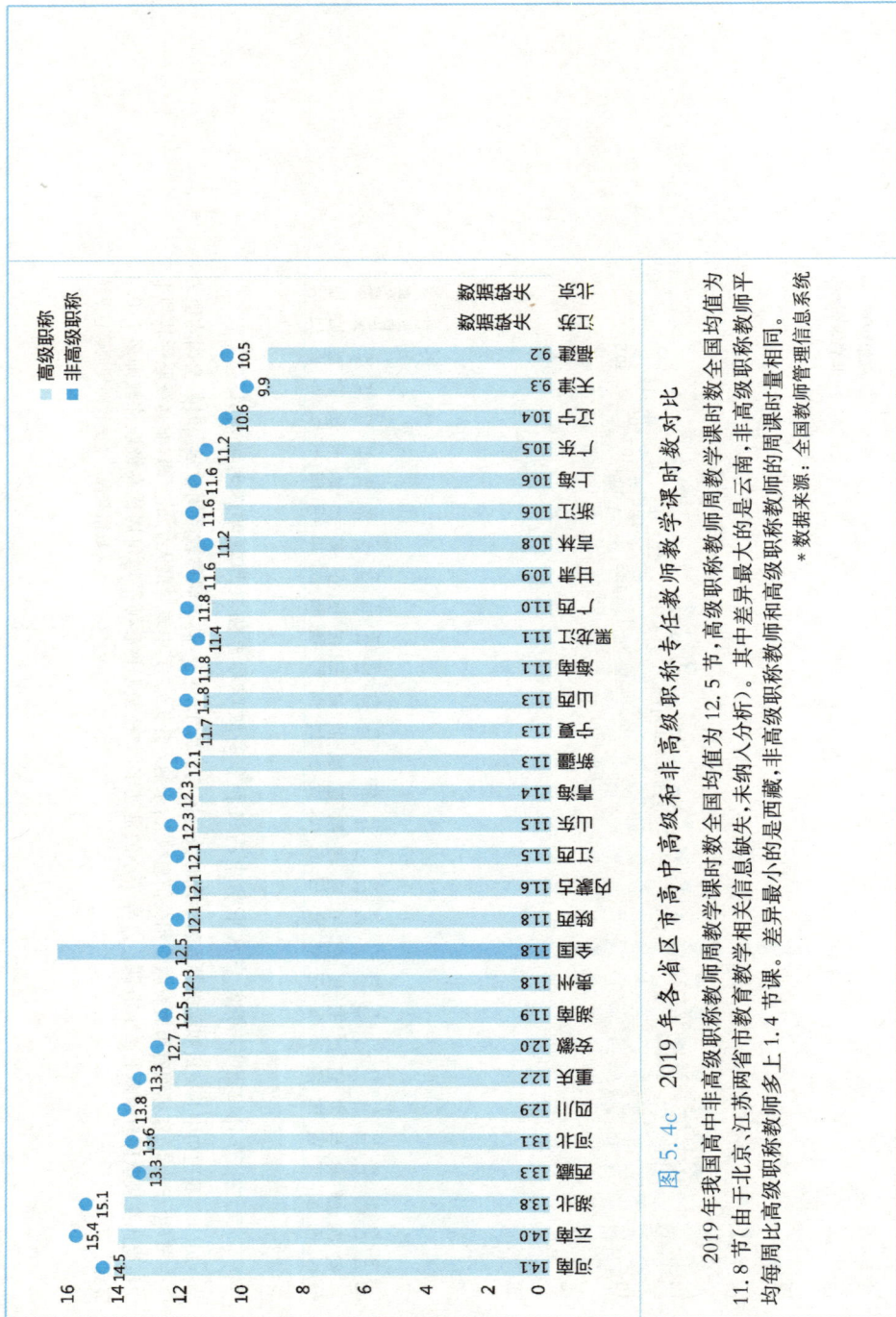

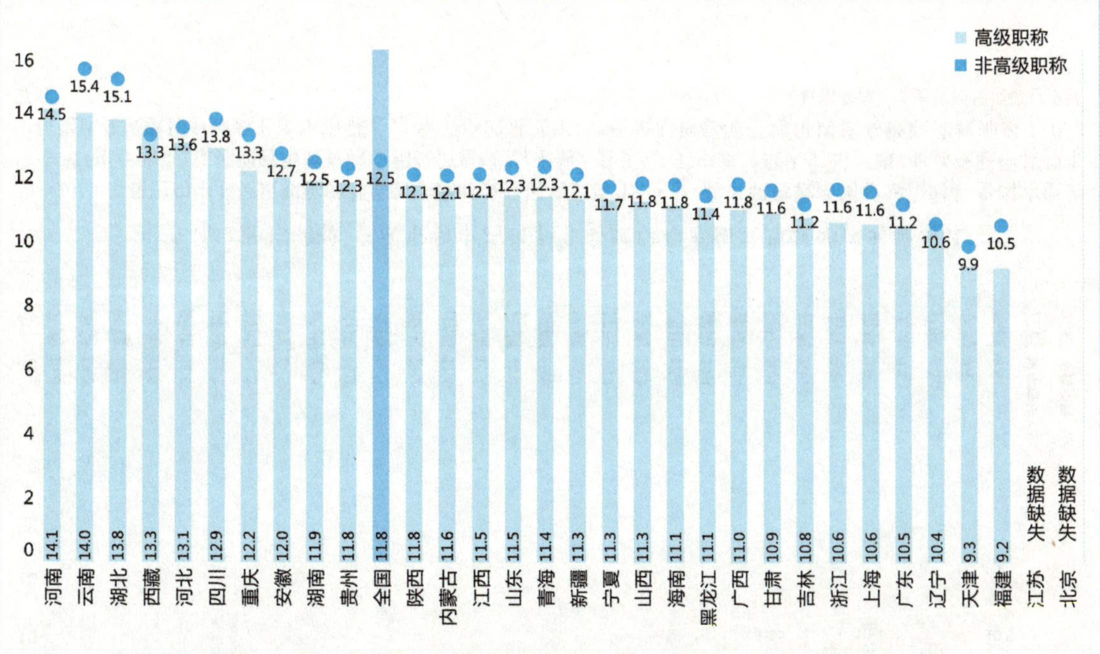

图 5.4c　2019 年各省区市高中高级和非高级职称专任教师教学课时数对比

2019 年我国高中非高级职称教师周教学课时数全国均值为 12.5 节，高级职称教师周教学课时数全国均值为 11.8 节（由于北京、江苏两省市教育教学相关信息缺失，未纳入分析）。其中差异最大的是云南，非高级职称教师平均每周比高级职称教师多上 1.4 节课。差异最小的是西藏，非高级职称教师和高级职称教师的周课时量相同。

＊数据来源：全国教师管理信息系统

指标图解：教师工资

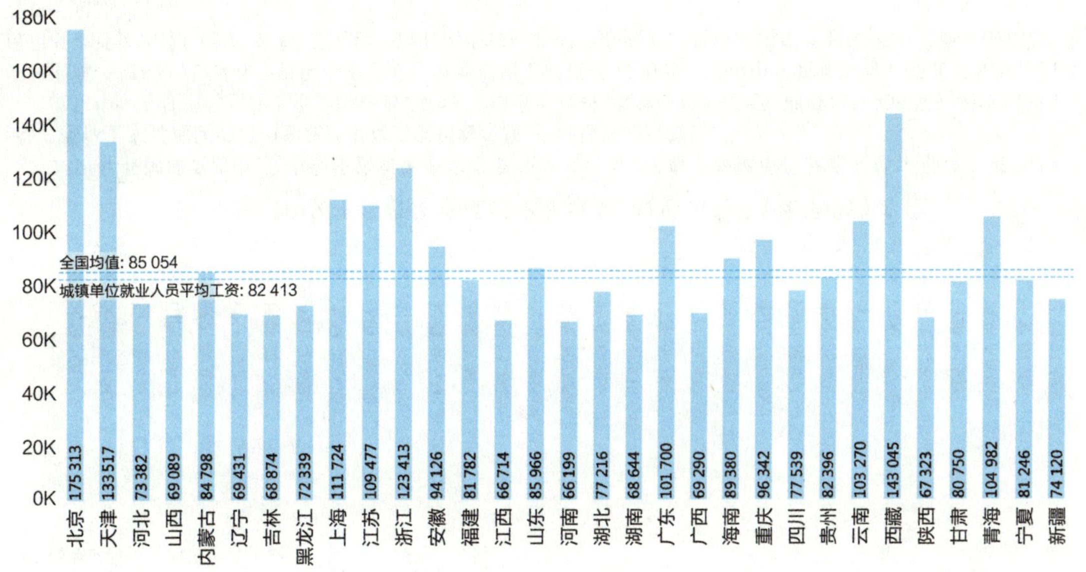

注：K=×1000. 下同。

图 5.5a　2019 年各省区市城镇初等教育(小学)教师平均工资

2019 年我国城镇小学专任教师年平均工资为 85 054 元，略高于城镇单位就业人员年平均工资(82 413 元)。整体上东部地区城镇小学教师平均工资相对较高，中部地区相对较低，西部地区部分省份教师工资高于中部省份。

北京小学专任教师平均工资全国最高，为 175 313 元。此外，西藏(143 045 元)、天津(133 517 元)和浙江(123 413 元)这三个省区市小学教师平均工资超过 12 万元。城镇小学教师平均工资低于 7 万元的省区市有：山西、辽宁、吉林、江西、河南、湖南、广西和陕西。其中河南小学教师平均工资全国最低，为 66 199 元。

* 数据来源：国家统计局《中国劳动统计年鉴》

政策依据：

2018 年 8 月，国务院办公厅印发《关于进一步调整优化结构提高教育经费使用效益的意见》，明确了时间节点，力争用三年时间解决义务教育阶段教师工资待遇问题。

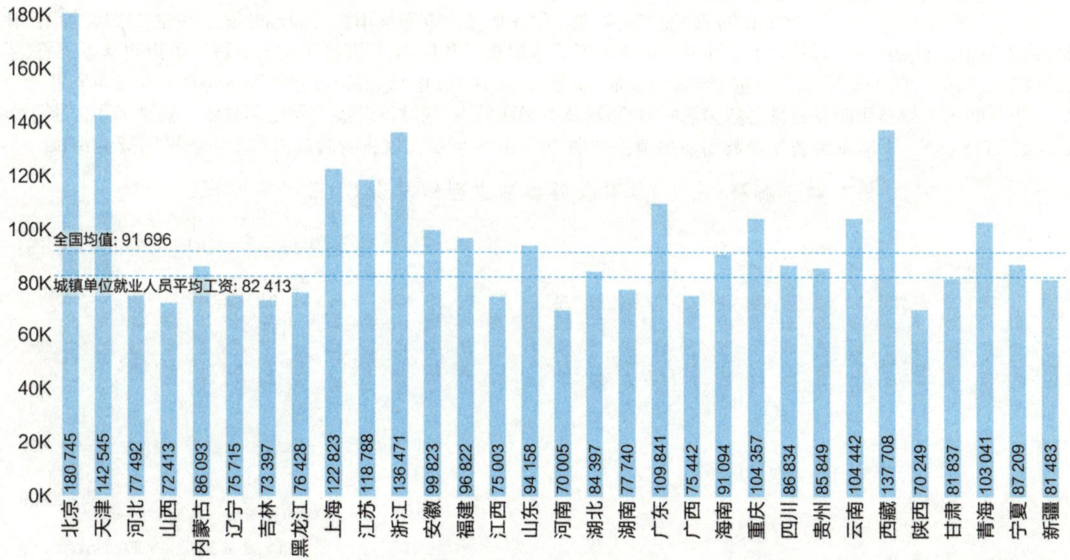

图 5.5b 2019 年各省区市城镇中等教育(初中和高中)教师平均工资

2019 年我国城镇初中、高中专任教师年平均工资为 91 696 元,略高于城镇单位就业人员年平均工资(82 413 元)。整体上东部地区城镇中学教师平均工资相对较高,中部地区相对较低。

北京中学专任教师平均工资全国最高,为 180 745 元。此外,天津(142 545 元)、西藏(137 708 元)、浙江(136 471 元)、上海(122 823 元)这 4 个省区市中学专任教师平均工资超过 12 万元。城镇中学教师平均工资低于 8 万元的省区市有:河北、山西、辽宁、吉林、黑龙江、江西、河南、湖南、广西和陕西。其中河南中学教师平均工资全国最低,为 70 005 元。

* 数据来源:国家统计局《中国劳动统计年鉴》

政策依据:

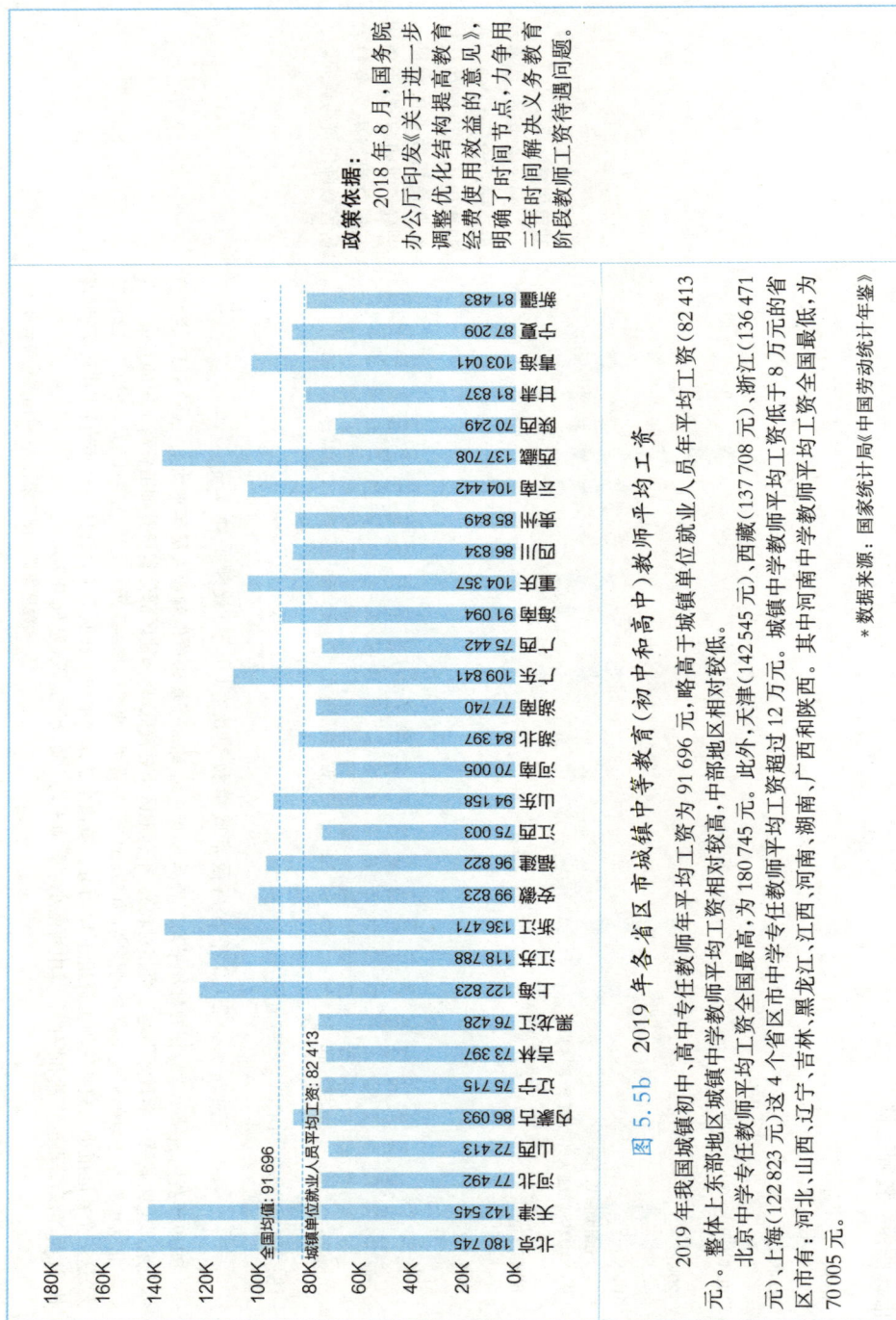

2018 年 8 月,国务院办公厅印发《关于进一步调整优化结构提高教育经费使用效益的意见》,明确了时间节点,力争用三年时间解决义务教育阶段教师工资待遇问题。

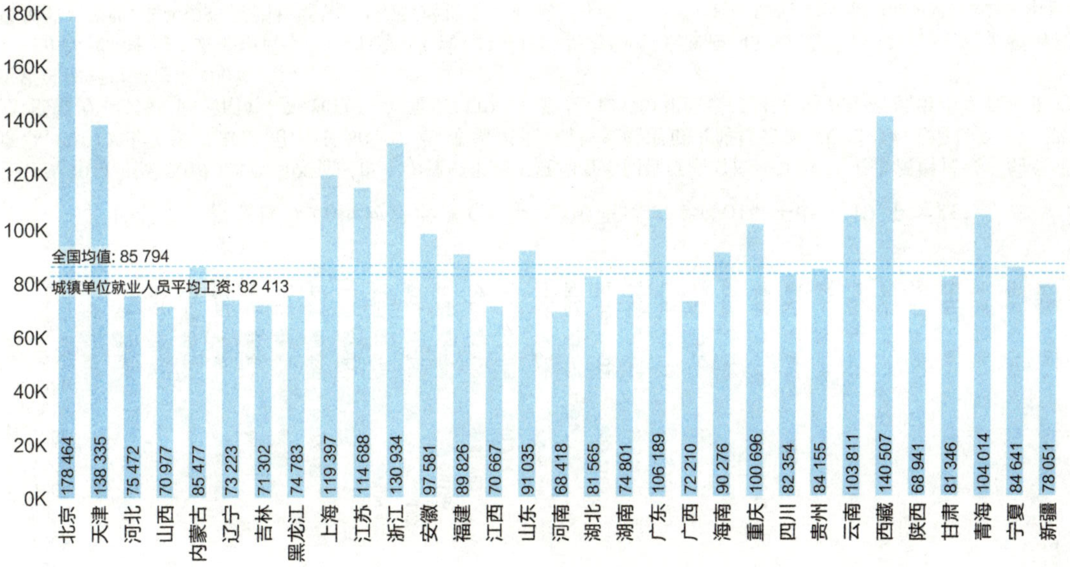

图 5.5c 2019 年各省区市城镇中小学教师平均工资

2019 年我国城镇中小学专任教师年平均工资为 85 794 元，略高于城镇单位就业人员年平均工资(82 413 元)。整体上东部地区城镇中小学教师平均工资相对较高，中部地区相对较低。

北京中小学专任教师平均工资全国最高，为 178 464 元。此外，西藏(140 507 元)、天津(138 335 元)、浙江(130 934 元)这三个省区市中小学专任教师平均工资超过 12 万元。城镇中小学教师平均工资低于 7.5 万元的省区市有：山西、辽宁、吉林、黑龙江、江西、河南、湖南、广西和陕西。其中河南中小学教师平均工资全国最低，为 68 418 元。

* 数据来源：国家统计局《中国劳动统计年鉴》

政策依据：

2018 年 8 月，国务院办公厅印发《关于进一步调整优化结构提高教育经费使用效益的意见》，明确了时间节点，力争用三年时间解决义务教育阶段教师工资待遇问题。

指标图解：教师相对工资水平

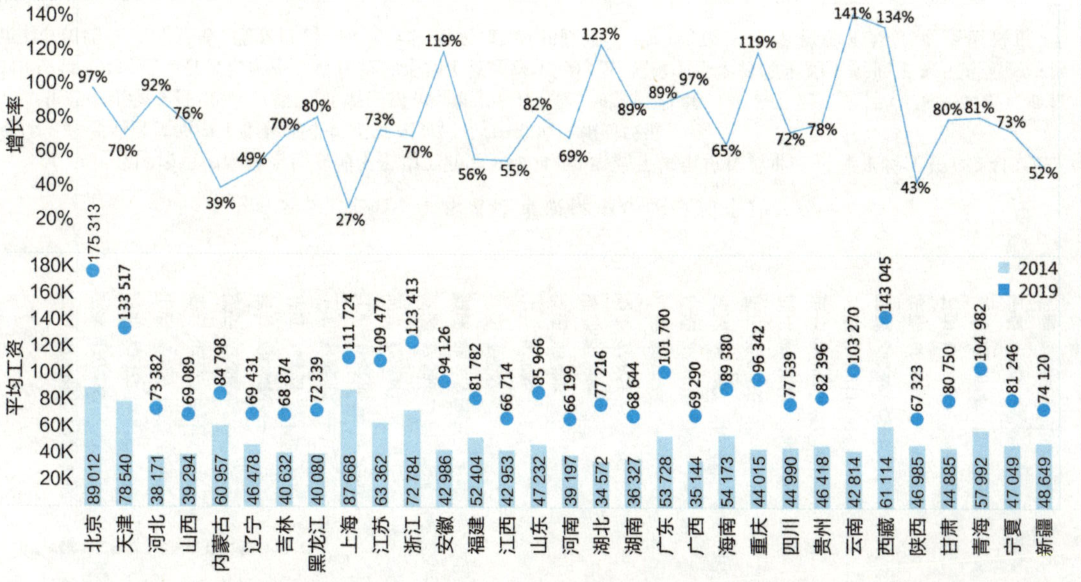

图 5.6a　各省区市城镇初等教育(小学)教师平均工资(2014 年和 2019 年对照)

从 2014 年到 2019 年，全国各省区市小学教师平均工资均有不同程度的增长。其中，工资金额增长最多的是北京，从 89 012 元涨至 175 313 元，增长 86 301 元，涨幅 97%；而增长幅度最大的是云南，从 42 814 元增长至 103 270 元，涨幅为 141%。除云南外，安徽(119%)、重庆(119%)、湖北(123%)和西藏(134%)这几个省区市小学教师平均工资的涨幅也超过了 100%。

小学教师平均工资涨幅低于 50%的有：上海(27%)、内蒙古(39%)、陕西(43%)、辽宁(49%)。工资金额增长最少的是陕西，从 46 985 元增长至 67 323 元，增长 20 338 元。

＊数据来源：国家统计局《中国劳动统计年鉴》

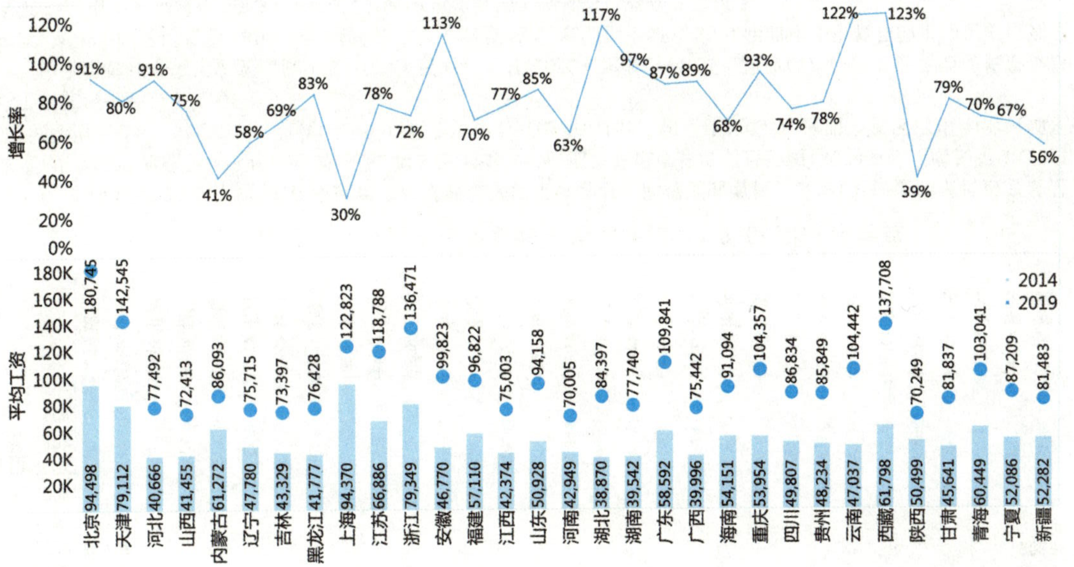

图 5.6b 各省区市城镇中等教育(初中和高中)教师平均工资(2014 年和 2019 年对照)

从 2014 年到 2019 年,全国各省区市初中、高中教师平均工资均有不同程度的增长。其中,工资金额增长最多的是北京,从 94 498 元涨至 180 745 元,增长 86 247 元,涨幅 91%;而增长幅度最大的是西藏,从 61 798 元增长至 137 708 元,涨幅为 123%。除西藏外,云南(122%)、湖北(117%)、安徽(113%)这三个省份中学教师平均工资涨幅也超过了 100%。

中学教师平均工资涨幅低于 50%的有:上海(30%)、陕西(39%)、内蒙古(41%)。工资金额增长最少是陕西,从 50 499 元增长至 70 249 元,增长 19 750 元。

* 数据来源:国家统计局《中国劳动统计年鉴》

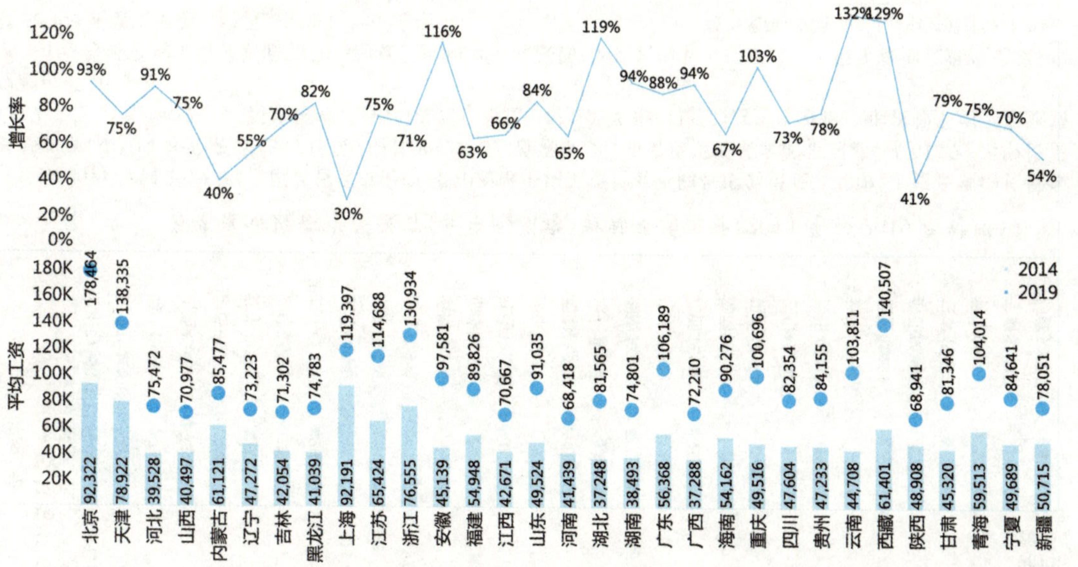

图 5.6c　各省区市城镇中小学教师平均工资(2014 年和 2019 年对照)

从 2014 年到 2019 年,全国各省区市中小学教师平均工资均有不同程度的增长。其中,工资金额增长最多的是北京,从 92322 元涨至 178464 元,增长 86142 元,涨幅 93%;而增长幅度最大的是云南,从 44708 元增长至 103811 元,涨幅为 132%。除云南外,西藏(129%)、湖北(119%)、安徽(116%)和重庆(103%)这四个省区市中小学教师平均工资涨幅也超过了 100%。

中小学教师平均工资涨幅低于 50%的地区有:上海(30%)、内蒙古(40%)、陕西(41%)。工资金额增长最少是陕西,从 48908 元增长至 68941 元,增长 20033 元。值得注意的是,上海在 2014 年时中小学教师的平均工资位列全国第 2,但由于涨幅较低,到 2019 年时,上海中小学教师工资排名已落在全国第 5。

＊数据来源:国家统计局《中国劳动统计年鉴》

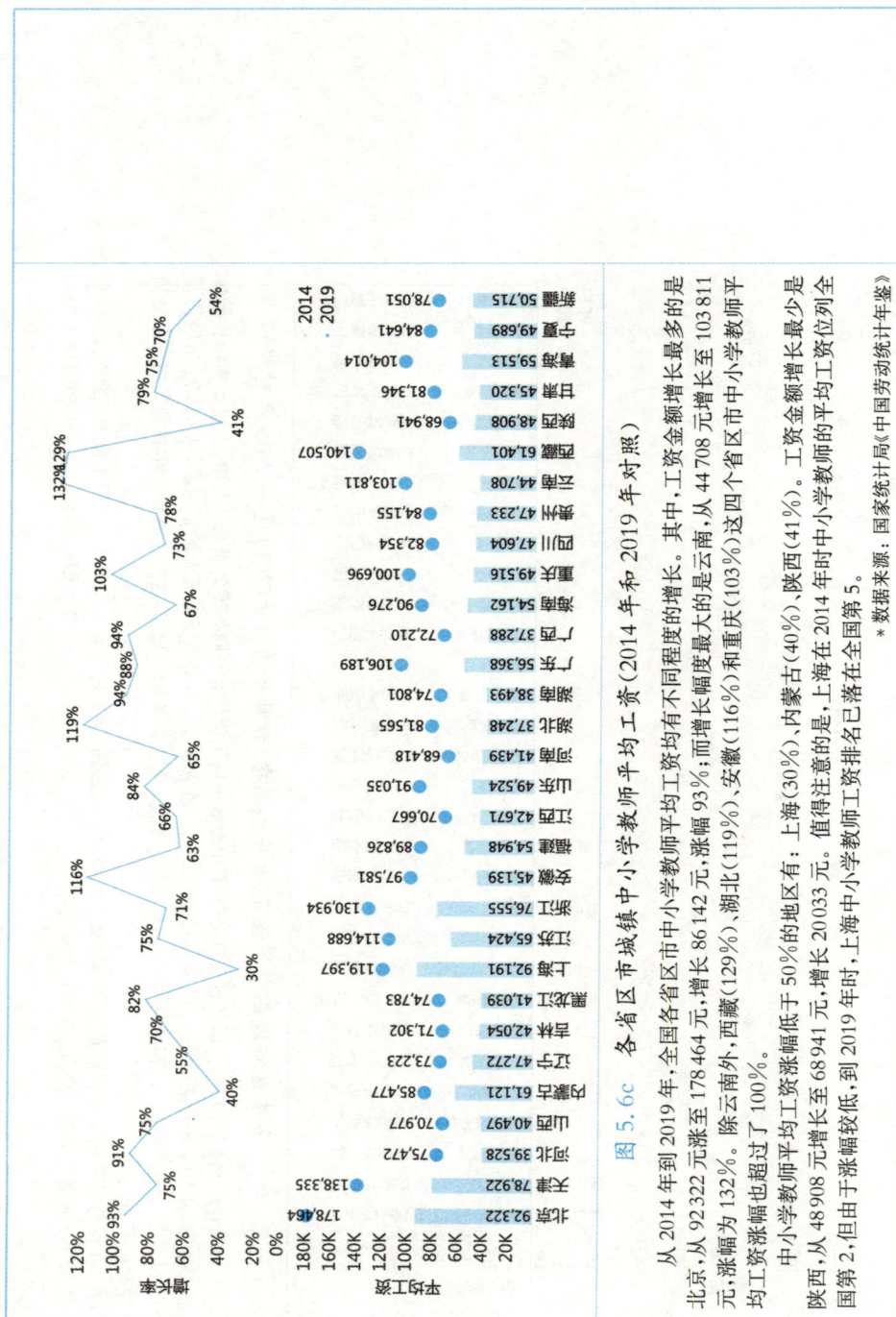

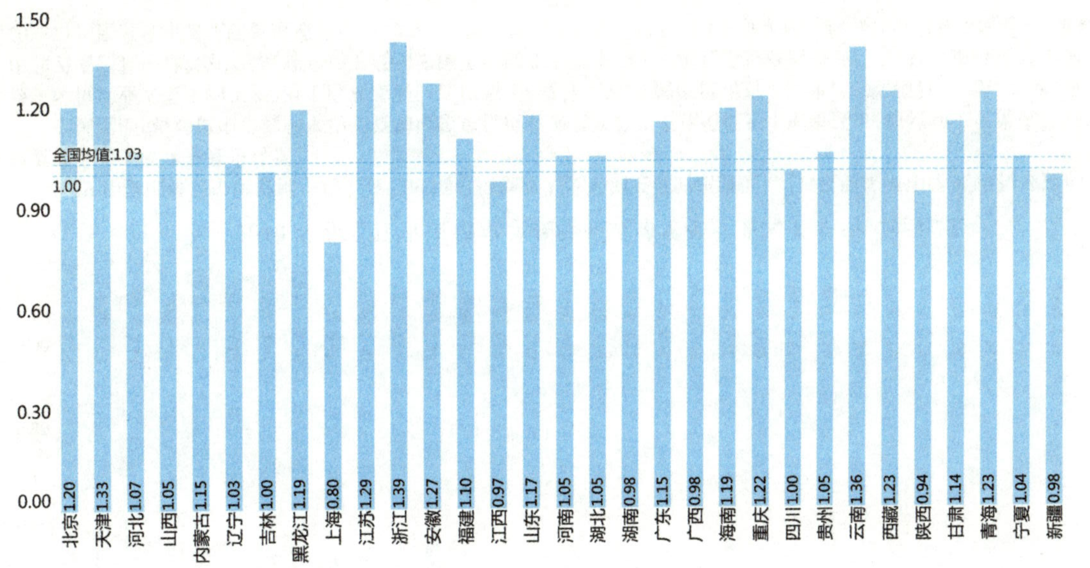

图 5.7a　2019 年各省区市城镇小学教师和城镇单位就业人员平均工资比值

2019 年我国城镇小学教师平均工资和城镇单位就业人员平均工资的比值是 1.03，说明城镇小学教师和城镇单位就业人员工资水平几乎持平。

全国范围内，城镇小学教师平均工资和城镇单位就业人员平均工资比值低于 1 的省区市（即教师工资尚未达到城镇单位就业人员平均工资）有上海、陕西、江西、湖南、广西和新疆。比值高于（或等于）1.2 的省区市有：北京、天津、江苏、浙江、安徽、重庆、云南、西藏和青海。其中，城镇小学教师平均工资和城镇单位就业人员平均工资的比值最高的是浙江（1.39），最低的是上海（0.80）。比值分布未见明显地域特征。

＊数据来源：国家统计局《中国劳动统计年鉴》

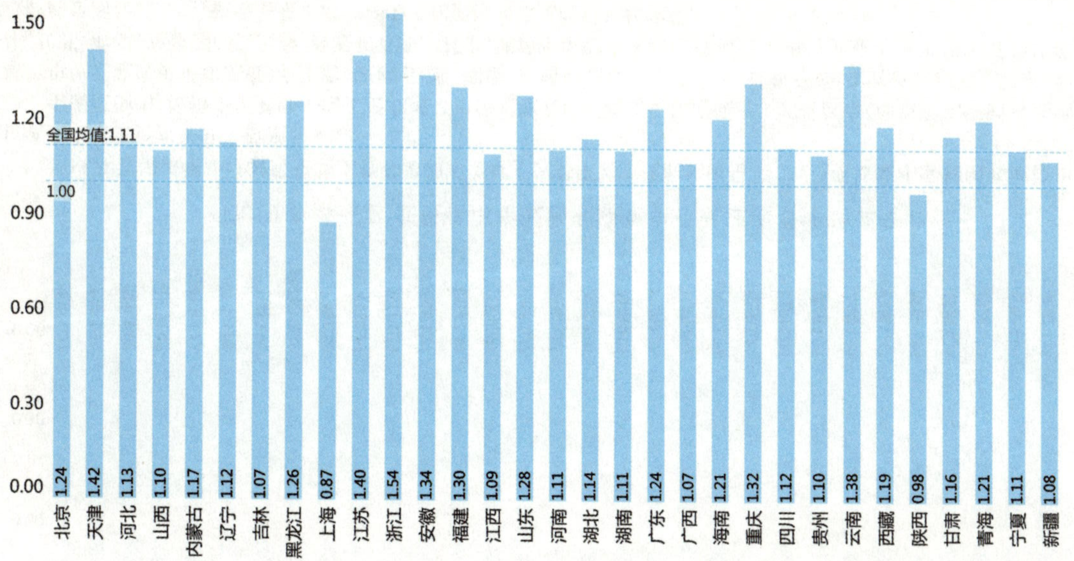

图 5.7b 2019 年各省区市城镇中学教师和城镇单位就业人员平均工资比值

2019 年我国城镇中学教师平均工资和城镇单位就业人员平均工资的比值是 1.11,说明城镇中学教师和城镇单位就业人员工资水平几乎持平。

全国范围内,城镇中学教师平均工资和城镇单位就业人员平均工资比值低于 1 的省区市(即教师工资尚未达到城镇单位就业人员平均工资)有上海和陕西。比值高于(或等于)1.3 的省区市有:天津、江苏、浙江、安徽、福建、重庆和云南。其中,城镇中学教师平均工资和城镇单位就业人员平均工资的比值最高的是浙江(1.54),最低的是上海(0.87)。比值分布未见明显地域特征。

*数据来源:国家统计局《中国劳动统计年鉴》

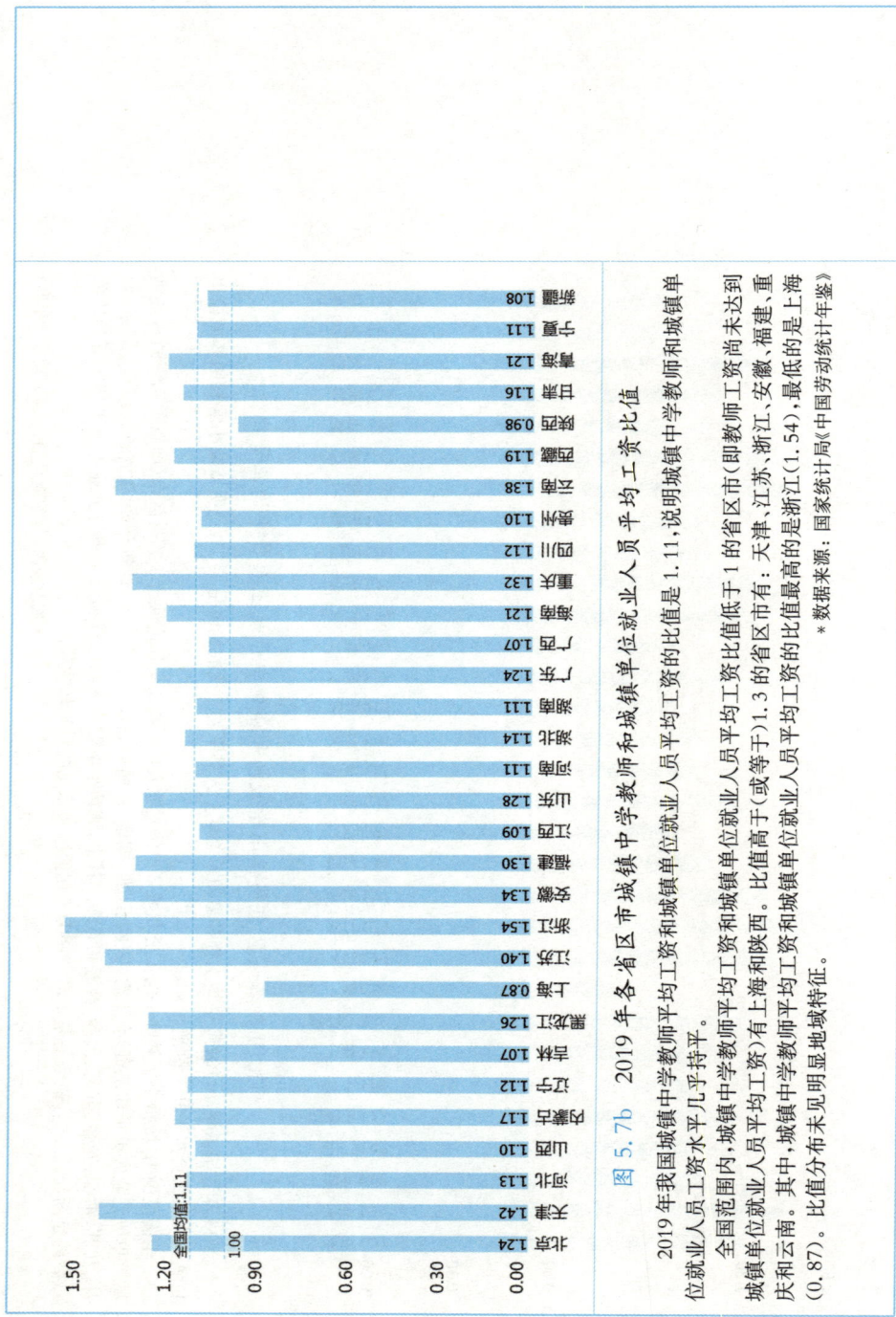

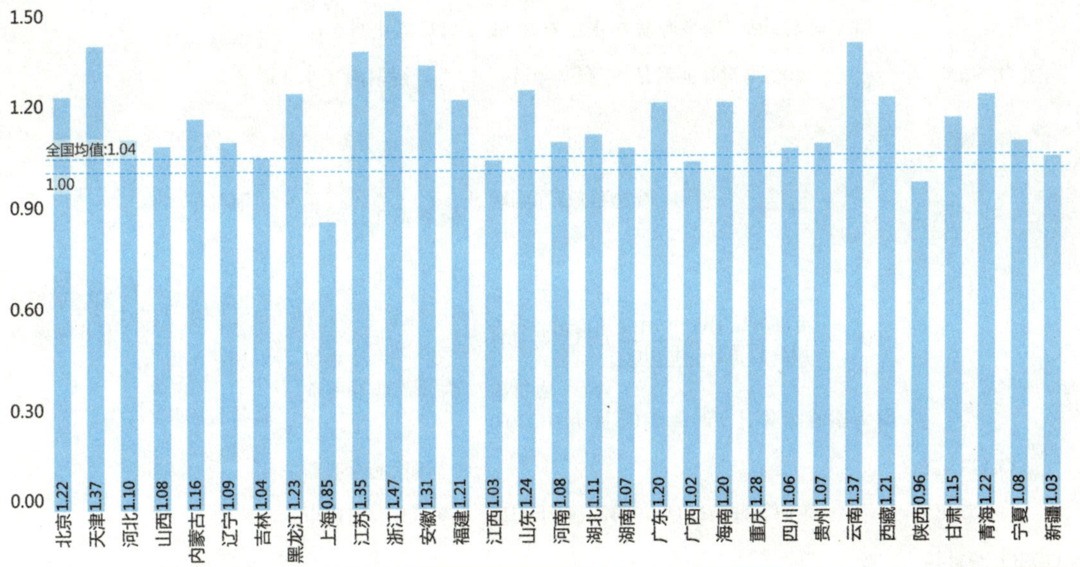

图 5.7c　2019 年各省区市城镇中小学教师和城镇单位就业人员平均工资比值

2019 年我国城镇中小学教师平均工资和城镇单位就业人员平均工资的比值是 1.04，说明城镇中小学教师和城镇单位就业人员工资水平几乎持平。

全国范围内，城镇中小学教师平均工资和城镇单位就业人员平均工资比值低于 1 的有(即教师工资尚未达到城镇单位就业人员平均工资)有上海和陕西。比值高于 1.3 的省区市有：天津、江苏、浙江、安徽和云南。其中，城镇中小学教师平均工资和城镇单位就业人员平均工资的比值最高的是浙江(1.47)，最低的是上海(0.85)。比值分布未见明显地域特征。

＊数据来源：国家统计局《中国劳动统计年鉴》

附表　技术报告

一级指标	二级指标	三级指标	操作定义/公式	指标出处	政策依据
A. 教师队伍规模适配度	A1. 生师比	生师比	分学段的在校生人数/专任教师人数	UNESCO/中国教育监测评价统计指标/OECD	《关于统一城乡中小学教职工编制标准的通知》
		生师比城乡分布	城区生师比/镇、乡合并后的生师比	OECD	
	A2. 专任教师规模	专任教师规模		UNESCO	
		专任教师规模增长率	即 2010 年至 2019 年的专任教师规模年均增长率 计算公式：$\sqrt[9]{\frac{2019\text{年专任教师规模}}{2010\text{年专任教师规模}}}\times 100\%$		
	A3. 班师比	班师比（分城镇乡）	教师人数/班级数		《教育部关于贯彻〈国务院办公厅转发中央编办、教育部、财政部关于制定中小学教职工编制标准意见的通知〉的实施意见》：小学 1.8、初中 2.7、高中 3.0
	A4. 性别均衡	女教师比例	女教师人数/所有教师人数×100%	UNESCO	
		40 岁以下女教师比例	40 岁及以下女教师人数/所有教师人数×100%		

续 表

一级指标	二级指标	三级指标	操作定义/公式	指标出处	政策依据
	A5. 师范生比例	师范生比例（分城镇乡）	师范生人数/所有教师人数×100%		《关于全面深化新时代教师队伍建设改革的意见》
B. 教师队伍结构稳定性	B1. 教师队伍时间稳定性	平均年龄	分省、分学段的教师平均年龄	OECD	
		年龄结构	分为 4 个年龄阶段计算比例：30 岁以下、30—39 岁、40—49 岁、50 岁及以上	OECD	
		5 年内新入职专任教师比例	工龄小于等于 5 年的教师人数/所有教师人数×100%		
	B2. 教师队伍空间稳定性	本省出生的教师占比	出生省份与学校所在省份相同的教师人数/所有教师人数×100%		
	B3. 教师队伍体制稳定性	代课教师和兼任教师与专任教师总数的比例			
		专任教师占教职工的比例			《国务院办公厅转发中央编办、教育部、财政部关于制定中小学教职工编制标准意见的通知》
C. 教师队伍质量	C1. 师德师风	师德考核合格率	师德考核原始测量包含 4 类："不合格""基本合格""合格""优秀"。师德考核合格率 =（不合格 + 基本合格）/（不合格 + 基本合格 + 合格 + 优秀），其中北京、上海、甘肃、青海存在较多数据缺失，数据结果可能有偏		《关于加强和改进新时代师德师风建设的意见》

续　表

一级指标	二级指标	三级指标	操作定义/公式	指标出处	政策依据
C. 教师队伍质量	C2. 学历水平	受教育年限	教师最高学历转换为受教育年限：小学 = 6 年，初中 = 9 年，高中 = 12 年，中专、职高、技校、中师 = 13 年，大专 = 15 年，本科 = 16 年，研究生 = 19 年，博士 = 22 年		《关于全面深化新时代教师队伍建设改革的意见》
		高一级学历教师比例	小学教师的高一级学历为大专及以上，初中教师的高一级学历为本科及以上，高中教师的高一级学历为研究生	中国教育监测评价统计指标	《中华人民共和国教师法》
		35 岁及以下教师研究生比例	35 岁及以下且为研究生学历的教师人数/35 岁及以下的教师总数×100%		《关于全面深化新时代教师队伍建设改革的意见》
		乡村教师学历达标率	小学教师的底线学历为高中，初中教师的高一级学历为本科及以上，高中教师的高一级学历为研究生学历	中国教育监测评价统计指标	《中华人民共和国教师法》
	C3. 教学经验	平均教龄	教龄 = 2019 − 参加工作年份		
	C4. 教师职称	高级职称教师比例	转换为统一后的中小学教师职称，合并为 4 类：无级别、初级、中级、高级	中国教育监测评价统计指标	《关于全面深化新时代教师队伍建设改革的意见》
		初级及以下职称教师比例			
	C5. 信息技术应用能力	信息技术应用能力	分为“较弱”“一般”“良好”“熟练”“精通”这 5 个等级，将它们分别赋值为 20 分、40 分、60 分、80 分、100 分，由此计算各省的 ICT 能力平均分		《中小学教师信息技术应用能力标准(试行)》

续 表

一级指标	二级指标	三级指标	操作定义/公式	指标出处	政策依据
	C6. 教师培训	年度培训学时	教师自行填报的年度培训学时，数据清理中将 1 800 小时以上设定为异常值		《关于大力加强中小学教师培训工作的意见》
	C7. 师资均衡	教师轮岗交流比例	根据教师自行填报的交流轮岗类型判断该教师是否参与轮岗交流		《关于推进县（区）域内义务教育学校校长教师交流轮岗的意见》
D. 教师职业吸引力	D1. 教师工作量	教学课时（分职称）	只包括课堂教学的时间，由教师自行理解并填报。数据清理中将 40 小时以上设定为异常值	OECD	《义务教育课程设置实验方案》 《普通高中课程方案(实验)》
		非教学时间	行政及其他与教育教学活动不直接相关的时间，折算为课时。数据清理中将 40 小时以上设定为异常值	OECD	
		无兼任工作教师非教学工作时间	不兼任校长、中层等管理职务的教师，每周的非教学时间		《关于减轻中小学教师负担进一步营造教育教学良好环境的若干意见》
	D2. 教师工资	教师年收入	包含基本工资、绩效工资、津补贴等	OECD	
	D3. 教师相对工资水平	教师相对工资水平	教师工资与具有相同受教育程度工作者的工资的比值	OECD UNESCO	

后记

华东师范大学国家教育宏观政策研究院一直秉承关于系统的研究和基于系统的研究理念。基于系统的研究一直是国家教育宏观政策研究院的特色。“中国教师队伍发展决策系统研究”课题组参照 OECD 的教育概览模式，以全国中小学教师队伍发展为研究对象，将相关研究成果汇集成这本《中国中小学教师队伍发展指标概览(2020)》。中小学教师队伍发展评价是一项长期系统的工作，评价的目的是帮助促进教师队伍的高质量均衡发展，优化教师队伍配置效率。本研究尝试建构中国中小学教师队伍发展评价指标体系，基于对海量翔实数据的梳理和分析，以期客观分析、评价和监测全国各地区教师队伍的发展变化，科学系统地研判中小学专任教师队伍的发展趋势和规律，诊断教师队伍的建设特点和突出问题，服务教师队伍宏观管理需要。

中国中小学教师队伍发展评价指标体系以教师政策为统领，着重突出近年来我国重大教师政策的价值导向性，理论与实践相结合，探索教师队伍建设的关键要素，从规模适配度、结构稳定性、教师质量、教师职业吸引力四个方面展开，基于全国教师管理信息系统、国家教育科学决策系统教育管理数据、国家统计局经济社会发展统计数据和国际教育相关数据等多源大数据，对我国省域中小学教师队伍发展状况进行量化评估。

需要说明的是，我们期望此项工作能够长期坚持不懈地做下去，第一期发布的报告侧重对教师队伍当前的发展水平进行全景式的描述和分地区的数据可视化分析，暂不涉及指标权重和指数计算，仅采用单一指标描述地区间的差异。为了更充分地挖掘数据、寻找更有解释力的教师队伍关键指标，在第一期发布的数据分析报告中，我们允许三级指标中包含近似指标的不同测量。

作为一项集体研究成果，本书阐发的观点和资料的可靠性由课题组相关研究人员负责，并不代表国家教育宏观政策研究院的立场。希望本书为关心区域中小学教师队伍发展的人士提供有益的参考。由于时间仓促和水平有限，我们的分析和观点未必完全准确，敬请相关专家和广大读者批评指正。未来我们还将继续对指标体系和加权方案进行优化，并且尝试对评价指标展开更为深入的相关性分析，联系实际需要，建构区域师资配置的相关决策模型，针对特定问题开展专题分析。目前已开展的数据分析主题包括：中小学教师工作时间和工作负担研究、脱贫地区教师队伍建设问题诊断与治理对策研究、长三角区域师资配置均衡性等专题研究等。

本报告是国家教育宏观政策研究院团队合作研究的成果，钱冬明和夏彧负责本报告的总体框架、核心思路和统稿，周磊磊、白卡、戴文琴参与了数据清理和图表制作，李欢冬、顾云峰、刘欢提供了分析建议。本报告的数据部分得到了教育部发展规划司和教师工作司、教育部教育管理信息中心等单位的关心和指导，在此表示诚挚的感谢。

钱冬明、夏彧

2022 年 2 月 22 日